BUEN VIVIR

SUMAK KAWSAY

"Tercer Estado"
alterativa al Capitalismo y al Socialismo

Oviedo Freire, Atawallpa

yuyarina@yahoo.es

BUEN VIVIR - SUMAK KAWSAY

Sumak Editores

Quito-Ecuador

5ta. Edición

Primera edición: Qué es el Sumakawsay, diciembre 2011. Sumak Editores, Quito, Ecuador.

Segunda edición: Qué es el Sumakawsay, marzo 2012. Garza Azul Editores, La Paz, Bolivia.

Tercera edición: Buen Vivir vs. Sumak Kawsay, noviembre 2013. Ediciones Ciccus, Buenos Aires, Argentina.

Cuarta edición: Qué es el Sumak Kawsay, enero 2016. Sumak Editores, Quito, Ecuador.

BUEN VIVIR

SUMAK KAWSAY

"Tercer Estado"
alterativa al Capitalismo y al Socialismo

ATAWALPA OVIEDO FREIRE

5ta edición

2017

AGRADECIMIENTOS:

Este libro está escrito en "nosotros" pues siento que lo han escrito muchos seres; yo me siento alguien que simplemente ha transcrito lo que me ha sido contado y enseñado por todos ellos. O dicho de otra forma, soy el escritor de este libro, más no su autor.

Entonces mi agradecimiento es a todos quienes me han hecho el honor de hacerme depositario de sus sapiencias.

En ese sentido, mi reconocimiento especial a los abuel@s andinos milenarios, a mis maestr@s que han guiado y guían mi camino, en el sentimiento y conciencia de que hay seres visibles e invisibles que me acompañan en mi proceso y en la tarea que tengo.

A todos los autores señalados al final del libro que me han dado muchas luces para tener más claridad en mi cometido.

A mis alumnos –especialmente de Europa– que se han unido en este aprendizaje mutuo, para que pueda dedicarme a la investigación.

A quienes han sido parte activa en la corrección de este libro: Diego Velasco, Marlon Oviedo, Paola Caballero, Ana María Marconi y Miriam Djeordjian.

A Alberto Acosta, Josef Estermann, Javier Medina y Miriam Djeordjian por su apertura para prologar este libro en sus distintas ediciones.

Somos la necia historia que se repite para ya no repetirse,

el mirar atrás para poder caminar hacia adelante.

Micaela Bastidas, compañera de Tupak Amaru

A mi amada compañera Paola y a nuestro hijo Inti Sumak
Kapak,
con quienes camino en armonía complementaria.

Y a los Pueblos de Tradición, mal llamados "aislados o no
contactados".

PRESENTACIÓN

Hasta el 2006, en el mundo entero se decía que solo existían dos sistemas posibles para la humanidad: el capitalismo o el socialismo, la derecha o la izquierda, con sus múltiples variantes y grados entre ellas. Pero hoy se habla de otra vía y de otro sistema (Tercer Estado), el mismo que ha llamado la atención de muchas personas, especialmente de la intelectualidad política y de la academia de muchas universidades en todo el planeta.

Se le ha comenzado a estudiar a este sistema después de la introducción –aunque superficial– de ciertos principios y elementos de la Cosmovisión o Conciencia Andina en las Constituciones Políticas de Bolivia y Ecuador, bajo el nombre de Vivir Bien/Buen Vivir. Como asimismo por la introducción de los Derechos de la Naturaleza en la Carta Magna del Ecuador, convirtiéndose en el primer caso en el mundo pues todas las constituciones solo hablan de los Derechos Humanos.

Algunos activistas de varias regiones del planeta están interesándose en saber de qué se trata este sistema; incluso ya hay detractores, aun cuando la mayoría se muestra abierto y motivado. Lo importante es que este nuevo-antiguo sistema ya está presente y activo en el diálogo y en el debate de la academia y de la *realpolitike*.

Este sistema, es el milenario modo y estilo de vida de los pueblos andinos, que vive y sobrevive –a diferentes niveles–, en algunas comunidades y pueblos que han sido poco o nada afectados por la civilización, el patriarcalismo, el capitalismo, la modernidad y el desarrollo. Esto es, en ciertas comunidades y pueblos se mantiene desperdigado, en otras comunidades se conservan algunos elementos, y otros detalles en ciertas familias y personas. Es decir, actualmente no existe unificadamente ni en su totalidad o plenitud en todo el territorio andino, sino por partes y según las regiones. Pero si miramos al todo se mantiene este sistema comunitario milenario, aunque debilitado pero todavía con posibilidad de florecerlo. Por lo que vamos a hacer el esfuerzo de sistematizarlo teóricamente, tomando en cuenta los 500 años de colonialismo que ha vivido Amerindia. A pesar de aquello, se convierte este sistema en un ejemplo y en un referente para quienes aspiran un mundo nuevo y diferente al actual. En todo caso, este paradigma de vida deviene en un pretexto o en un medio para imaginar la posibilidad real de otro sistema más allá de los sistemas antropocentristas del capitalismo y el socialismo.

A este sistema comunárquico andino le han bautizado contemporáneamente con varios nombres, tanto en las lenguas andinas como en castellano. En kichwa como Sumak Kawsay, en aymara Suma Qamaña, en castellano y oficialmente Vivir Bien (Bolivia) - Buen Vivir (Ecuador); pero para otros es Vivir en Plenitud, Convivir en Armonía, Vivir en Equidad, etc. Obviamente, éste es un nombre que sintetiza o que configura la característica de este sistema, o es la forma actual de darle nombre a este modo de vida andino. Toda Amerindia (y en general todo el mundo) funcionaba en sistemas comunárquicos en sus distintas versiones particulares, en el caso de los Andes se ha acordado contemporáneamente que el nombre que refleja su característica particular es sumak kawsay, traducido indistintamente al castellano por diferentes grupos indígenas y no-indígenas. Es decir, el nombre surge recientemente pero lo que representa es milenario. La palabra sumak kawsay no se le va a encontrar históricamente ni habrá referencias históricas con ese nombre, pero si hay en relación a su sistema de vida y eso es lo importante o lo que cuenta en última instancia. Desde esas referencias históricas y de lo que se mantiene actualmente, es que se busca configurarlo para los pueblos andinos actuales y como un referente para el mundo. El buen-vivir es el aporte andino al movimiento aldeano o comunitario mundial, que desde otras corrientes proponen el decrecimiento, los bienes comunes, la democracia horizontal, la sociocracia, la biocracia, etc

Como han habido (y hay) una gran variedad de sistemas comunitarios en el mundo, se ha creído oportuno darle un nombre específico al mundo pan-andino. Incluso habiendo diferencias al interior del mundo andino-amazónico, pero hay un espíritu común o general entre todos los pueblos que habitan alrededor de la cordillera de los Andes de América del Sur, y ese es el sumak kawsay o buen-vivir. Por lo tanto, el buen-vivir no es un invento académico como han señalado algunos pensadores, no es que alguien se inventó la palabra y la popularizó con ciertos conceptos generales sino que se hicieron consultas a varios abuelos y abuelas preguntándoles cuál sería el nombre que reflejaría la forma de vida andina, y la mayoría coincidió en sumak kawsay tanto en Ecuador, Bolivia y Perú. Como de igual manera muchos intelectuales e investigadores indígenas contemporáneos lo sintieron así y lo expresan en muchos escritos como en los principios de muchas instituciones indígenas creadas, mucho antes de que estas palabras fueran incorporadas oficialmente en las constituciones políticas de Ecuador y Bolivia.

Asimismo, ha sido catalogado de diferentes maneras: oficialmente, como otro modelo de desarrollo; por la oposición, como un sistema alternativo al desarrollo, pero para otros no solo es un sistema más allá del desarrollo y la modernidad, sino también del capitalismo y el socialismo, y principalmente del civiliza-centrismo, del cristiano-centrismo, del antropo-centrismo, y a todo lo cual, lo sintetizamos en patriarcapitalismo. Esto quiere decir que el sistema ancestral de los Andes no es solamente un sistema económico y/o social y/o político, es ante todo un sistema y modo de vida, con una filosofía integral sistémica y a la que podríamos llamar "filosofía de la espiralidad", es decir, de completud, holística e inter-relacional.

Sin embargo, lo más interesante de todo esto y que nadie de la academia ha reparado, es que la aparición de este sistema a nivel oficial y mundial no es una casualidad o un azar del destino, ni siquiera una acción resultante de la lucha de los últimos años de los pueblos indígenas, sino que es algo que viene planificado desde hace más de 500 años, al igual que otras situaciones dadas y otras que vendrán. Lo que está pasando no es más que el resultado de un proceso diseñado y conducido como un proyecto de cinco siglos hasta su desenlace actual, y que las actuales generaciones lo estamos viviendo y comprobando que se hizo realidad aquello que se dijo que sucedería.

Se conoce por muchos vestigios recogidos por los cronistas españoles, que los pueblos originarios de Amerindia ya sabían que llegarían invasores desde lejanas tierras y que sería inminente su sometimiento, ya que las armas poderosas (enfermedades, instrumentos de guerra, codicia, etc.) que ellos traían haría imposible su defensa. Caso contrario, si se hubieran enfrentado al invasor habrían desaparecido al ser eliminados físicamente. Ante ello prepararon una serie de estrategias que les permitieran pervivir para luego retornar después de un período de 500 años, ni antes ni después.

Después de la muerte de Atawallpa, el último Inka de origen Kitu (actualmente Ecuador), se comenzó a hablar de ese retorno, al cual le denominaron el retorno del Inkarri, en correlación al de Wirakocha. Y así en toda Amerindia se habló de lo mismo, del retorno de: Quetzalcoatl, Kukulkan, Komizahual, Bochika, Ibegorum, Mamá Grande, Pay Zumé, etc.

En este recorrido de 5 siglos han habido algunos personajes que han hecho público estos mensajes y que han ido hilando y tejiendo este proceso de retorno. Así por ejemplo: Tupak Amaru en Perú hace más de 200 años, cuando abrió el camino para la "independencia colonial de España" y antes de ser asesinado por la realeza, gritó: "Miles y miles volveremos". Igualmente, Tupak Katari en Bolivia: "Volveré y seré millones". Dolores Cacuango en Ecuador, hace 50 años: "Somos como la paja, nos pueden cortar mil veces pero siempre volvemos a nacer".

Y lo han cumplido; después de 500 años han regresado, hoy están nuevamente aquí, están como alcaldes, diputados, profesionales, artistas, escritores, etc. Pero principalmente están floreciendo sus epistemologías, filosofías, espiritualidades, medicinas, y englobando a todo ello su sistema de vida (sumak kawsay), con el que ya ha hecho acto de presencia a nivel oficial –aunque por el momento este todavía mutilado y escuálido–.

No mintieron ni se equivocaron, retornaron en el tiempo señalado, por lo que podemos decir que la "profecía" se ha cumplido tal como lo pronosticaron: "Regresará la luz en mitad de la noche".

Solo un pueblo sabio y con una conciencia profunda, fue capaz de ejecutar prolija y pausadamente un proyecto de largo alcance, y el cual tiene como propósito la construcción de un nuevo mundo a través de una nueva humanidad. Ese es el siguiente paso, ahora que ya han regresado están laborando para cambiar el caduco sistema-mundo que ahora nos gobierna, no solo para los pueblos andinos sino para todos los pueblos de la Madre Tierra. De esta manera, también se estaría cumpliendo lo señalado en otras "profecías" de otras culturas del mundo, quienes dijeron que este nuevo renacer de la humanidad estaría guiado por los pueblos indígenas de Amerindia, particularmente por los pueblos andinos.

Por eso no es ninguna casualidad que haya emergido el primer presidente de origen indígena en los Andes, y que sea la primera vez -entre todos los pueblos del mundo- que se haya introducido un sistema ancestral en una Carta Magna. Como así mismo, que se hayan reconocido por primera vez en las leyes nacionales los "Derechos de la Madre Tierra" o los Derechos de la Naturaleza, también por primera vez en el mundo.

Todo esto para la academia y la intelectualidad son simples mitos, leyendas, creencias, esoterismo, folclorismo, etc. ¿Cómo podrían explicar todo esto? ¿Alguien podrá mirar más allá de los levantamientos indígenas y ver toda la trama diseñada en estos 500 años? ¿Alguien podrá percibir los proyectos y procesos que se siguen ejecutando subrepticiamente en los siguientes pasos por dar y los resultados a conseguir?

De eso se trata este libro, de observar los alcances, limitaciones, diferencias y hasta las tergiversaciones que se vienen dando, tanto por la oficialidad como por la academia y la intelectualidad política, sobre los pueblos indígenas y sus maneras de ver la realidad y de construir la vida social. Como asimismo, para profundizar en su sistematización y configuración dentro de las nuevas circunstancias históricas mundiales, y pueda ser una alternativa real al caos global.

En esa conciencia y con ese riesgo, tenemos el atrevimiento de presentar este libro, pero al mismo tiempo solicitando de los pueblos ancestrales su permiso y de los lectores sus comentarios a nuestro intento. En todo caso, y parafraseando al Maestro Masanobu Fukuoka, de lo único que nos hemos dado cuenta es que somos estúpidos, a diferencia de los demás que no lo saben.

Por el momento, esta es una presentación general de diferentes temas que aspiramos a profundizar en otros libros. Hemos tratado de escribir lo más sencillo posible para que pueda ser entendido por todos. No va dirigido especialmente a la intelectualidad académica sino al corazón de los humanos que han guardado en su conciencia la sabiduría ancestral de toda la humanidad (vitalismo o animismo). Hemos elegido un sistema comparativo al escribir este libro, especialmente por didáctica y para que pueda ser comprendido por todos nuestros lectores. Ojalá hayan otros que puedan corregirnos o aportar nuevasancianas sabidurías, y así entre todos vayamos tejiendo un moderno-antiguo camino para la humanidad.

Este libro no pretende estar en una posición extremista, parcial, separatista ni excluidora, sino integradora dentro de lo complementario pero sin caer en ilusionismos o romanticismos integristas. Tampoco en una posición del justo medio o de juntar híbridos para crear sincretismos. No es una teoría de retroceso al pasado o retrógrada, que es el otro lado de las teorías de avanzar o de progresar al futuro. Tampoco nacionalista o chauvinista, ni localista, ni regional. No estamos en contra de Europa, de los norteamericanos, de los "blancos", ni de nadie. Comprendemos que era necesario en el devenir humano, pasar por este proceso traumático de quinientos años para tomar conciencia de los extremos, y así poder levantarnos en forma sabia y en amor consciente, re-aprendiendo a vivir en las armonías y los equilibrios. Debiendo ser éste el propósito fundamental del ser humano –de cualquier época y lugar– sobre la faz de la Madre Tierra o Alma Mater.

Presentamos este libro, en la conciencia de que: "El sujeto Abya Yala es un sujeto colectivo, comunitario; el sujeto es el runa anónimo y colectivo (sin derechos de autor) con una herencia vivencial milenaria; el pensador, el sabio, el amawta, cuando habla, reflexiona, plantea, no es sino "el portavoz", el "partero" de esa colectividad" (22). En este sentido, cada uno tiene su parte y corresponsabilidad; y este libro es nuestro aporte para entender la sabiduría anciana del mundo, particularmente la andina, así como el de abrirnos a la ciencia holística moderna.

INTRODUCCIÓN

*Frente al exterior que no podemos conocer del todo hay una
actitud de inquietud e indefensión. Eso nos lleva a decir: voy a
transformar el mundo, como dicen ahora. Yo no pretendo
cambiarlo, sino estar en armonía con él, y eso supone una vida
que cursa como un río. El río trisca montaña abajo, luego se
remansa, y llega un punto, como estoy yo, en que acaba. Mi
deseo es morir como un río, ya noto la sal. Piense en lo bonito
de esa muerte. El río es agua dulce y ve que cambia. Pero lo
acepta y muere feliz porque cuando se da cuenta ya es mar. Ese
es un consuelo. No necesito la esperanza de un personaje que
me acoja.*

José Luis Sampedro, escritor español, a sus 94 años de vida

El punto central en toda la historia humana de los diferentes
pueblos del mundo es su posición en relación a la polaridad de
la vida: calor-frío, hombre-mujer, día-noche, mente-cuerpo,
tangible-intangible, finito-infinito, trascendente-inmanente,
particular-general, eterno-pasajero, vida-muerte… Frente a ello,
hay dos posiciones fundamentales: concebir esta dualidad como
la oposición de una contra la otra, en la cual una debe
sobreponerse a la otra, lo que constituye un rechazo a la
diferencia (el uno sin el otro); o valorar la contradicción y la
diferencia, sin llegar a considerar que éstas se anulan sino que
se complementan y pueden coexistir mutuamente en inclusión

inter-relacionada (el uno con el otro), es decir, no como una oposición irrelacionada entre elementos contradictorios sino como una integración complementaria de las diversidades.

Esto quiere decir, que existen dos principios y actitudes básicas por tomar posición en relación a toda la vida en su conjunto, y consecuentemente dos actitudes y modos de vivir o de existir: como lucha de contrarios (monoteísmo) o como armonía de contrarios (armonismo). A esta contradicción excluyente y dispareja nosotros vamos a denominarla "rupturidad", para delimitar entre el paradigma civilizatorio reduccionista (contranatura) y el arquetipo cultural integral (vitalista), que generan dos maneras de concebir la "realidad". Y de ahí, dos epistemologías, dos filosofías, dos sistema-mundos...

La naturaleza está constituida y manifiesta fluidamente la oposición entre elementos diferentes pero equivalentes. La misma, que no podría funcionar ni reproducirse ni prolongarse, si no fuera dentro de esta condición establecida por la vida inteligente (vitalcentrismo). Por su parte, la humanidad en todo su proceso de existencia en el planeta ha creado dos sistema-mundos diferentes y excluyentes el uno del otro: el uno imbricado en el continuum de la naturaleza y vivido en casi toda la historia humana (vitalcentrismo), y el otro, en disfunción o disociación con la vida natural y con apenas unos 5000 años de existencia (antropocentrismo).

En la realidad de la naturaleza y naturaleza de la realidad (es decir, de la vida) toda contradicción es complementaria, existiendo lo no-complementario solo en las ideas, teorías, filosofías y sistemas sociales generados por el hombre racionalista y reduccionista. Por lo que son una creación mental o una ilusión, y no una reproducción natural a escala humana. En otras palabras, hay una oposición natural que está en sintonía con la creación y una oposición teórica que contradice y altera ese desenvolvimiento natural.

La historia de la humanidad se desenvuelve hasta ahora en dos etapas, la primera etapa entre pueblos que respetan o se inscriben dentro de la oposición inmanente de la vida, y una segunda etapa, en la que unos pueblos se distancian de esta visión eco-sistémica, deviniendo su existencia ulterior en someter a quienes viven en el orden natural (primitivos) y que son un óbice para su proyecto particular (civilizados). Todo ello, bajo el argumento de que la naturaleza es salvaje y está en estado inferior al hombre, por lo que el propósito de la vida es dominar su instinto natural como asimismo a la naturaleza en su conjunto. Es la etapa en la que el hombre se separa de la naturaleza para sentirse diferente y superior, tomando como misión suya la de adoctrinar o de aniquilar a aquellos pueblos que se siguen sintiendo parte o prolongación de la naturaleza, y de otra parte, el de torturar a la naturaleza para sacarle todos sus secretos.

La relación complementaria es un sistema que se ha manifestado planetariamente en las comunidades matriciales (horizontalidad), y el sistema de lucha por la anulación de lo diferente y de la imposición de las élites se ha dado en sociedades patriarcales (verticalidad). Dentro de la filosofía contemporánea o filosofía intercultural, a la teoría de complementos también se la llama tetrádica. A la visión no-complementaria se la conoce también como dicotómica o dualista o dialéctica. Esta última se consolida como estructura de pensamiento a través de una serie de principios hegemónicos (arjé jer-arqui-zados) en la Grecia clásica, desde donde fue expandida al mundo entero bajo el nombre de "civilización". Proceso que se mantiene hasta el día de hoy a través de la uniformización mundial en su etapa de consumación (globalización).

Hasta antes de esta etapa, en la época matricial o matrística[1] no existía una visión de separación o de fragmentación entre los distintos componentes de la vida, sino una conciencia de interrelación e interdependencia. Esta dicotomía –que es de orden patriarcal– surge hace unos 5000 años en Eurasia (Mesopotamia), configurándose plenamente y consolidándose como sistema de vida hace unos 2.500 años en Grecia. "A partir de Sócrates se establece en la filosofía occidental una dicotomía entre interior y exterior, lo trascendente e inmanente, lo eterno y pasajero, lo esencial y accidental, lo universal y particular (6).[2]

Todos los pueblos del mundo vivieron por cientos de años reproduciendo a escala humana el sistema cósmico ("salvajismo"), hasta que se produce una rupturidad o giro total de 180 grados, a cuyo primer nivel lo llaman "la barbarie" hasta llegar al nivel más alto que le denominan "la civilización". La misma que será extendida paulatinamente a todo el planeta y cuyo último nivel civilizatorio es el denominado desarrollo que lo vivimos actualmente. Los pueblos semitas se expandirán hasta Grecia, para conjuntamente con los griegos configurar lo

---

[1] No hablamos de matriarcado, pues nunca hubo monoteísmo femenino o forma de vida no-complementaria en esta etapa.
[2] Al final del libro, el lector encontrará la referencia al autor citado, mediante un número asignado a cada uno.

que posteriormente llamarían la civilización occidental, la misma que se la impondrá a todo el planeta hasta casi llegar actualmente a occidentalizar o civilizar a toda la humanidad.

En este sentido, en esta obra nos vamos a referir a dos sistemas-paradigmas: el sistema anulatorio de la alteridad o excluyente (reduccionismo antropocentrista), y el sistema de complementarios o incluyente (armonista vitalcentrista). En el primer caso, es doblemente dicotómico, tanto al interior como al exterior, y en el otro, solo al exterior o en resistencia al sistema civilizatorio o sistema reductivista.

Hoy por hoy, la lucha de contrarios o sistema jerárquico-vertical del mundo antropocentrista o también llamado mecanicista-materialista, se manifiesta en una serie de conceptos de absolutismo o de sustancialidad esencial: éxito, triunfo, eficiencia, prestigio, libertad, excelencia, competencia, categoría, abundancia, progreso. Todos ellos sostenidos por posiciones neoliberales y neodesarrollistas, también denominadas de derecha y progresistas, respectivamente. A su vez, en las posiciones de izquierda se expresa en concepciones como: lucha de clases, negación de la negación, dictadura del proletariado, igualdad social, soberanía, democracia. Lo que quiere decir que en el mundo antropocentrista de derecha e izquierda su concepción y modo de existir funciona en el esquema civilizatorio divisorio, en diferencia al sistema y modo de vida integrativo de los pueblos vitalcéntricos, mal llamados: atrasados, lentos, subdesarrollados. (Con esto, no negamos que existe la lucha de clases dentro del sistema antropocentrista, pero eso no significa que todos los pueblos del mundo hayan funcionado de la misma manera o que hayan vivido históricamente en la lucha de clases. Los sistemas esclavista, feudal y capitalista son un fenómeno estrictamente euro-asiático, luego el capitalismo-como tal- exportado a nivel mundial después de la invasión de Amerindia, a partir de lo cual se da su mayor configuración).

En la conciencia o paradigma de armonía de complementarios o sistema integrativo y equilibrador, no existe una posición monoica de derecha o de izquierda, pues sus principios no toman posición por uno u otro lado. Parten de una conciencia interrelacionada de la vida (armonismo) y al aplicarla socialmente se promueve entre andariveles opuestos: el consenso, la conciliación, la concordancia, el consentimiento, la correspondencia, la reciprocidad, la estabilidad. Cabe precisar, que en el mundo andino hay un nivel de competencia, "[...] pero no en el sentido que los occidentales le dan a la palabra ganar. En mi tradición, cuando hay un desafío entre dos iniciados y uno demuestra que tiene un nivel superior, el ganador está obligado a enseñarle al otro cómo ganó. Éste es el sentido que tiene la competición para nosotros [...]" (11).

Por tanto, hay pueblos que valoran y respetan la diferencia, fomentando e incentivando la diversidad y la variedad; a diferencia de otros que la anulan, a través de igualar teóricamente a todos en derechos y condiciones (género, sexualidad, derechos humanos), aunque en la práctica es la lucha de una sobre otra (clases, genocidio, racismo, xenofobia, machismo). Visión dialéctica, que se ha impuesto desde los griegos clásicos hasta nuestros días: "Heráclito es el padre del pensamiento dialéctico en occidente, el predecesor de Hegel, pero más que todo de Marx y Engels y su "materialismo dialéctico". La concepción del ser como "lucha" incesable entre fuerzas opuestas es el paradigma filosófico para la dialéctica occidental" (5).

La armonía de complementarios es una posición y actitud de vida manejada por pueblos de estructura espiral, horizontal, comunitaria, cíclica, inclusiva. Comunidades que han funcionado dentro de una pedagogía re-creativa y co-creadora de la vida, a partir de concepciones basadas en la crianza de la vida y dentro de una conciencia holística (armonismo). La lucha de contrarios, tiene su sustento principal en sociedades verticales, piramidales, jerárquicas, excluyentes, con un sentido de dominación de la naturaleza y por ende del ser humano. Se expresa principalmente en grupos religiosos-racistas de característica ortodoxa y fundamentalista (sustancialidad) y cuyo axioma básico se sintetiza en el concepto de la "lucha del bien contra el mal". En este sentido, "La racionalidad excluyente occidental contrasta con la racionalidad incluyente de los Andes (pero también de Asia oriental y de otras filosofías no-occidentales) que interpreta las oposiciones en el sentido de polaridades complementarias y no de posiciones contradictorias mutuamente excluyentes" (6).

Esta expresión de integralidad o de matridad (de matria, no matrilineal ni matriarcal) ha tenido un ejercicio de manifestación de más de treinta mil años. La concepción de separatividad o patriarcalista (patria) va por unos cinco mil años de existencia, a partir del patriarca Abraham y el dios único - según la misma historia oficial de las élites occidentales-. Creencia ésta, que se consolidaría en Grecia a través de tres figuras representativas del modelo civilizatorio: Sócrates,

Platón y Aristóteles (500 años a.C.). Luego, perfeccionada con el surgimiento de la religión del maniqueísmo (el bien contra el mal) y que fuera sistematizada por el profeta persa Maní (siglo iii d.C.). Maniqueísmo "del bien y del mal" que se ha ido desarrollando periódicamente hasta el día de hoy, a través de diferentes formas y medios, pero todos ellos dentro de los mismos preceptos dicotómicos: civilizado-incivilizado, culto-salvaje, avanzado-atrasado, moderno-arcaico, desarrollado-subdesarrollado, rápidos-lentos, etc.

La lucha del "bien contra el mal" ha hecho exterminios masivos contra todo tipo de "profanos", en todo el mundo: en la época de las Cruzadas y de la Inquisición, en la invasión de Amerindia y del África, en las guerras mundiales, hasta las últimas suscitadas: "la lucha contra el Imperio del Mal del Comunismo" como llamara Ronald Reagan en su momento a la "barbarie roja"; o, hace poco George Bush y su célebre frase al atacar a Irak: "el imperio del bien contra el mal".

Desde que surge Occidente como tal, en todas sus ciencias se había hablado de eliminar al adversario como expresión científica, hasta que Einstein y Jung trastrocaron o dieron un "giro coperniquiano". El primero a nivel físico y energético, y el segundo a nivel humano y psicológico. Einstein destronó a la física newtoniana que era el soporte del modelo científico que sostenía la teoría de separación y lucha de contrarios. A su vez, "Jung era el único de los psicólogos teóricos (…) que hablaba de aliarse con el inconsciente (ese aspecto desconocido o misterioso de nuestra humanidad), y de honrarlo y respetarlo en lugar de tratarlo como a un enemigo o intentar amputarlo" (11).

Desde ellos, Occidente se avino a un retorno integrativo "al amor a la sabiduría o a la sabiduría del amor" (PHILOS-SOPHIA), a partir de conceptos como el de la relatividad y la mecánica quántica, y últimamente, a nivel filosófico, con las teorías de la reciprocidad de Stephan Lupasco y la complementariedad de Dominique Temple. Teorías que vienen siendo aplicadas en los sectores más profundos de Europa y la europeidad matricial, aunque a nivel político y económico todavía siguen manejándose con teorías de la edad media. La mayoría sigue creyendo que la disyuntiva dicotómica es: vivo e inerte, divino y mundano, profano y sagrado, idealismo y materialismo, cristianismo e islamismo, capitalismo y socialismo, economía social de mercado y economía centralizada de Estado, democracia representativa y democracia participativa, etc. Sin darse cuenta que estos dilemas son solo la contradicción social dentro del modelo antropocéntrico o civilizatorio con sus diferentes ramificaciones modernas y pos-modernas, de derecha e izquierda. Cuando la gran rupturidad, es entre el sistema y paradigma piramidalista monoico y el sistema y arquetipo integral tetrádico.

En otras palabras, la rupturidad profunda en nuestro mundo actual está entre el arquetipo de lo integrativo-simbiótico-heterogéneo (culturas vitales) y el paradigma separatista-reduccionista-homogeneizador (civilización racionalista). Entre los pueblos integrados a la naturaleza con sus modelos de vida simbióticos, y los pueblos dominadores de la naturaleza y dogmatizados en las leyes del ego logocrático. Entre las poblaciones asociativas o comunitarias y las sociedades individualistas y egocéntricas. Entre las economías "equitables"-mutualistas y las economías acumulativas-

concentradoras. Entre las administraciones y políticas autogestionadas e interrelacionadas, y las políticas centralizadoras y hegemónicas. Entre los estilos de vida de sustitución o de reposición, y los de sustracción o extractivistas. Entre los Estados desarrollistas y explotadores de la naturaleza y del ser humano, y las naciones al servicio y sustentabilidad de la naturaleza y del ser humano.

Esto lo tiene claro el mundo antropocéntrico desde el imperio romano, cuando se señalaba que la dicotomía está entre "civilización y barbarie". Nosotros estamos de acuerdo, pero con la diferencia de que no consideramos a la civilización como una etapa superior o mejor a las anteriores, sino como la etapa más alta en el proceso de desvitalización o desnaturalización que alcanza el hombre artificial, en su camino de divorcio con las leyes y principios de la vida natural. La etapa llamada barbarie es la primera parte en el proceso a la subvitalización que empieza este ser humano, y que hasta antes de ello, existía en forma vital en el despectivamente período llamado "primitivismo" o "salvajismo". Ésta es la indudable alternativa que vivimos actualmente, y que en palabras concretas quiere decir: si el hombre se considera, o no, naturaleza. Ese, el gran y simple meollo, que genera dos mundos dispares uno del otro.

Cabe precisar, que las "guerras santas" entre las religiones de Abraham (islamismo, judaísmo, cristianismo) son luchas entre primos hermanos, y no un "enfrentamiento de civilizaciones" (clash of civilizations) como se habla desde ciertas posiciones uniformistas que pretenden desmarcarse de los asuntos de fondo. Las peleas entre capitalistas y socialistas, son entre economistas privatizadores y economistas estatistas del mismo paradigma antropocentrista que los encubre y configura. Las luchas entre tecnócratas y ecologistas, son entre materialistas de la rentabilidad y ambientalistas del antropomorfismo, pues "[…] hasta en la ética ecológica contemporánea de Occidente, se puede apreciar un cierto antropocentrismo: "Hay que cuidar la naturaleza, con el fin de conservar el medio ambiente para la vida humana". La ética occidental (en su gran mayoría) no sólo es antropocéntrica, sino sobre todo antropomórfica: un bien es un 'bien' de acuerdo a su bondad para el hombre" (5).

En este sentido, consideramos que el debate estructural es entre antropocentrismo y vitalcentrismo, y a partir de aquello la posibilidad de un cambio profundo y total en la humanidad, caso contrario las acciones que se emprendan serán superficiales, y por ende, no habrán respuestas contundentes frente a la crisis global y más que todo que detengan el cambio climático que amenaza con destruir la existencia misma de la especie humana. Todo lo cual, implica desmenuzar una serie de elementos constitutivos, como por ejemplo aquella idea de que la materia está separada y dividida de la energía y del espíritu, también conocida como la separación mente-cuerpo (exclusión reductiva); y, por otro lado, aquella concepción de organicidad sistémica entre la materia, la energía y el espíritu, o la de complementariedad entre cuerpo y mente (como una "inclusión holística"). Como asimismo entre las religiones monoteístas y la espiritualidad cósmica, entre el sistema democrático (mono-república) y el sistema consensual o biocrático (comunitario), entre el desarrollo ilimitado (neoliberalismo) y la estabilidad dinámica (armonismo), entre la economía al servicio del capital (capitalismo) o del hombre (socialismo), y la economía al servicio de la vida: naturaleza, sociedad, cultura, hombre (vitalismo). Todo esto se sintetiza, en el proceso de primermundización en que se hallan comprometidas las élites económicas mundiales, y a su vez, en el empeño del "cuarto mundo" por armonizar los diferentes mundos para que quepan todos los mundos, dentro de una nueva cancha y en otras condiciones de interrelación.

Siendo eso lo que el mundo está eligiendo ahora, la ciencia quántica ha puesto el dedo en la llaga en Occidente y ya no es posible vivir en un mundo objetivista, despersonalizado, individualista y consumista. De seguir así, nos acercamos a la hecatombe humana y solo sobrevivirían los pueblos mal llamados: auto-aislados, incivilizados, salvajes. Con las explosiones de Chernóbil y la fuga en Fukushima, está muy claro –aunque todavía para pocos– que nuestra sobrevivencia está en peligro de continuidad.

Es ante todas estas disyuntivas que se pone a discusión un sistema alter-nativo, denominado en los Andes como sumak kawsay, y que podría ser traducido como vitalismo armónico. El vitalismo andino, se inscribe dentro del vitalismo mundial o como parte de los multi-vitalismos que ha recreado la humanidad en distintos rincones de la madre tierra. El vitalismo armónico desafía a los seres humanos a interiorizar y asimilar las leyes naturales, cósmicas y vitales, por sobre las leyes del egocentrismo racionalista y mecanicista. Filosofía, que recoge lo más profundo del ecologismo y del veganismo, así como de la espiritualidad y de la sensitividad (feminismo), para conjugarlo con lo material (ciencia) y lo social (economía), dentro de una epistemología total e integradora.

El vitalismo armónico, es la expresión de los pueblos sagrados que se han manifestado en distintas regiones de la Madre Tierra con diferentes ramificaciones pero dentro de un mismo tronco generador: hindú, bantú, maya, celta, maorí... o entre distintas expresiones sociales: ayurveda, zen, nawi ollin, tawantin, etc. Entendiendo que todos los seres de la vida provenimos de la misma fuente y estamos constituidos de lo mismo. El vitalismo armónico es el campo magnético que abraza a todos los hijos de la Gran Matria, en todas sus variedades complementarias y expresiones incluyentes.

EL SER Y EL ESTAR

El tipo de visión acerca del tiempo y del espacio por las diferentes sociedades y humanidades, ha generado dos percepciones básicas: una que vive en el presente y que toma de referente al pasado como experiencia conocida (el estar); y otra que vive para el futuro, a partir de desvalorizar el presente y de minimizar el pasado, para lanzarse a un futuro desconocido y promisorio (el ser). Habiendo pueblos – como los aborígenes de Australia– que ni siquiera tienen en su lenguaje las palabras "pasado" o "futuro", y obviamente, menos las nociones o conceptos; lo que no quiere decir que no tengan memoria, sino que no tienen una visión física temporal o espacial sino una psicológica, en la que su conciencia vive en el eterno presente, y no en el ayer o el mañana. El pasado y el futuro viven en el presente, en el aquí y ahora, y lo que han vivido son recuerdos y lo que vivirán son sueños a hacerse realidad.

En este sentido, por un lado, una actitud de vida basada en la creencia de que el individuo podrá algún día llegar a Ser Alguien, a consecuencia o después de que haya logrado Tener Algo, a través de Ir o Llegar a algo, y como fruto de un propósito o meta planteada. En la otra posición, no existe el después sino el ahora, el futuro obedece al presente, y en ese aquí y ahora, está todo lo que será después, o lo que será mañana depende del presente. O como dicen sus sabios, en forma sencilla: "Vive ahora la felicidad, para que mañana y siempre sea lo mismo". En este caso, la persona para Ser no depende del Tener, del Hacer, del Ir a algo o alguien, sino, el de simplemente de vivir y de estar consciente en el ahora, como el único momento real y auténtico de construcción concreta y práctica. Todo lo demás, son buenas intenciones, deseos, frustraciones y memorias.

Consecuentemente, a partir de estas concepciones y percepciones, se generan dos tipos y calidades de vida y, por ende, de muerte, de miedos, de obstáculos, de paralizaciones.

La pregunta que se ha hecho por siempre la humanidad, es: por qué y para qué estamos en este mundo. ¿Estamos aquí para comer bien, tener un gran negocio, lograr un título universitario, para ser más y mejor que los demás? O estamos, para descubrir los poderes y dimensiones de la mente, de la naturaleza, del amor, del espíritu, de la vida; en las que el trabajo, el sexo, el comer, las relaciones humanas y sociales, son solo medios o instrumentos para adentrarse y activar la conciencia de las conciencias (concienciación), o en su contrario, para adormecerlas o anularlas (inconsciencia). Participar de una u otra posición determina la vida y el sentido de existir de cada ser humano: En el primer caso, la creencia de que la vida es finita y el propósito de la vida, es ser y tener algo material o intelectual para vivir mejor o vivir bien; y en el otro, la convicción de que la vida es finita pero la existencia es infinita, teniendo en cada experiencia de vida la posibilidad de reaprender a co-existir y co-estar en armonía y equilibrio consciente en las diferentes relaciones de la vida; o como decía Einstein más sencillamente: "Quiero conocer los pensamientos de Dios, el resto son detalles."

Ésta, básicamente la rupturidad entre dos tipos de pueblos y grupos que han existido en la historia humana, siendo la posición y tipo de relación con la naturaleza lo que en última instancia determina las diferentes formas de vivir y de existir: una vida para satisfacer el cuerpo, las emociones, la mente efímera (confort-comodidad); o una vida, para expandir la conciencia infinita, para enraizar los distintos poderes de la vida, para tener la capacidad de guardar complementariedad entre todos los elementos (estabilidad dinámica). En palabras comunes: una vida de estrés, preocupación, desesperación, ansiedad, arrogancia, impaciencia, y cuyo fin es acumular dinero, poder, títulos, recompensas (Vivir Mejor); o una vida serena, amorosa, plena, fecunda, profunda, sabia, y cuyo medio, son todas las cosas materiales y las situaciones sociales manifiestas (Vida Plena). Ese el gran dilema humano, en todas las épocas y lugares del planeta. Podemos ser científicos, artesanos, profesionales, sanadores, místicos o cualquier cosa, pero si hacemos de la vida un fin y no un medio para que nuestra existencia sea cada vez más plena e integrada, simplemente se va asimilando más dolor, sufrimiento, desesperanza.

Desde esta perspectiva, han existido dos clases de posiciones y de actitudes en la humanidad: la conciencia del Ser y la concienciación del Estar. Las sociedades y personas del Ser aspiran un día a Ser Alguien, Tener Algo, Ir a Algo, y para ello, tienen que hacer muchas cosas por avanzar, crecer, desarrollar o progresar en sus objetivos (evolucionismo). Su visión religiosa es trascendental, pues ven a Dios separado de toda la existencia. Y su posición y actitud en la vida es: Yo Seré. Por su parte, las naciones y criaturas del Estar, son aquellas que se sienten y se saben que ya son el todo, lo que quiere decir que son conscientes que ya tienen todo y no necesitan hacer algo ni ir a ningún lado para ser. En ese sentido, su propósito de vida es activar, destapar, revelar, eso que está ahí latente y que debe ser encendido y manejado con sabiduría. Con el solo hecho de tener la vida, cada ser contiene todo lo que la vida puede ofrecer. Por el simple hecho de ser un miembro de la vida se tiene toda la información y cosmocimiento de la vida en su conjunto (holografía). Y el juego de la vida es redescubrir esos talentos y capacidades para comprender el misterio que guarda la vida y la existencia. Este ser humano, en su conciencia espiritual vive a Dios en cada ser y expresión de la vida. Y su posición y actitud en la vida es Yo Soy y Estoy.

Dicho de otra forma, cada ser en la creación tiene todos los programas y archivos de la vida, por lo que cada uno ya tiene y es todo. Cada ser en el multiverso es una representación o expresión en miniatura de todo el cosmos o campo interrelacionado. En la parte está el todo, y esa parte es un todo en sí mismo y al mismo tiempo está siendo parte de la gran totalidad. Aquí valga precisar, que cuando nos referimos al Todo (y al Vitalismo Armónico), no hablamos de una nueva forma de reduccionismo que podría conducir a una suerte de totalitarismo (Hegel), o de plenitud metafísica (cristianismo), o de sustancialidad (capitalismo), sino a la interrelacionalidad o vincularidad entre el todo y la parte. No es un holismo a secas y por sí solo, sino fundamentado en las múltiples relaciones del todo con la parte y la parte con el todo (complejidad).

"Este todo relacional es un todo explícito y concreto, implica diferentes formas extralógicas o, mejor, poli-lógicas diferentes (reciprocidad, complementariedad, proporcionalidad, correspondencia); el runa (ser humano), si no está vinculado no existe, el ser es nudo de relaciones; la realidad es un entretejido de saberes y aconteceres interrelacionados; la vincularidad es la verdadera sustancia; todo es relación solidaria; la red de nexos y vínculos es vital" (22). En este sentido, lo que importa en esencia es la red relacional holográfica entre la parte y el todo. La red de interrelaciones fractales: Naturaleza, Dios, Vida, Cosmos, Amor; a todo lo cual Einstein lo llamó Campo Unificado, y que nosotros preferimos denominar Campo Interrelacionado en el sentido de Expansión Total de la Conciencia. Cada una de las palabras enumeradas anteriormente, son diferentes expresiones de lo mismo. Todo lo que existe hace parte de un Todo y de un origen común.

Einstein demostró que la naturaleza estaba mucho menos compartimentada de lo que la ciencia creía anteriormente, y sugirió que existía un campo que sostenía como telón de fondo todas las transformaciones del espacio-tiempo y de la masa-energía, un nivel de la naturaleza totalmente fusionado e integrado. En otras palabras, existe una región de espacio-tiempo-materia-energía entrelazado como una telaraña y con plena consciencia de vida. La teoría de Einstein reunificó todas las fuerzas básicas de la vida y así fue posible explicar el multiverso (no: universo) como un todo integral.

Los hombres del Ser viven para lograr algo, para conquistar una recompensa, para ganar un territorio, para alcanzar un poder exterior, para tener la aprobación de Dios; y en ese sentido de vida, su ejercicio máximo es el Hacer para Deber Ser. Las comunidades del Estar lo que hacen es simplemente Estar: estar despertando, estar reactivando, estar encendiendo, eso que ya lo tienen y está dormido o apagado, como los programas de computación inactivos. Todo ello en la comprensión de que el Todo está en todo y en todos (vitalismo), y por ende, su actitud de estar en la vida es co-existir: convivir la vida y amarla tal y como es, dentro de las leyes establecidas y dadas por la existencia infinita; y para ello practican el No-hacer o el Re-crear (crianza de la vida).

Este re-crear o criar, no implica un existir por existir (existo luego pienso), sino estar co-existiendo en una naturaleza que fluye para estar siendo. "El Estar implica falta de esencia fija. Coloca en el primer plano un mundo poblado de circunstancias, no de cosas. Ello hace necesario asegurar la vigencia de un mundo en que la vida sea posible. El estar refiere inmediatamente en el aquí y el ahora de un mundo que asegure el domicilio en medio de situaciones riesgosas que se instalan sin cesar en el aquí. Por ello se requiere el desgarramiento en que siempre se halla el hombre. No es posible el estar sino como "estar con..." (María Luisa Rubinelli - 18).

Dentro del mundo del Ser hay algunas diferencias entre el Tener y el No-tener para llegar a Ser. Particularmente la visión del Tener hace referencia a tener bienes materiales (consumismo), y como sentido de vida: el acumular, el almacenar, el aumentar, el concentrar, el monopolizar. Y el No-tener también hace referencia a bienes materiales pero en su desprendimiento o carencia, y su ejercicio de vida es el ayuno, la contemplación, la caridad, el dar. Los pueblos del Tener y del No-tener, están básicamente motivados por el futuro del "más acá" (en la adultez, en un poder político, en un trabajo deseado), y en el del "más allá" (cielo, nirvana, otra vida) con dioses humanos antropomórficos. Estos dos tipos de pueblos los encontramos en Occidente.

En los pueblos del Estar, su relación con el Tener es para compartir o reciprocar, no para acumular ni para despojarse de todo. Su propósito no es ganarse alguna cosa en un momento después o en otra vida o en otro lugar, sino el tener aquí, en el presente, y sus dioses son totalmente naturales (tangibles o intangibles) y conviviéndose con ellos. A estos pueblos los encontramos principalmente en Asia Oriental, África, Oceanía, y en Amerindia. "Se ha observado que el pensamiento indígena de América Latina en general es más un pensar del "estar" que del "ser", es decir, de la concreción de la existencia dentro de las múltiples relaciones, y no de la abstracción ontológica en términos de "substancialidad" (5). Por el contrario, "Todo lo europeo es lo opuesto a lo quechua, porque es dinámico, lo cual nos aventura a clasificarlo como una cultura del ser, en el sentido de ser alguien […] La cultura occidental […] es la del sujeto que afecta al mundo y lo modifica y es la enajenación a través de la acción […] o sea que es una solución que crean hacia afuera, como pura exterioridad, como invasión del mundo o como agresión del mismo, y ante todo, como creación de un nuevo mundo" (10).

Rodolfo Kusch (América Profunda) es considerado el más claro filósofo que explica el "estar" amerindio y su relación con el "nosotros", base del principio de vida de los indígenas, dice: "En el fondo de todo no estoy yo, estamos nosotros". Sobre la obra de Kusch señala Carlos Martínez Sarasola: "Un eje de su pensamiento ha sido el concepto de estar entre los indígenas, opuesto al de ser alguien de los occidentales. Kusch encuentra que el término más cercano a la forma de vida india es utcatcha, que se traduciría en "estar sentado", en el sentido filosófico de domicilio, de sentirse amparado en el mundo. Él vinculaba el sistema productivo incaico con la idea de una auténtica "economía de amparo". El hombre occidental soluciona sus males trabajando sobre la realidad exterior, por el lado de afuera. Por el contrario, el indígena está incluido en la totalidad del universo y cualquier desajuste debe ser restaurado con el equilibrio interno de esa totalidad, a través del ritual."

En cuanto al sentido del aprendizaje, también existe diferencias entre el Ser y el Estar. Así, para los pueblos occidentales su objetivo es aprender, para los asiáticos es des-aprender, y para los amerindios es re-aprender. Sin embargo, no generalizamos, y hay diferentes actitudes dentro de un espacio cercano donde hay pueblos del Ser y del Estar, del Tener o No-tener, del Aprender o Desaprender o Reaprender, y diferentes variedades entre ellas. Por ejemplo, entre el Tener del Tantra (acogida-aceptación) y el No-tener del Yoga (privaciones-luchas), o entre la meditación pasiva (observación imparcial de la mente) del Zen o la meditación activa (mantras) de la Meditación Budista, o entre el aprender de la mayéutica (tradición platónica-cristiana) y el re-aprender inca (tradición andina), o entre el Hacer latino (homo faber) y el No-hacer del Tao. Vale aquí, revalorizar y resaltar al sufismo islámico, la kábalah judía y el cristianismo gnóstico o místico, de las culturas occidentales.

Y así podríamos hacer referencia a otros elementos, por ejemplo: el crear, el criar y el recrear; el existir y el coexistir; el vivir y el convivir, etc.

Los que viven en el Estar viven en el presente del No-Ser, pues no quieren Ser Alguien o Algo. Si un día llegaran a Ser Alguien o Algo, se quedarían exclusivos de esa parte y se perderían de Estar y Ser el Todo a la vez, por eso practican el No-Hacer para Estar y Ser el Todo (Tiyay-Kay en kichwa, y Utkaña-Kankaña en aymara, que son más utilizados como sufijos). Quien quiere Ser Alguien termina siendo Poco o Parte, pues solo en el Todo se Es y se Está en Todo. Su proverbio es: "Yo estoy y soy el Todo".

Jesús (y otros maestros) también lo enseñaban, cuando decía: "Yo soy el camino, la verdad y la luz". Pero lo que no dice ni explica la iglesia, es que Jesús enseñaba que todos debíamos asumir esa posición; pero como buenos taumaturgos –que viven de engañar a los demás– hacen creer que lo que quiso decir, es que hay que seguirle a él, y no buscar el camino, la verdad, la luz, el amor… al interior de cada uno, donde ya existen y están cada una de las cualidades y sabidurías de la vida en su conjunto (campo de conciencia expandida). De ahí, el sufrimiento en que viven los pueblos religiosos pues nunca llegan a vivir el Yo Estoy y Soy: la felicidad, la salud, la conciencia plena, y pasan su vida esperando encontrarlo en otro tiempo, en el cielo, en otra vida.

Esa la trampa del monoteísmo civilizatorio, para quienes el Yo estoy-soy, quiere decir: Yo soy el mejor, Yo soy el culto, Yo soy el más desarrollado, Yo soy el dios mercado y tengan fe ciega en mí. No entienden que la base del Estar o del No-Ser está en el No-hacer, porque quien vive para el hacer se pierde en lo formal (morfización), desorientándose de lo estructural o de la matriz. Le preocupa tanto el hacer, que mientras más hace, más se pierde, pues vive en el Deber Hacer que lleva al tecnicismo-cientificismo (sociedad tecno-mórfica) y al esteticismo-hedonista (sociedad anoréxica y de claustro). En Occidente "la dicotomía radical entre lo divino y mundano conlleva una divinización de lo mundano en el sentido de una idolatrización de aspectos particulares como por ejemplo del progreso, el placer o del dinero (6).

Quien vive en el Deber Ser, se pasa la vida en ese propósito y sin que llegue a conseguir lo que Debería Ser, pues cuando cree que ha llegado a Ser Alguien, resulta que ya no es suficiente, pues siempre espera algo más, lo que implica que debe seguirse desarrollando y progresando, más y más (evolucionismo). Nunca Es ciertamente lo que Es, porque Está en lo que Debería Ser y no en lo que Es (Yo Estoy y Soy), en el aquí y el ahora, que es lo seguro y real que se está manifestando. Así se pierde en la forma y no puede convivir la esencia y sabiduría de la vida; se queda en los métodos, en las técnicas, en los medios del Deber Ser: Yo tengo y luego soy, yo pienso y luego existo... Y nunca llega a la fuente y raíz primordial de la existencia, que Está en el co-existir y en la con-vivencia que ya está Hecha y Dada por la conciencia total.

Esta forma del Ser Alguien y del Hacer, se distingue con claridad de otras culturas, por su invasión y manipulación de la naturaleza a través de la máquina y la tecnología depredadora. Kusch sostiene que "el miedo a la hostilidad iracunda de la naturaleza lleva al hombre del hacer a construir "utensilios" que le permiten llevar a cabo su "misión de modificar o aprovechar el mundo" (18).

El Estar es: laborar, cultivar, recrear, concienciar; el Deber Ser es: hacer, trabajar, producir, consumir. El primer caso representa el festejo, la celebración, el homenaje, el honrar la actividad; el segundo, es sacrificio, castigo, recompensa, esfuerzo. Hay una gran "rupturidad" entre laborar y trabajar; la palabra trabajar viene del francés traveau, que eran las antiguas trabas o cadenas con las que se encadenaba a los esclavos negros: el que trabaja.

Para el Ser, el trabajo es una pena o una condena que se le hace a alguien, tiene una condición simbólica de castigo. Para el mundo del Estar, la labor es fiesta, disfrute, regalo, y por tanto, no existe diferencia entre: criar y trabajo, trabajo y laborar, laborar y disfrute... de ahí que no existe el concepto de vacaciones o de retiro, como el espacio de "liberación del trabajo". Y los viejos no son enviados a los asilos al considerarles improductivos, sino que son valorados, respetados y su participación sigue vigente hasta su muerte.

De ahí, que Marx y Fourier se propusieron emancipar el trabajo, la superación del trabajo enajenado, para transformarlo en una actividad lúdica, celebrativa, festiva, artística. Occidente lucha por emanciparse del trabajo desde Aristóteles, la Biblia, Marx, hasta la actualidad. El mito o la falacia de la emancipación o liberación o independencia, rodean como un fin al paradigma occidental o norte-centrista de Derecha e Izquierda. Sin embargo, nadie puede emanciparse de nada, ni siquiera con la muerte, ya que todos obedecemos o dependemos de las leyes de la vida, en la cual no hay emancipación, sino interrelación, interdependencia, intercomunicación. Como bien lo explica Gustavo Esteva: "Quien lucha por tomar ese poder, adquiere infaltablemente el virus de dominar y controlar –y lo aplica sin rubor sobre sus propios compañeros de lucha–, puesto que todos los medios valen para sus "altos fines" y los rivales pueden constituir un obstáculo para alcanzar éstos."

Quién logra la emancipación pasa a defender su emancipación y termina convirtiéndose en un dominador. Por proteger su emancipación la impone verticalmente, pero a la final lo que logra es crear una nueva forma de dominación. Tal como hemos visto en la historia emancipatoria mundial y sin que se haya conseguido ninguna emancipación o independencia. Esa la trampa de quienes luchan por la liberación, que es el acto de dominar a los que se oponen a la liberación, y así sucesivamente en un círculo vicioso. Eso lo entendieron los pueblos indígenas, de ahí que su propósito es la complementariedad como forma de encontrar la armonía y el equilibrio, para todas las partes en disputa u oposición. Esta otra gran "rupturidad".

De ahí, que las sociedades del Ser piensan que a la vida hay que transformarla, cambiarla, modificarla, domarla, domesticarla, educarla, desarrollarla, progresarla… (evolucionismo). A su vez, las comunidades del Estar perciben que a la vida hay que cuidarla, conservarla, mantenerla, respetarla, estabilizarla... (complejidad). Y mucho más que eso, pues sino solo sería una actitud ecologista, ya que la misión del ser humano es mucho más profunda, sabiendo que en última instancia la naturaleza es capaz de protegerse y mantenerse a sí misma. Esa misión es la de re-aprender a co-existir, con y en la naturaleza, es decir, a convivir y compartir en conciencia dentro de las leyes y poderes de la vida inteligente.

Todo esto determina dos tipos de personas, de sociedades, de mundos. En la concepción progresiva del Ser, el hombre está evolucionando y va desarrollándose según cómo haya ido creando nuevas y más sofisticadas tecnologías, en las que el trabajo y las creaciones materiales son las que determinan los diferentes tipos de seres humanos y de sociedades. En la visión cíclica del Estar, lo que el ser humano hace en la vida es reactivar o aplacar su conciencia, entre una conciencia de claustro y una conciencia cósmica, entre el inconsciente y el supraconsciente. Es decir, para los unos lo que importa es el nivel de tecnología desarrollada, y para los otros, es el estado de conciencia activada. La dependencia tecnológica que eufemísticamente también es llamada libertad versus la interdependencia conciencial.

En resumen, para el pensamiento del Ser el problema de la humanidad es político, económico, tecnológico; en cambio, para el pensamiento-sentimiento del Estar (o co-razonamiento) el asunto central de la vida es la conciencia, entre una conciencia pesada y una conciencia ligera, entre una conciencia materialista y una conciencia vital, entre una conciencia reduccionista y una conciencia relacional. A una conciencia opaca y densa le rodean conflictos, enfermedades, miedos; a una conciencia fina y refinada le acompañan estados de plenitud, salud, serenidad. Para el mundo civilizatorio el cambio-progreso se mide por el PIB, en el mundo de la conciencia vital, la armonización-estabilidad se determina por el nivel de despertar o reactivación de la conciencia, de los individuos y de la sociedad en su conjunto.

En ese sentido, cada cual elige su camino: el del desarrollarse, o el de activarse. Cada uno genera dos tipos de vida y de muerte. Como dicen los sabios (yachaks): Quien tiene miedo a la muerte tiene miedo a la vida, quien ama la vida sabe que dios es la vida misma.

EL PARADIGMA REDUCCIONISTA Y EL ARQUETIPO HOLÍSTICO

Hemos escogido la palabra "arquetipo" para referirnos al principio cultural holístico (vitalismo), en el sentido en que Carl G. Jung hace referencia al inconsciente colectivo y en relación a aquellas experiencias ancestrales de vida archivadas en nuestra consciencia. Y nos parece más apropiado el término "paradigma" para la etapa civilizatoria o reduccionista, que es más asimilado como un modelo (paradeigmata) o concepto de vida que como un principio primordial de vida. Esto obedece a que "La esperanza del runa (ser humano andino) no está dirigida –como la de muchas personas occidentales– a un futuro desconocido y totalmente nuevo (novitas histotiae), sino más bien a un pasado almacenado en el universo simbólico del subconsciente colectivo ("arque-tipos")" (6).

En ese sentido, las leyes y principios que guían la vida de los pueblos de conciencia natural o vitalista, no han surgido de la mente de algún iluminado (Abraham) o profeta (Moisés) o intelectual (Marx) o líder (Hitler), sino que es consecuencia del adentramiento en la naturaleza humana y extra-humana, en las fuerzas y poderes que la constituyen (concienciación). La supra-consciencia (Kapak en Kichwa) surge de la relación combinada o interacción con la naturaleza, sin la cual el ser humano no podría existir, tal como nos enseñan las culturas primordiales de todo el mundo (cultura védica, andina, sufí, maya, bantú). Visión totalmente opuesta a la civilización o conciencia contranatura, cuyo "mito fundacional" se basa justamente en el rechazo y en el menosprecio de la naturaleza (salvaje), y cuyos referentes son hombres (cartesianismo, darwinismo, keynesismo,). La sociedad civilizatoria aprecia únicamente lo natural en cuanto al valor que el mercado le da (bienes materiales) y a la categoría social que le otorgan ciertos elementos: oro, plata, mármol, piedras preciosas, etc.; o al convertirlo en reservas económicas que representan su poderío hegemónico (lingotes de oro).

Los principios del sistema holístico relacional parten de la comprensión de que este multiverso solar está constituido por cuatro seres o elementos pilares primarios: fuego, agua, tierra y aire; los mismos que constituyen los ingredientes de todos los seres de la Madre Tierra, y cuyas variedades de especies son producto de las múltiples relaciones que se dan entre ellos, por ejemplo entre el agua y el fuego, la tierra y el agua, el fuego y el aire, etc. Todo lo cual nos da como mínimo siete interrelaciones, lo que quiere decir que son siete las leyes básicas de la vida y cuyas relaciones están dadas entre elementos contrarios (principio de oposición): el agua apaga el fuego, el fuego evapora al agua, el aire atiza el fuego, el fuego quema la tierra, etc. Pero todos complementarios entre ellos.

De todas estas interrelaciones, la oposición más contradictoria es entre el fuego y el agua. Sin embargo, todas son necesarias e imprescindibles para el desenvolvimiento de la vida. Ninguna está por demás ni en exceso, pues todas aportan como polaridades complementarias (principio de complementariedad) para generar un tercer elemento. El cual, si bien es diferente de sus antecesores sigue siendo complementario de ellos, por lo que no está separado o excluido del proceso sino que está incluido en todo el conjunto sistémico (principio del tercero incluido). Y de esta comunión", la vida continúa y se prolonga infinitamente.

"Una gota de agua se convierte en vapor, el cual es invisible; sin embargo, el vapor se materializa al formar nubes voluminosas, y la lluvia desciende de las nubes y regresa a la tierra para formar los torrentes de los ríos y eventualmente desembocar al mar. ¿Ha muerto la gota de agua durante este trayecto? No; simplemente tiene una nueva forma en cada etapa. De la misma manera, la idea de que yo poseo un cuerpo fijo, inmovilizado en el espacio y en el tiempo, es un espejismo. Cualquier gota en el interior de mi cuerpo pudo haber sido parte del océano, de una nube, de un río o un manantial el día de ayer." (15).

Entre estas fuerzas de la naturaleza, hay relaciones horizontales y verticales, pudiendo haber relaciones entre fuerzas masculinas y femeninas (padre sol-madre tierra), masculinas con masculinas (padre fuego-padre viento) y femeninas con femeninas (madre tierra-madre agua). A las relaciones horizontales, también se las llama relaciones del lado izquierdo (cerebro derecho) y del lado derecho (cerebro izquierdo) y cuyo principio de relación se denomina de reciprocidad. Y las relaciones verticales, son de aquellas fuerzas en el cielo (arriba) con fuerzas en la tierra (abajo) y se le conoce como principio de correspondencia. Por tanto, las relaciones se dan siempre entre parejas, que es la manera de completarse o complementarse para existir y reproducirse.

La reciprocidad es el acto de coparticipación para poner en movimiento la vida y pervivirla infinitamente. La correspondencia es el acto de la continuidad en movimiento y que permite la estabilidad dinámica para que la vida sea posible. Más precisamente hablando, entre fuerzas expansivas y fuerzas contractivas, centrífugas y centrípetas, de atracción y repulsión... Fuerzas éstas, que en desenvolvimiento armónico y equilibrado hacen posible la existencia y la reproducción de la vida. Max Planck lo descubrió para la ciencia moderna a través del quantum; por ejemplo, en el caso de la luz observó que los electrones funcionan en una condición de exclusión y los fotones tendían a un proceso de inclusión, y de esta simetría entre exclusión e inclusión es que se manifiesta la luz. Dentro de la filosofía, también se lo conoce como la ortodialéctica y la paradialéctica. Las fuerzas del mismo signo están configuradas como parte de la ortodialéctica y son las fuerzas que buscan la homogenización. Y las fuerzas de signo inverso (masculino-positivo/femenino-negativo) permite la organización de las fuerzas de la vida en forma de heterogeneización (paradialéctica).

Por ejemplo, entre el macrocosmos y el microcosmos existe correspondencia: como es arriba es abajo, y reciprocidad: como es afuera es adentro. Y al interior de cada segmento o parte sucede lo mismo, lo que implica que al interior de estos submundos también existan relaciones correspondientes y de reciprocidad, y al mismo tiempo de reciprocidad y correspondencia con la gran totalidad. Eso es lo que ahora se llama la complejidad.

Entre las fuerzas recíprocas y correspondientes, la fuerza recíproca es más determinante que la correspondiente. En la proporcionalidad de la paridad complementaria de la vida, lo recíproco es 58% y lo correspondiente es 42% (proporcionalidad matemática andina). E igual sucede al interior de lo recíproco, donde lo femenino es preeminente a lo masculino; pero en lo correspondiente lo masculino (Pachakamak) es relevante respecto de lo femenino (Pachamama). Por lo que podríamos decir que para las organizaciones humanas, la ley primaria básica de un funcionamiento equilibrado a nivel de la reciprocidad, es la aplicación del ida y vuelta, del dar y recibir (compartir) como la mejor fórmula de convivencia. Así, el trueque o prestación recíproca en condiciones de armonía y equilibrio asegura una convivencia en comunión, de la cual surge el sistema de vida en comunidad y de la relación entre ellas las mancomunidades.

La sabiduría integral de los pueblos ancestrales y la ciencia holística moderna, se cimentan en el principio de sincronía simbiótica. Su fundamentación está enraizada en la sinergia del conocimiento y la empatía comunicativa de la vida. No admite la separación ni la yuxtaposición de una fuerza sobre otra, sino la conjunción armónica entre todas ellas. Y sus principios fundamentales son: inclusividad, espiralidad, complementariedad, reciprocidad, correspondencia, proporcionalidad, estabilidad.

Todos ellos están intervinculados a partir de la armonía integradora y del equilibrio cíclico, manifestado y expresado entre ellos: El principio de ciclicidad tiene que ver con la concepción del tiempo que contradice tanto la linealidad del progreso y el desarrollo, como la dialéctica hegeliana y la marxista. Y el principio de inclusividad o principio holístico, hace referencia al principio de relacionalidad a nivel cosmológico en el sentido de que cada acontecimiento tiene implicaciones cósmicas.

Estos principios enumerados surgen de tres leyes principales: oposición o contradicción, la paridad desdoblada, y el tercero incluido.

Ley de oposición

Todos los pueblos reconocen la existencia de la ley de oposición o contradicción o antagónica, pero con dos Rupturas fundamentales. Para el paradigma reduccionista, la contradicción debe necesariamente resolverse con el triunfo de A sobre B o de B sobre A, pues no acepta la posibilidad de convivencia entre lo diferente. Normalmente suelen hacer referencia a la derrota del mal por parte del bien. A su vez, para el arquetipo holístico o de conciencias, la diferencia entre A y B –que no es entre bien y mal– es de comunión y complementación.

De esto se desprende que para el parámetro civilizatorio la vida es disputa o lucha entre fuerzas antagónicas, y para el principio de conciencia de las conciencias, la vida es compaginación y apoyo mutuo entre fuerzas contrarias complementarias. A partir de estas concepciones es que el mundo civilizado es de confrontación, imposición, competencia, conquista, jerarquización, verticalidad, libertad; y el mundo de culturas es conjunción, asociación, variedad, horizontalidad, interdependencia, consenso.

Toda la ciencia civilizatoria (socrática-galileana-newtoniana-cartesiana-marxista) se fundamenta en el principio de anulación de la contradicción. La economía, la religión, la política, el amor, el sexo, la vida… funcionan y se desenvuelven en una lucha constante por el mercado, los fieles, el poder, el apego, el dinero. De ahí sus principios: el fin justifica los medios, la lucha de clases, la competencia, el dominio de la naturaleza, la cuantificación monetaria, etc., etc. "Esto fue posible, ante todo, por el proceso paulatino de "secularización" de la realidad a investigar, por la escisión sujeto-objeto, por la cuantificación de las características cualitativas, y por un proceso cada vez más radical de abstracción y universalización de tipo "super-cultural". La ciencia moderna ya no es simple epísteme y sabiduría desinteresada, no es tejné o arte de producir, sino un "instrumento" (organon) para la transformación de la naturaleza y de su sustitución ("realidad virtual")" (5).

Dentro del principio civilizatorio de la lucha de contrarios, tenemos a su vez el principio de la igualdad (iguales ante la ley), con el cual propugnan anular toda contradicción (uniformización) a través de "igualizar" a todos (globalización). Este principio surge con los padres de la civilización. Aristóteles, decía: "El único estado estable es aquel en que todos los ciudadanos son iguales ante la ley". Pero en la realidad, solo es una representación retórica pues en la práctica cosechan desigualdad con grandes brechas entre ricos y pobres, como reflejan claramente las sociedades civilizadas y desarrolladas desde que se impuso el paradigma reduccionista monoico. O como decía el escritor polaco Stanislaw Jerzy: "Todos somos iguales ante la ley, pero no ante los encargados de aplicarla".

En otras palabras, su sistema se basa en ponerse el pie a sí mismos, para caerse y volverse a levantar, y pasarse toda su vida dándose golpes de pecho (mea culpa). Para entender mejor su desarmonía, tomemos una frase de Simón Bolívar en su carta al Congreso de Angostura (personaje controversial pero plausible para su tiempo aunque no para reproducirlo por siempre, al igual que otros): "Si el principio de la igualdad política es generalmente reconocido, no lo es menos el de la desigualdad física y moral. La naturaleza hace a los hombres desiguales, en genio, temperamento, fuerzas y caracteres. Las leyes corrigen estas diferencias porque colocan al individuo en la sociedad para que la educación, la industria, las artes, los servicios, las virtudes, le den una igualdad ficticia, propiamente llamada política y social."

Por su parte, el arquetipo de conciencias no cree en la igualdad que anula la diferencia sino en la equidad que estimula la diferencia. La equidad basada en la proporcionalidad natural, la cual no es 50% - 50 %, sino 58% - 42 % (proporcionalidad andina), ó 62% - 38%. Esta última fórmula matemática, también conocida como número áurico o razón áurea, está en concordancia con la "proporción sagrada", denominada así por las culturas euroasiáticas. Ambas muy comunes en la naturaleza, la cual presenta una profunda expresión de estas proporciones para diseñar sus diferentes formas de vida. También ha sido llamada como Divina Proporción, Sección Dorada, la Regla de Oro y la Regla de los Tercios. La denominada "proporción andina" de 1.4142 (58-42) ha sido estudiada y determinada por Carlos Milla Villena al hacer sus estudios de la Cruz del Sur. En este sentido, a la vida social y económica se le podrían aplicar estas proporciones (62-38 o 58-42), tomando en cuenta varias variables.

Dentro de estas proporciones, la más conocida es PI (=3,1415), razón del círculo y la línea (circunferencia/diámetro). Menos conocida es e (2,716), base numérica para los logaritmos naturales, la geometría exponencial de la naturaleza. PHI (=1,618) como razón natural. El PHI, PI y e no son números finitos fijos, sino relaciones que no tienen valor decimal o fraccionario preciso. Las matemáticas los llaman: "números irracionales"(¿incivilizados?), sin embargo la naturaleza hace uso profuso de ellos en formas fundamentales, desde sistemas de estrellas hasta virus. En la sociedad "cuadrada" de cuatro esquinas, de ángulos rectos, el PHI se halla perdido en la historia civilizatoria. Sin embargo este remarcable "irracional" provee las geometrías que la naturaleza necesita para arquitecturas vivientes: DNA, virus, plantas, las piñas de los pinos, flores, conchas, glándula pineal, planetas, galaxias...

Ley de la paridad desdoblada (tetrádica)

A partir de ley de contradicción, hay dos maneras de entenderla y de vivirla: el principio de paridad desdoblada (tetrádica) de los pueblos culturales del mundo entero, y el principio unicista o unitario (monódico) de las sociedades norte-centristas. En estos dos mil años, el paradigma civilizatorio ha expresado de múltiples maneras el principio dual-unicista (reduccionismo) pero dentro de los mismos parámetros. Así han hablado de dialéctica, dualidad, dicotomía, binario, bifurcación, diastasis, bi-partición, diacronía…, desde Platón, Aristóteles, pasando por Kant, Hegel hasta Marx y los posmodernistas.

Todas estas teorías fragmentan la realidad y seccionan la conciencia en la división, la separación y la reducción. Dualidad que es momentánea, puesto que el paradigma civilizatorio tiene que resolver la oposición y asumir una sola actitud. Fruto de esta posición ha surgido el unicismo o monismo expresado en sus múltiples manifestaciones sociales: monarquía, monogamia, mono-teísmo, monopolio, monocultivo, monolítico y demás monismos monomaníacos y megalómanos. Monismo que es asumido como verdad universal y que debe ser reproducido por todos los demás pueblos del mundo, considerada la "verdad única" para todos los seres humanos (monoculturalismo). Como decía Aristóteles en su Metafísica: "El arte comienza cuando de una gran suma de nociones experimentales se desprende un solo juicio universal (el resaltado es nuestro) que se aplica a todos los casos semejantes".

El arquetipo milenario de los pueblos cósmicos o vitalistas de toda la Madre Tierra, ha sido el principio de la paridad desdoblada o tetrádica, expresada principalmente en la relación luni-solar, que sintetiza y sistematiza la proporcionalidad entre lo femenino y lo masculino, como eje articulador de vida. Entiende que la vida se reproduce en forma continua e infinita por la existencia y participación de dos fuerzas (madre-padre), por lo que no intenta anular o eliminar a una de ellas, al contrario, incentiva y fomenta la oposición, la diferencia, la variedad, que es lo que dinamiza y embellece la vida. No sólo respeta la pluralidad, sino que busca consolidarla. La vida no se prolongaría si no coexistiera la contradicción de fuerzas, las cuales no están una contra la otra sino que se inter-relacionan en forma armónica y equilibrada. Cada mitad sostiene a la otra y se intervincula en forma complementaria, siendo ese el arte de aprendizaje para los seres humanos para una convivencia social equilibrada. Para los marxistas, la lucha de clases es el motor de la historia y en la cual una clase debe liberarse de la otra, es decir, de someter a la que no quiere su liberación, y viceversa. Y lo mismo, es el concepto de competencia económica que promueven los neoliberales.

Es importante comprender, que esta paridad desdoblada se expresa -en primera instancia- en cada ser en forma par, es decir, cada manifestación en la vida es la conjunción entre lo masculino y lo femenino. No existe algo impar porque cada ser existe por la proporcionalidad, compensación y equilibrio con su par complementario (paridad). A su vez, todos los elementos nacen de dos pares, es decir, cada ser tiene su par, ya que el uno existe a través del otro, si no hubiera calor no habría frío, si no existiera la luz no existiría la oscuridad; y por otro lado, cada elemento es par en sí mismo y es fruto de una paridad progenitora doble. Por ejemplo, una mujer al interior de sí misma es par: predominante femenina y minoritariamente masculina (y viceversa en el varón). Dicho de otra forma, cada ser humano tiene el cerebro intuitivo, perceptivo (hemisferio femenino o derecho), y el cerebro lógico, analítico (hemisferio masculino o izquierdo). En el caso de la mujer el cerebro intuitivo, perceptivo es más predominante que su cerebro lógico, analítico; y viceversa con el varón. Lo mismo a nivel energético; cada persona tiene su lado masculino (derecha) y su lado femenino (izquierda); en el hombre será más fuerte lo energético masculino que lo femenino, y viceversa en la mujer. Y cuando se produce la interrelación reproductiva entre un hombre y una mujer, significa la comunión de dos paridades, es decir, la ligazón de cuatro componentes: dos femeninas y dos masculinas. De ahí que la polaridad andina no es una dualidad ni paridad a secas, sino una tetralidad o estructura tetrádica (tawantin en lengua Kichwa).

Lo que sucede en el ser humano es similar a cualquier ser de la vida (holograma), el cual también está constituido de una carga masculina y una carga femenina. Y el género estará determinado por el gen más predominante y eso determinará su sexo. Por ejemplo, el pene en el hombre y el clítoris en la mujer, los senos en la mujer y las tetillas en el hombre. Esa es la ley de la vida y eso sucede en todos los seres, como ha demostrado la ciencia holística: cada ser es una reproducción del macrocosmos (holografismo o fractalidad).

Así en todas las expresiones de la vida, y consecuentemente cuando se habla de la divinidad, ésta es también par: dios (Pachakamak) y por ende también una diosa (Pachamama). Siempre padre y madre, como deidades diferentes. No solo el "Señor" como en el paradigma religioso civilizatorio, o en la idea incompleta de que en dios está el padre y la madre, sino que hay un Señor y una Señora, y en cada uno de ellos hay un dios-diosa y diosa-dios, respectivamente. Y dentro de la proporción sagrada de la vida, la Señora Diosa es más influyente que el Señor Dios, la Madre Cósmica Dadora de Vida es más determinante que el Padre Cosmos Dador de Vida. Lo femenino como fuente de donde viene la vida, la paridora de todo, la que contiene y sostiene a todos, y lo masculino lo que mantiene y entretiene la vida (4 fuerzas). "Mientras que Occidente favorece una postura "corpuscular" (o cuántica) y atómica del tiempo y la historia que obedece a actitudes masculinas, los Andes más bien enfatizan una visión "ondulatoria" y molecular del tiempo y de la historia, la que obedece más a actitudes femeninas (6)".

El tercero incluido

En la concepción del paradigma civilizatorio, de la relación de A y B surge un tercero que es C, el cual es excluido de A y B, al no aceptarlo como diferente de A y B, sino que debe dejar de ser C para igualarse a A o a B. Esto se debe a que para el proyecto monolítico solo puede haber una verdad, la verdad de A o la verdad de B, y jamás la verdad de C. Por consiguiente si se produce algún tipo de unión, esta tercera expresión es excluida de los dos progenitores al ser absorbido por uno de ellos, produciéndose filosóficamente lo que se denomina el tercero excluido.

Por ejemplo, para la filosofía norte-centrista "Cada pensamiento extra occidental llega a ser 'filosofía' en la medida que logre adaptarse a los criterios occidentales del quehacer filosófico, o sea: en la medida que renuncie a su culturalidad propia (5)". Bajo ese criterio, todos los pueblos y culturas C son excluidas y deben ser reducidos en A, que es generalmente considerado el "Bien", es decir, deben ser civilizados, evangelizados, progresados, desarrollados… El principio del tercero excluido es lo que ha marcado todo el accionar de vida del proyecto antropocentrista monoico, de Derecha y de Izquierda.

Para el arquetipo de conciencia vitalista, A y B son diferentes y de su unión surge un tercero que es C, el cual también es diferente de A y B, aunque A y B siguen conviviendo en C (tetrádica), pero este C es íntegro en su ser y no una yuxtaposición de A o B. Y si bien C es diferente de A y B, sigue siendo complementario de A y B, y es lo que se denomina el tercero incluido, o mejor sería decir el quinto incluido (paridad desdoblada). Tomemos una vez más el ejemplo de la luz: A son los electrones, B los fotones, y C la luz. Todos con funcionamientos diferentes pero complementariamente necesarios para su existencia interrelacionada, pues si no existen los unos tampoco existen los otros. La luz es el tercero incluido de los fotones y los electrones. La Luz no es los fotones ni los electrones, aun cuando los contiene, pero es diferente a ellos.

El paradigma reduccionista y el arquetipo holístico

Aplicando la lógica del tercero excluido, en la familia patriarcal imperante el hijo o hija será absorbido al sistema social machista delimitado: el hijo aprende a ser macho y la hija a ser machorra; esta última, cuando sea madre, formará a nuevos machos y machorras. En la familia vitalista, cada cual es diferente y opuesto, y se respeta sus condiciones. La mujer es diferente del hombre y no se trata de igualarles en ninguna condición sino de complementar sus diferencias. No hay lucha o igualdad de género sino equilibrio entre sexos opuestos. De esta manera no se generan sociedades patriarcales o matriarcales, sino comunidades complementarias matriciales (58%)–patriciales (42%). No hay machos ni machorras, sino varones y mujeres, respetados y reconocidos en sus condiciones naturales propias; lo que no implica rechazo a la homo-sexualidad o al lesbianismo, como lo hace el modelo civilizatorio sino que acepta todo tipo de diferencias como otra expresión de C.

Aquí también es importante precisar que de estas interconexiones la existencia del tercero incluido no es igual a sincretismo o mestizaje, donde A y B desaparecen en C, como sostiene el paradigma de la posmodernidad. Desde el arquetipo de conciencias, A y B siguen coexistiendo en C, pero C no es A ni B; tampoco están separados o aislados sino que nuevamente son complementarios. Por lo tanto, no acepta la existencia de sincretismo o de mestizaje, lo cual es otro invento del paradigma monocular para sus fines de homogenización y globalización monocromática (inclusión cooptativa). Por ejemplo, en el caso de los pueblos andinos: muchos son producto de madre indígena (A) y de padre español (B). Según el paradigma norte-centrista, los hijos de ellos son mestizos, es decir, mitad españoles mitad indígenas, en cambio, para el arquetipo andino, los hijos no son: mitad A y mitad B, que dan un ser AB sino que son C, en la que no son A ni B sino que son una nueva expresión. A estos C, últimamente se los llama indios, en tanto en cuanto se identifican con la conciencia indígena, matricial, holística, integral; y por el contrario, los que se identifican con la conciencia patriarcal, civilizatoria, antropocentrista, se llaman mestizos.

Tampoco hay que confundir singularidad con identidad. La singularidad, no vista como algo aislado o autónomo por sí mismo, sino como un ente interrelacionado que es partícipe de la totalidad. El principio de identidad es básicamente un principio civilizatorio, el cual pregona y construye al individuo único o idéntico (identidad viene del latín identitas: uno mismo), parte de una identidad única, exclusiva, independiente y trascendente de otras manifestaciones naturales y sociales, a las cuales hay que combatir o asimilar a su idéntico proyecto. La identidad civilizatoria se identifica solamente con lo humano (antropocentrismo), mejor dicho con lo varonil (androcentrismo), en la que incluso dios es a imagen y semejanza del varón.

En la tetrádica o paridad desdoblada de las sociedades de conciencia cultural, la identificación es multiversa ("pluridentidad"), y más que una "pluridentidad" es una pluri-filiación, es decir, una afiliación natural-cultural establecida por la empatía complementaria entre naturaleza y ser humano (vitalismo). De ahí, que es importante establecer la "rupturidad" entre identidad cultural (paradigma reduccionista) y filiación cultural (arquetipo holístico). "Los conceptos "puristas" de "autenticidad", "consistencia", "coherencia" e "identidad" son conceptos culturalmente arraigados en occidente y la lógica del tercero no excluido (5).

Así mismo, cabe establecer otra "rupturidad" con el principio de causalidad, base del pensamiento reduccionista mecanicista y establecido como de validez universal. Buridano fue el que dio el paso decisivo en la concepción mecanicista de la vida, al reducir la explicación de las diferentes manifestaciones de la naturaleza a la sola causa eficiente. Si bien la causalidad existe, ésta solo se da a un nivel físico, y el nivel físico es solo un nivel entre los varios niveles o dimensiones de la vida. Así, a nivel energético este principio no funciona. La ciencia quántica ha demostrado que el observador solo por observar un elemento, ya altera el ritmo de lo observado, según sus intenciones (pensamientos y sentimientos), en un sentido u otro, pues nada es imparcial ni separadoni aislado o libre, todo está interconectado y por ende en afectación mutua. Es la también llamada física del continuo bioesférico o del todo ininterrumpido en su relación onda/partícula. Si bien los científicos más profundos ya lo conocen y se manejan así, otras ciencias siguen funcionando exclusivamente en el principio de causalidad. Y el paradigma civilizatorio lo transforma en casualidad, al momento que no puede explicar algo o cuando no tolera, y peor, no respeta la contradicción, y cree en la separación y la autonomía de cada elemento.

La ciencia de punta -de hoy día- señala que cuando un elemento se "libera" y se sale de su órbita normal de desenvolvimiento, se produce o se transforma en lo que ellos llaman los "iones" o los "radicales libres", los cuales podrían llegar a desarmar el funcionamiento de un sistema específico. Pero generalmente, el sistema en su conjunto o totalidad es más fuerte y volverá a encauzar a los iones y radicales libres dentro de las perennes e infinitas leyes de su existencia primordial, buscando la estabilidad constante a través de la armonización dinámica. "P. Weiss, en Los sistemas vivos, dice que existe en el mundo occidental una preocupación tan grande por el cambio que hemos ignorado totalmente la menos atractiva pero más fundamental constancia del mundo vivo: Todos los mecanismos bioquímicos de la síntesis macromolecular, la utilización de la energía, la respiración, el almacenamiento, la proliferación, la división celular, la estructura y función de las membranas, la contractilidad, la excitabilidad, la formación de las fibras, la pigmentación, etc., han permanecido esencialmente inalterados durante muchísimas eras (1).

Sin embargo, si hubiera una gran explosión de iones y todo el sistema se desbaratara (big bang), la vida dentro de sus leyes de configuración y funcionamiento se encargaría de reencauzarlo todo, de una nueva manera pero dentro de sus leyes propias. Surgirán nuevas formas y presentaciones, pero dentro de las mismas leyes infinitas, que no progresan o evolucionan sino que se transforman dentro de las mismas leyes constitutivas. De hecho, así sucedió con el big bang que dio nacimiento a este cosmos actual, así como un día habrá otro y lo replanteará todo, pero todo será formal porque la esencia será la misma. A esto, los pueblos andinos lo llaman Jatun Pachakutik, y que es muy diferente a los conceptos de evolución o de desarrollo del paradigma civilizatorio.

LA CULTURA COMUNITARIA Y LA CIVILIZACIÓN INDIVIDUALISTA

Empecemos precisando qué entendemos por cultura, para diferenciar claramente la "rupturidad" entre cultura y civilización. Cultura, como el acto de cultivar, activar, criar, re-crear, concienciar la vida. Acto de aceptar a la naturaleza (es decir, a la vida) tal como es, sin pretender cambiarla, desarrollarla o progresarla, sino respetándola, manteniéndola, amándola, a través de convivir dentro de sus modelos y normas propias. Lo que implica guardar correspondencia y armonía con el Todo (campo interrelacionado), re-aprendiendo a con-vivir y co-existir con la naturaleza humana y extra-humana, a través de despertar y expandir la conciencia.

Naturaleza que está bellamente hecha, en el sentido de que es como es, y no como la quisieran algunos. La vida es así: podemos convivirla tal como es, o podemos pretender ser dioses trascendentes y querer hacerla a nuestra medida y caprichos, transformándola y cambiándola según nuestros intereses personales o ideales frustrados. Esa es la gran "rupturidad" y que marca la actitud y la forma de vivir de unos y otros: modelo civilizatorio o mecanicista, y método cultural o vitalista.

La cultura del Estar es la cultura del Todo Intervinculado (campo expandido de la conciencia), es decir, de todos los seres de la vida; al contrario del Ser civilizado que es solamente la cultura del hombre, y en la que ni las mujeres están incorporadas como principio femenino sino tan solo integradas recientemente como minorías (feminismo). Para el arquetipo de culturas, la cultura son todas las manifestaciones y expresiones de la vida: ser humano, ancestros, naturaleza, espíritus de la naturaleza, cosmos, y divinidades macros; a su vez, para el paradigma civilizatorio, la cultura es básicamente el arte o las expresiones intelectuales y materiales del hombre. Para los pueblos naturales, la cultura del ser humano es la misma de la naturaleza; para los sociedades civilizadas la cultura es la capacidad de ser lo menos salvaje, es decir, lo más abstracto y lo más surrealista, o sea, lo más alejado y diferente a la realidad de la naturaleza y la naturaleza de la realidad (ilustrismo).

Nótese que siempre utilizamos el vocablo hombre para referirnos a civilización, y cuando hablamos de cultura hacemos referencia a seres humanos, pues en este período histórico y social de tipo patriarcal-androcentrista, a la mujer y al principio femenino, se los consideró inferior al hombre por más de 4.000 años, siendo valorados -hasta cierto nivel– desde hace 100 años, pero tan solo como género, mas no como ontología y epistemología co-creadoras. Y muy recientemente, también han sido reconocidos –de alguna manera– los esclavos negros, los grupos étnicos y los homosexuales, pero que están siendo cooptados al sistema oficial y no vistos como alteridades complementarias.

Los pueblos matriciales del mundo entero han funcionado dentro del sistema cultural o vitalista, que implica el acto de cultivo o de crianza de la vida, como en el sistema de la agricultura o en la crianza de los animales. Las sociedades agrícolas entienden que el ser humano es solo un cultivador de lo que la vida da y tiene, y siempre tiene una función ritual. Él se siente y se sabe un "homo maieutecus" (como señala Javier Medina), el que apoya o acompaña a parir a la Madre Tierra. De ahí que su sistema social y familiar, sea el sistema de cultivos o de culturas, desenvolviéndose en ese mismo sentido: la economía, la administración, la espiritualidad, la educación...

"El concepto de cultura (culto, cultico, cultivar) está íntimamente manifestado por el cultivo de labranza, que es lo que representa genéricamente toda actividad cultural. No es el concepto romántico o nihilista de los siglos xviii y xix, cuando pretendieron contraponer la cultura con lo salvaje, primitivo o bárbaro. Conceptos que subsisten hasta la actualidad en el mundo del uniformismo, para quien la verdadera cultura es la de "occidente", y las demás lo serán en la medida que la igualen. Y así en filosofía, política, economía, ciencia, etc. La Declaración Universal de los Derechos Humanos (1948), que sigue los patrones civilizatorios individuales y liberales, es el único valor para todos los pueblos del mundo: el dios monocultural incuestionable.

La cultura, entendida como la cultura de la naturaleza y la naturaleza de la cultura, es aquélla en la cual la naturaleza es la que en última instancia "hace" la "cultura natural" (complejidad), y en la que el ser humano la sintetiza y la reproduce a escala humana. En el paradigma civilizatorio, la cultura es un acto proveniente del ingenio y de la creatividad de la mente del hombre, y últimamente de las mujeres también. La no-cultura o "unkultur" civilizatoria, es un accesorio inventado por el hombre para el placer y el disfrute de su ego y de su confort. Para los pueblos ligados a la naturaleza, la cultura es simplemente el acoplamiento de la cultura natural a una expresión humana, y su condición es de celebrar y honrar a la naturaleza extrahumana y humana, que es la que lo contiene, sostiene y mantiene.

La misión cultural para los pueblos del "Estar en Armonía" es el acto de manifestar tecnológica, técnica, artística y ritualmente, su imbricación y empatía con la naturaleza y la totalidad integradora de la vida; para los pueblos del Ser Mejor es el acto de "ennoblecer al espíritu" (léase al ego). Mientras para unos es el acto de asimilarse lo más sincrónico con la naturaleza, para otros es el acto de ser lo más libre, con el propósito de ser superior a los otros pueblos y a la naturaleza. De acuerdo a estas posiciones, la cultura es una mercancía, un bien, un recurso, un servicio, un negocio para Vivir Mejor-Buen Vivir; o una herramienta, un medio, una fuerza, un poder para despertar la conciencia, para re-activar el espíritu total y re-aprender a Convivir en Consciencia con todos y en todo (vitalismo).

La expresión que se dedica a ennoblecer e idolatrar al ego y la mente racionalista-idealista es un acto de envilecimiento del hombre y de su prepotencia arrasadora. La actividad cultural que va a la raíz de la vida, a su organicidad, a su sacralidad, es la actitud humana de humildad y de sabiduría, para estar un servidor de la vida y no un vividor de la vida. Toda manifestación que no vaya a la matriz, a la fuente, al origen, de su existencia, es solo una "gestión cultural" para domesticar el ego (esteticismo) y el placer (hedonismo).

Cuando no se cultiva la conciencia y se la interconecta con toda la existencia en su conjunto, para que la vida humana sea el

Arte de Vivir, es simplemente el arte de la estética (estetización de la vida) como máxima expresión creativa, y nada más. Todo lo cual, simplemente ha traído desolación, soledad, depresión, dependencia, suicidio, como es el caso de la mayoría de artistas del mundo civilizado posmoderno. Un estudio realizado entre los 300 artistas más famosos del mundo de los últimos 40 años, establece que la edad promedio de muerte entre ellos es de apenas 38 años, causada principalmente por drogas y paro-cardíacos.

La tarea holística de pueblos ligados a la realidad de la naturaleza es la acción cultural en la que el arte, la fiesta, la celebración, el homenaje, el ritual, la labor, el trabajo, están orientados y canalizados a la expansión de la conciencia. Cuando está orientada al éxito, a la fama, al dinero, al placer, al prestigio, al poder económico, está condicionada a la ilusión y la fantasía, que solo existe en la mente de quienes la crean, pues no existe en la naturaleza de la realidad. Todo lo cual se vuelve efímero y pasajero, de ahí la cantidad de modas que aparecen y desaparecen, sin dejar mayor rastro o huella, a diferencia de las grandes culturas ancestrales que se han vuelto permanentes.

La modernidad civilizatoria es el paradigma del consumo, del lucro, de la idolatría, del fetichismo, al hombre como tal (antropo-centrismo) y al mercado (mercadolatría), este último considerado su mayor gloria creada. "El hombre como creador y forjador de cultura cede su lugar al homo consumens dependiente del dictado invisible del mercado estético y económico globalizado (5)". El progreso posmoderno es la visión antropomórfica o más específicamente andromórfica, cuyo centro y periferia es el varón "ab-soluto" y su ego idílico.

Su arte es el arte para el arte, el arte para enloquecer su espíritu y aislar su corazón. No es el arte que celebra y festeja al ser integral e integrado que nos da la vida.

La ancestralidad cultural

La cultura propiamente dicha es como la entendían los pueblos de toda la Gran Matria antes de la época civilizatoria: la cultura para cultivar la vida, para florecer la conciencia, para encender el alma, para iluminar lo sagrado, para reactivar la totalidad (vitalismo). Vivir para morir en una baja conciencia es haber desperdiciado la vida. Hacer teatro por el teatro, ser artista por ser artista, ser escritor por ser escritor, es haber perdido la posibilidad de convivir sabios y majestuosos con la totalidad y su relacionalidad inclusiva. El cine, la danza, la literatura, el deporte, el trabajo… son solo medios e instrumentos para adormecer o embellecer la conciencia. Cada manifestación artística, productiva, científica, es solo un pretexto o una forma, a través de la cual podemos abrirnos a la realidad de la vida o a la ilusión de la vida, cada una tiene su esencia y su poder. En consecuencia, cada cual elige su camino: una vida para un Vivir Mejor-Buen Vivir, o, una vida para un Convivir Armonioso (Sumak kawsay).

La no-cultura o lo mórfico del arte o del esteticismo, es la miseria y el sufrimiento para las mayorías, a costa de las minorías dueñas y portadoras del poder económico y político (mercantilismo cultural), a través de las leyes civilizatorias: no hay culturas civilizadas sino civilizaciones desculturizadas. La cultura del Estar Siendo es la Filosofía (saber-amar) de la Vida, es el arte de re-aprender a caminar en el cosmocimiento o sabiduría de la naturaleza y del multiverso, al servicio y mantenimiento de todos quienes constituyen y hacen posible la vida. Desde esta visión cultural o sistema de conciencia vital, a sus cultivadores ni siquiera les interesa transformar el mundo y menos la vida, como a los revolucionarios, sino amarla y convivirla, tal y como es, en su naturaleza cósmica primordial y sagrada.

Podríamos decir, que la humanidad en la mayor parte de su existencia en la Tierra ha sido un "ser del Estar" dedicado a re-crear culturas humanas en continuación con la cultura natural de la vida, contrapuesto a lo que en los últimos dos mil años se ha propuesto como un "ser del ser" bajo el nombre de Civilización, y en el cual ha estado más presente el Ser Alguien que el Estar siendo, estando, viviendo, no más. La prueba más clara, es que en ciertas lenguas ni siquiera existe el verbo Estar, solo el verbo Ser; por ejemplo, en el inglés, francés, alemán, holandés. En los idiomas latinos (verbo sum), griegos y germánicos se desactivó el verbo estar, pues en el proceso de construcción de la lengua patriarcal, ésta fue aplacada por el patriarcalismo a través de la obturación del cerebro derecho o femenino, como así mismo con la masculinización de ciertas palabras de origen femenino o la creación de algunas palabras en forma patriarcal (patria, patriota, patricio, patrimonio, varón, viril, virtud).

Esto se dio principalmente con la aparición de la escritura y del dinero, que surgieron al momento de la activación del cerebro izquierdo (masculino), y su sobrecarga lógica y analítica por parte del varón. Lo cual trajo algunas ventajas pero muchas más desventajas, pues se cambió la oralidad y la cosmicidad por la rigidez y el dogmatismo, lo concreto por lo abstracto, la realidad por la ilusión, lo impredecible por lo fijo, lo relativo por lo esquemático, lo contextual por lo textual, lo simbólico por lo taxativo. De ahí, otro mito de occidente es el de minimizar a los pueblos ágrafos y redimensionar la escritura alfabética como uno de los más grandes logros del hombre. La Ilíada de Homero no es más que una transcripción de lo que relataron oralmente los artistas griegos por cientos de años, los cuales tenían una memoria prodigiosa y una capacidad intelectiva excepcional, y que los griegos modernos ya no la tienen.

El símbolo, el mito, la leyenda, son de fuente matricial; a su vez, la escritura, la historia, la literatura son de carga patriarcal. Para entender más claramente, tomemos como ejemplo el caso de la palabra latina mater, que quiere decir madre, y de la cual surgen muchas otras palabras, reflejando la característica matricial del lenguaje original y de las concepciones que ellas entrañan. Así: matriz, madera, materia prima, material, maestra (master), matrix, materno, maternidad, madrina, matrimonio, comadre, comadrona, metrópoli, madriguera, desmadre o desborde, cuando los ríos se salen de su cauce (madre sostenedora).

La expresión actual de alma máter en referencia a los institutos de educación superior procede de la locución latina alma máter, que significa literalmente "madre nutricia" (que alimenta). Se usa para referirse metafóricamente a una educación de tercer nivel, en su función proveedora de alimento intelectual. La locución era usada en la Antigua Roma para describir a la Diosa Madre y, más tarde, a la Virgen María, pero el origen de su uso actual es el lema-Alma Mater Studiorum: madre nutricia de los estudios. Pero con el sistema uniformizador imperante ahora es racionalismo puro, y ya no hay "almas maters" o multiversidades sino universidades (monismo). Ya no es alimento sino domesticación y castración intelectual.

En lengua latina antigua, Ser también significó Estar, acepción que se conservó en la lengua clásica hasta posicionarse modernamente como Estar. La lengua castellana no dejó que se castrara su feminidad y su estado inclusivo e integrador, siendo uno de los pocos casos excepcionales. Aunque quizás fue el catalán o el gallego u otro, el que "contagió" al castellano y no viceversa. En todo caso, hasta el momento, la Real Academia de la Lengua Española no ha conseguido dar una norma definitiva que permita saber cuándo debe emplearse uno y otro verbo (ser o estar) y que se aplique a todos los casos, especialmente cuando se trata de traducir a otros idiomas. Algunos diccionarios, como el de Salamanca, incluyen en la definición una marca sobre qué verbo ha de usarse. Un indicio, cuando se duda sobre el uso de uno de estos dos verbos, es asociar ser con la esencia y estar con el estado. Es decir que el Ser atribuye al sujeto algo que hace parte de su esencia, como permanente; mientras que Estar le atribuye un estado, una característica que no le es propia sino solo transitoria.

"La distinción entre "ser" y "estar", que permite el idioma español, caracteriza dos tipos de filosofía: la del "ser" (ontología) que describe la realidad en términos universales, necesarios y eternos (tradición de Parménides), y la del "estar" que enfoca lo concreto, contextual y situacional (tradición de Heráclito) (5). Esto clarifica las dos cualidades de posiciones y formas de vivir, como una condición ontológica de sustancialidad universal o como un estado de conciencia relativa, todo lo cual entraña dos modos de mirar y de vivir la vida: de separación la una con la otra (ser), o de complementación de la una con la otra (ser y estar).

De lo matricial al patriarcalismo

Históricamente, el mundo y sistema del "Ser Superior y Divino" se inicia hace unos 5.000 años en el Medio Oriente (Irak-Irán: cuna de occidente) a través del patriarca Abraham y posteriormente del profeta Moisés (Egipto). Este último, declarara haber recibido de Dios los 10 mandamientos que deben guiar la vida de todos los humanos sobre la faz de la Tierra (catequización de todo el mundo). Además, Dios diciéndole que él era el único y él auténtico, y que los otros dioses no eran verdaderos. Dios –que por cierto– era hombre, como no podía ser de otra manera. Pues como explicaba Agustín de Hipona, la mujer sola por sí misma no es la imagen de Dios. O según Tomás de Aquino, ella está de forma natural sujeta al hombre pues en el hombre predomina la razón. Entonces, como Dios podía ser mujer.

La investigadora Marija Gimbutas, en su obra El lenguaje de la Diosa, señala que hay vestigios muy antiguos donde se perciben restos de culturas complejas que no tenían fortificaciones y en las que no se observa el uso de armas apropiadas para guerras entre humanos. Además anota que hubo un período larguísimo de diez mil o más años en la historia de la humanidad en que se mantuvo el culto a la sacralidad de lo femenino. Luego en un proceso de 2000 años, como demuestra la investigadora estadounidense Gerda Lerner en su libro "la Creación del Patriarcado", se da un cambio total. En este cambio, los dioses masculinos, celestiales, se imponen por encima de los femeninos cuyas características se asociaban a la tierra, el agua y la maternidad.

Dice Marija Gimbutas, que la regeneradora-destructora, supervisora de la energía cíclica, personificación del invierno y madre de los muertos, pasó a ser una hechicera de la noche, dedicada a la magia que, en tiempos de la inquisición, era considerada como discípula de Satanás. La destronización de esta diosa verdaderamente formidable, cuyo legado fue trasmitido a través de mujeres sabias, profetisas y curanderas – que eran las mejores y más valientes mentes de aquella época–, está manchada de sangre y es la mayor vergüenza de la iglesia cristiana: la caza de brujas de los siglos xv al xviii fue un acontecimiento de los más satánicos en la historia europea, llevado a cabo en nombre de Cristo; la ejecución de mujeres acusadas de brujas ascendió a más de ocho millones, y la mayoría de ellas, colgadas o quemadas, eran simplemente mujeres que aprendieron la sabiduría y los secretos de la diosa de sus madres o abuelas.

"En 1484, el papa Inocencio viii denunció en una bula papal la brujería como una conspiración contra el santo imperio cristiano, organizada por el ejército del diablo, y en 1486, apareció el manual de los cazadores de brujas, el malleus maleficarum (el "martillo de las brujas") que se convirtió en una indispensable autoridad para el terror y el homicidio [...]. Este período puede jactarse de haber sido el de mayor creatividad en el descubrimiento de instrumentos y métodos de tortura. Este fue el comienzo de peligrosas convulsiones de gobiernos androcráticos que, 460 años después, llegaron a su cenit en la Europa del Este con Stalin, con la tortura y asesinato de cincuenta millones de hombres, mujeres y niños" (13).

Leonard Shlain, en "El alfabeto contra la diosa", observa que la fecha en que este cambio se produce coincide con la invención y maduración del alfabeto, y a su vez con la aparición de religiones que proponen el culto a un dios masculino y relacionado con el cielo (sobrenatural). La fecha en que esto ocurre en Mesopotamia (hoy Iraq e Irán) se ubica hace unos cuatro mil quinientos años. Y cuenta Shlain que a medida que se impone la idea del dios masculino, declina y desaparece la idea de la sacralidad de lo femenino y, lo que es más, lo femenino empieza a demonizarse, es decir, se van formando ideas que la asocian con lo negativo.

Al tiempo que se desacraliza lo femenino y se ensalza la magnitud y sacralidad del dios masculino, decae la suerte y el estatus de las mujeres y la naturaleza. Aparece también la idea de propiedad y se entablan guerras para establecer territorios; entonces comienza la era de conquistas y de imperios que se van expandiendo por todo el mundo. Ello significará la consumación del sistema piramidalista: patriarcal-civilizatorio-vertical-separatista, hasta nuestros días (lógica androcéntrica).

Este re-cambio se dio, en el momento que surgió un excedente en la producción agrícola: los grupos tribales que habían sacado ventajas sobre otros, los someten a su servicio y los hacen trabajar extenuadamente y sin pagarles. Lo que provoca una mayor producción, la misma que luego será concentrada por el patriarca para generar ventaja sobre los demás miembros de su tribu y de las otras vecinas. Éste es el momento en que surgen las primeras expresiones de lo que posteriormente será el sistema elaborado de explotación de la naturaleza y aprovechamiento del trabajo humano. Para consolidar aquello, fue necesaria la construcción de un aparato de dominación, constituyéndose lo que se dio en llamar "Estado". El mismo que alcanzaría su consumación y clímax con el aparecimiento de la denominada "democracia", sistema vigente hasta nuestros días. Proceso en el cual han ido perfeccionando los medios de control social y de dominación natural, hasta su etapa actual con la revolución tecnológica y su modelo productivo-económico posmoderno, al cual le llaman: progreso y desarrollo.

Desde el surgimiento de la propiedad privada (de creación y carga masculina), vemos un proceso en el que los otros dioses-diosas, culturas, economías, creencias, principios, todos ellos de corte matricial (guardianía comunitaria), paulatinamente fueron catalogados de paganismo, idolatría, salvajismo, primitivismo, barbarismo, subdesarrollo, tercermundismo, etc. para justificar su dominación y explotación inmisericorde. Y paralelamente la carrera por el adoctrinamiento y la domesticación de los pueblos "salvajes" para hacerlos "a su imagen y semejanza", y si no era posible, exterminarlos en nombre de su Dios masculino y de todo el patriarcalismo y la androlatría subsecuente. Tal cual fue la orden del dios de Abraham de perseguir y exterminar a todos los herejes, dios creador ex nihilo, que había dado la orden de matar a los herejes de las idolatrías (becerro dorado), y así salvar al pueblo que él había preferido como el elegido. En la Biblia Hebrea se narra permanentemente una lucha contra la idolatría por considerar que se hace de ella una mistificación y divinización de la naturaleza y de la mujer.

Otro lugar influyente y determinante en este proceso de patriarcalización y civilizamiento fue la Grecia logocrática, particularmente con Platón, quien declara la "superioridad del hombre", al indicar que el hombre (no las mujeres ni los esclavos) era el único ser en la existencia que no se encontraba en estado salvaje, pues tenía el atributo de la inteligencia que le había sido concedido exclusivamente a él por Dios. (Concepto éste, que estuvo vigente hasta hace menos de 100 años). Según Platón y Aristóteles, las mujeres son "inferiores por naturaleza". Platón decía que las mujeres son resultado de una degeneración física del ser humano: "Son solo los varones los que han sido creados directamente de los dioses y reciben el alma. Aquellos que viven honradamente retornan a las estrellas, pero aquellos que son cobardes o viven sin justicia pueden haber adquirido, con razón, la naturaleza de la mujer en su segunda generación".

Aristóteles también consideró a las mujeres seres humanos defectuosos. La razón por la que un hombre domina en sociedad es su inteligencia superior. Solo el hombre es un ser humano completo: "La relación entre el varón y la hembra es por naturaleza aquella en la que el hombre ostenta una posición superior, la mujer más baja; el hombre dirige y la mujer es dirigida".

Enterramiento de la filosofía

Con la dominación de la mujer, de la sensitividad, de la sexualidad, de la ritualidad y de la naturaleza, por parte de la razón, del concepto, de la lógica, de la abstracción, de la sustancialidad, del materialismo, se produjo en Grecia la muerte temprana de la filosofía o "sabiduría del amor" o "amor a la sabiduría" como la definían los pre-Milesios. Los filósofos primitivos que sistematizaron la sabiduría ancestral (particularmente de los Jonios) y que seguían las líneas naturales pares: solares (Zeus-Apolo) y lunares (Hera-Artemisa), debieron dar paso al nacimiento de la logología o poder de la razón y de la masculinidad reduccionista. Sin embargo, "La "razón" (ratio, intellectus, nous, logos, Verstant, Vernunf) no es una invariable cultural, ni menos una esencia supra-cultural, sino una "invención" eminentemente occidental. Si yo digo "invención", no quiero decir que se trata de algo arbitrario o artificial, sino que es algo que corresponde perfectamente "al mito fundante" de la filosofía occidental (sobre todo helénica)" (5).

Los Jonios creían que el cosmos en su totalidad era una criatura viviente. A su vez, el filósofo Tales proponía que todos los elementos de la naturaleza poseían un principio (arjé) que estaba en relación al origen y a su constitución. ¿Cuál era ese principio? Para un hombre que había crecido a la orilla del mar, que había visto cómo la lluvia riega los cultivos, y cómo los ríos permiten que la vida surja incluso en medio del desierto, ese principio era el agua. Para él, la estructura del cosmos no dependía del capricho de dioses trascendentes sino de un principio natural, conocible, predecible y hasta manipulable.

Anaximandro, discípulo de Tales, planteaba que el arjé es algo infinito e indeterminado, intangible pero de todas formas real en el sentido material. Por su parte, Anaxímenes, discípulo de Anaximandro, proponía que el principio fundamental no es el agua sino el aire, y elaboró su teoría sobre el origen y la estructura del cosmos. Si el aire en su forma más enrarecida es la vida y es el alma de los vivientes, y si el alma es parte del dios-cosmos, el cosmos era un ser viviente. Decía que el aire o aliento no solo rodea el cosmos, sino que impregna todo y le da vida. Ese mismo aire o aliento da vida a las criaturas vivientes individuales. El aliento o vida del hombre y el aliento o vida del cosmos infinito y divino, eran esencialmente lo mismo.

Pero con la conquista de los Jonios por los Persas (descendientes del patriarca Abraham), la filosofía griega abandonó su temprana vocación natural-vitalista, transándola por interpretaciones más abstractas e idílicas de la realidad. Este proceso empieza en la cultura Micénica, para luego acentuarse en la Época Oscura y consolidarse en la Época Clásica, hasta su estocada final en la Era Helenística, ahí terminándose la Sabiduría del Amor (Filosofía) hasta el día de hoy. Oficialmente se dice que los Milesios fueron los primeros filósofos, nosotros creemos que fueron los últimos. Ellos sistematizaron el milenario "amor a la sabiduría o saber amar" de los Jonios y de otros pueblos griegos y mediterráneos, solares y lunares (paridad desdoblada o tetrádica).

Pero alrededor de 200 años más tarde se produjo el nacimiento de la logolatría (idolatría de la razón) y, como consecuencia, la desaparición de la filosofía ancestral para dar paso al logos civilizatorio, al que no consideramos filosofía en su raigambre primigenia y natural. Creemos que lo correcto es denominar al pensamiento griego desde Sócrates como logocrático, desde que se "independizo" del amor, se "emancipo" del sentimiento, y se "liberó" de la sensitividad, de la percepción, de la relatividad, para quedarse exclusivo del juicio, de la racionalidad, de la lógica, de la palabra, de la teoría, de la retórica.

Si bien, Platón fue el primero en darle categoría a la palabra filosofía y Heráclito a filósofo, nos parece adecuado en este momento establecer esa "rupturidad" entre filosofía y logocracia, o entre, filosofía y logología. "La "sabiduría" muy rápidamente ...(dejó) el campo al logos, los sophoi se convertían en "filósofos" y el "amor" solo quedó como reminiscencia lingüística en el término "fhilo-sophia". La "filosofía" se convirtió entonces, empezando con Platón, en "logología" o "noolo-gía", estudio distante y teórico del logos y nous. El amor inicial se enfriaba y con él, el compromiso con los problemas prácticos, políticos y existenciales. La filosofía poco a poco dejaba de ser interpretación apasionada de la experiencia vivencial y se convertía en "teoría" acerca del ser (ontología), del conocer (epistemología) y hasta en interpretación de la interpretación (historiografía)" (5).

Los logocráticos griegos defendían que el conocimiento era producto de la mente: la gnoseología era una actividad estrictamente cerebral, y la interpretación y concepción del mundo era la que determinaba la reflexión, la interpretación y el análisis "puro" (léase absoluto, omnisapiente). Aristóteles en el Órganon estudia la Lógica, considerándola "pura", y en su relación con el mundo real, que es considerado básicamente lo material. Para él, la lógica es un instrumento de conocimiento, en el que a partir de un conocimiento general, por vía deductiva, se llega a otros conocimientos. Por otra parte, los latinos establecían dos conceptos separados: el de la palabra (verbo) y el de la razón (ratio), para ello establecieron dos disciplinas diferentes como son la gramática y la lógica, a las cuales las trataban en forma independiente o separada.

Y así, se irá conformando la larga historia de la especialización, fragmentación, división, jerarquización del logos (posfilosofía), a través de un sinnúmero de instrumentos, medios y técnicas del conocimiento objetivo, por parte de pensadores iluminados y elegidos que han ido apareciendo en cada época y región. Los mismos que se declaran más inteligentes y desarrollados que los de las generaciones anteriores (progresividad evolutiva) y de otros pueblos a los que consideran inferiores o atrasados, así hasta nuestros tiempos. "El rasgo principal y más devastador de la "autoproclamación" moderna de la filosofía occidental, consiste en su creciente ideologización (a pesar o gracias al espíritu crítico): lo que había surgido dentro de una cierta cultura (Grecia Jónica) y en una determinada época (siglo vi a.C.), en la época moderna (sobre todo en el racionalismo e idealismo) se convierte en filosofía perennis, en un fenómeno supra-cultural y a-histórico" (5).

La secularización de la naturaleza

El dogma religioso semita y el dogma logolátrico greco-latino, que en el fondo eran afines, se reencontrarían y se unificarían –sin mayor contratiempo– hace poco más de dos mil años, dando origen a la llamada "civilización occidental". Tal cual como se la conoce hasta el día de hoy, con las diferentes variables y formas con que se ha ido revistiendo, pero guardando siempre su mismo "alter ego" fundacional. Clemente de Alejandría sostenía que la filosofía era un don de Dios, concedido a los griegos, como la ley a los judíos.

Pero serían los romanos los encargados de acoplarlas y estructurarlas en un solo pensamiento y en un sistema único, a través del denominado "derecho romano", que es el sistema legal de la mayoría de las actuales legislaciones del mundo entero. Los mismos latinos-romanos se encargarían de la evangelización, colonización y civilización por la fuerza del "Cercano Oriente", posteriormente de Europa del Sur, y finalmente de los llamados pueblos "bárbaros" de Europa del Norte. (Los hombres rubios eran considerados como los más bárbaros –genéticamente hablando– por los griegos, que eran mayoritariamente de pelo negro; hoy irónicamente es al revés). A su vez, los europeos -hace 500 años- se encargarían de imponerla al mundo entero. Y ahora, son las propias élites de cada país las encargadas de imponerlo en dónde todavía no ha sido posible, que es el colonialismo interno, el cual ha sido adquirido e interiorizado por los civilizadores de nuestro tiempo: los pro-primermundistas.

El argumento y fundamento para ello fue la supraculturalidad de "occidente y de la razón" sobre los esclavos, las mujeres, los pueblos no-occidentales, y la naturaleza, a través de su desacralización (extirpación de idolatrías) para proceder a su explotación despiadada. Y así centralizar todo, desde hace 2.000 años, en el hombre civilizado como fin de toda la existencia, y al cual todos deben prestar servicio: trabajadores, mujer, materia, ciencia, y principalmente, la naturaleza,. Hecho que no ha cambiado hasta el día de hoy.

"La "naturaleza" no fue ni es un tema predominante en la filosofía occidental, pero tampoco en las grandes tradiciones orientales (índicas, chinas). Esto no quiere decir que no entra en la reflexión filosófica, sino que es tratada como un tema de segundo orden. En el pensamiento greco-occidental, al realizar (con Sócrates) un "giro antropológico" y hasta "epistemológico", la naturaleza (physis) se convirtió en el "objeto" de estudio e investigación del "sujeto" gnoseológico. Platón estableció además el criterio axiológico de la "inferioridad" ontológica de la physis con respecto al mundo ideal de los eidé. A pesar de que Aristóteles reivindicará la concretidad y empireia, la physis solo era el trampolín filosófico (o científico) para llegar a la meta ta physika" (5).

Después de los griegos clásicos, Sócrates, Platón, Aristóteles, (ó los pos-milesios) tenemos una larga lista de "desmitificadores" y "secularizadores" de la Madre Tierra, y por ende del ser humano y de la vida en general. Todos los cuales siguen la misma línea unidireccional empezada por Platón, o como dice Whitehead: "La filosofía occidental no es más que una nota de pie muy extensa a Platón". En esa progresividad, podríamos continuar en la Edad Media con Galileo Galilei, quién fijó una nueva "verdad absoluta": lo único válido (científico) era todo aquello que fuera medible y cuantificable, todo lo demás era especulación y subjetivismo. Para él, la ciencia se ocupa de lo medible y hace medible lo que en sí no es medible. Así, lo cuantificable y lo tangible adquirían su supremacía sobre lo "cualificable" e intangible, la cantidad sobre la calidad.

En la Europa antigua, las mediciones eran consideradas como pertenecientes a una de las ramas de la Magia. De hecho, la magia, la ciencia, la religión (es decir la sabiduría) eran inseparables, constituyendo el fundamento del "cosmocimiento" de los sacerdotes. Pero luego en la edad media se consolidó en la retórica académica la idea de que los números, la materia, la razón, la lógica, la escritura, el hombre, lo abstracto eran superiores al sentimiento, la percepción, la sensitividad, la ritualidad, la fiesta, la feminidad, la sexualidad, el encantamiento, la naturaleza. Desde ahí no ha cambiado hasta el día de hoy.

Francis Bacón, considerado el padre de la ciencia moderna, señalaba que la ciencia debía separarse sin contemplaciones de los valores, a los que llamó los "ídolos del entendimiento". Decía que "la verdad y la utilidad son perfectamente idénticas y aquello que es más útil en la práctica es lo más correcto en teoría". El conocimiento científico estaba entronizado para "dar al hombre poder sobre la naturaleza".

René Descartes será el otro gran puntal de entronizamiento de la teoría piramidalista, al declarar otra "suprema verdad": la separación de los sujetos inteligentes de los objetos inanimados y brutos. El único sujeto era el hombre, y todos los demás eran cosas sin vida y sin inteligencia (incluso la mujer era solamente objeto de reproducción y de placer sexual). Era el surgimiento de la "cosificación" de la vida. En otras palabras, el único ser inteligente sobre la faz de la tierra y del cosmos, era el varón y todos los demás eran "autómatas". "Aunque el hombre antiguo y medieval todavía se sentía insertado en un cosmos ordenado, y ocupaba un lugar determinado en la "gran cadena del ser", sin embargo empieza paulatinamente una desnaturalización del hombre y una deshumanización de la naturaleza, que llegan a su punto culminante en el dualismo cartesiano (5).

En esta misma línea surge Newton, con su teoría mecanicista de la vida, para quien el cosmos funciona como una gran máquina, con leyes físicas rígidas. Plantea que la naturaleza es solo una máquina que marcha bajo ciertas formas físicas inmutables, como un gran reloj. Así dividió a la vida en seres vivos y seres inertes, concepto muy en boga hasta la actualidad.

De la concepción de la naturaleza como una máquina, viene la conversión de la naturaleza en una mera función, y como consecuencia, la realidad es solo una máquina. Incluso el cuerpo humano es solo una máquina, por ende el sistema digestivo, el sistema inmunológico, y hasta el funcionamiento de la mente tienen características mecánicas. Dentro de esta línea mecanicista –según Javier Medina (1)– cabe también mencionar a Julien Le Metrie, con su obra L´Homme Machine, y a Joseph Louis Lagrange, con Mécanique Analitique. Con ellos se da la estocada final a la relación directa con la naturaleza, de sentirse parte de ella se pasa a ser simplemente un espectador del cosmos, de vivir en el continuum de la naturaleza a sentirse superiores a ella, de compartir a dios en la naturaleza a darle el poder a un Dios con cualidades de varón omnipotente y omnisciente.

Reforzaría esta visión civilizatoria Charles Darwin, con su teoría de la evolución de las especies. Según él, hay especies más aptas y por consecuencia mejores que las otras, debido a que han evolucionado más por selección natural. Y el más evolucionado entre todas las especies es el ser humano, aunque no distinto de los animales. En esto vale anotar que Darwin le quitó la corona al hombre como el "rey de la creación", como se creía desde Sócrates en el sentido que era distinto a los animales, pero sí lo mantuvo con la categoría de que era el ser superior entre los animales.

De esta teoría, muchos se valieron para, a su vez, crear otras superposiciones, como Hitler que enunció que había razas más aptas que otras, ratificando la superioridad de una raza sobre otra. Y en la que justamente la suya (la raza aria) era la mejor, situación que sigue vigente hasta ahora. Y en ese mismo sentido, han actuado otros latinoamericanos contra los indios, como Vasconcelos y su "raza cósmica", o Alcides Arguedas y su "nación enferma".

Por su parte, Marx también siguió desarrollando aquella teoría de la lucha entre especies, pero a nivel social, señalando que el cambio se debía a la lucha de clases. En el capitalismo, debía imponerse la clase social más evolucionada o desarrollada socialmente, y que según él, eran los obreros: el proletariado industrial. Y así mismo determinó otras verdades: "La lucha es el motor de la historia", la naturaleza es solo medio de producción y distribución, y el único que genera valor es el trabajo. Así, "La relación predominante del espíritu occidental con la naturaleza es una relación instrumental y tecno-mórfica. El trabajo según Marx es el medio o instrumento para "humanizar" la naturaleza, para transformarla de tal manera que esté a nuestro servicio. La naturaleza, en sí, no tiene ningún valor; es el trabajo que "crea" valor mediante el producto que se extrae de la naturaleza" (6).

Y así podríamos seguir con una inmensa lista de promulgadores y ejecutores del embate contra lo matricial o matrilidad (naturaleza-salvajes-mujer-sensibilidad-espiritualidad) y concomitantemente el encumbramiento de la razón-materia-capital, que constituyen el eje de existencia y fin del paradigma civilizatorio: Boyle, Berkeley, Lenin, Mao Tse Tung, Hobbes, Smith, Novak, Fukuyama…, hasta las últimas teorías modernas y postmodernas, de Derecha o de Izquierda. Últimamente acentuados con el extractivismo alarmante y la crisis climática en marcha. Así, […] "las implicancias más sentidas de la concepción dominante de occidente frente a la naturaleza se manifiestan en las relaciones de dominio, explotación, negación y menosprecio que el hombre tecnócrata (homo faber) viene estableciendo. El punto de vista dominante (y no solo desde Marx) ha sido el punto de vista "económico" (la naturaleza como "medio de producción"), y no "ecológico" o "ecosófico" (5).

Así se confirmó y se consolidó la desacralización de la naturaleza y por ende del ser humano (la cosificación de la vida), comenzada por los racionalistas helénicos quienes concretizaron teóricamente la separación y superposición entre unos hombres y otros (esclavismo), entre el hombre y la mujer (androcentrismo), entre el hombre adulto y el hombre joven (patriarcalismo), entre el hombre y los demás seres de la vida (antropocentrismo), entre el hombre "blanco" y los demás hombres de la Tierra (racismo), entre la cultura europea y las demás culturas del mundo (euro-centrismo), entre los heterosexuales y los homosexuales (hetero-centrismo u homofobia), e incluso de Dios, al cual también conciben separadamente (teo-centrismo). Tomando palabras de Max

Weber, se produjo el "desencantamiento del mundo" que ha sido el destino del mundo moderno, encaminado a la racionalización y banalización total de la vida, en una dimensión estrictamente cuantificable, y de la que solamente se ocupa la ciencia moderna.

Los principios civilizatorios o de conciencia antinatural -con apenas 2.000 años de existencia- han ido terminando con los principios milenarios de los pueblos vitalistas o de conciencia natural, quienes sostenían que todos los seres de la vida son vivos, inteligentes, sensibles, sagrados, tal como los seres humanos. Y que todos los seres de la vida, si bien son diversos unos de otros, no están separados ni divididos sino que son parte de una totalidad complementaria, integrada e inter-relacionada, dentro de una forma sistémica y orgánica.

Sin embargo, estos principios básicos y generales de todos los pueblos naturales-integrativos-concienciales (vitalismo) del mundo entero, se viene constituyendo en el *arjé* principal de las ciencias posmodernas (sin desconocer las diferencias y hasta rupturas que existen entre ellas): la Ciencia Quántica de Max Planck, la Relativista de Einstein, el Principio de Incertidumbre de Werner Heisenberg, la Tierra Inteligente de James Lovelock, la Ecología Profunda (Deep Ecology) de Arne Naess, el Holomovimiento de David Bohm, El Orden y la Vida de J. Needham, la Psicología Hu-manista y la Teoría de los Arquetipos de Carl G. Jung, la Teoría del Caos, la Teoría de Sistemas de Nicolás Luhmann, el Neochamanismo de Alan Woolf, el Tao de la Física de Fitjop Kappra, el Tao de la Ecología de Goldsmith, la Holotropía de Stanislav Grof, las Nuevas Ciencias de la Tierra de Vladimir Vernasky, la Teoría de la Reciprocidad de Stephan Lupasco, la teoría de la Complementariedad de Dominique Temple y de Meister Eckhart, el Pensamiento Complejo de Edgar Morin, y las teorías de Ángelus Silesius, Schrodinger, Thorpe, Julian Huxley, Theilhard de Chardin, Ilya Prigogine, Ludwid Von Bertalanffy, Panikar, etc. Sin olvidar a los filósofos vitalistas europeos: Pitágoras, Hipócrates, Heráclito, Paracelso, pasando por Maimónides, Santo Tomás de Aquino, Tomás Sydenham, Medicus, hasta las últimas generaciones como Von Haller, Barthez, Claude Bernard, Nietzche, Schopenhauer, Ortega y Gasset, Serge de la Ferriere, Charles Henry, Spengler, Klages, Dilthey, etc.

La perennidad del esclavismo

En la misma época en que Sócrates y Platón sentenciaban a la mujer y a la naturaleza como inferiores al hombre y por consiguiente   su separación y división, surgían en Grecia los modelos de la civilis y la polis, como expresiones sociales de "rupturidad" con todo lo natural, instintivo, intuitivo, simbólico, ritual, festivo, de las culturas solares y lunares, a las que considerarían en estado primitivo o bárbaro. De ahí los calificativos discriminatorios que se fueron consolidando desde aquella época hasta la actualidad, y en las que tan solo se han ido ampliando las denominaciones y categorías: civilizado y salvaje, avanzado y retrógrado, culto e ignorante, educado y primitivo, desarrollado y subdesarrollado, países del primer mundo y del tercer mundo, rápidos y lentos, etc.

La civilis, en esencia, fue el acto de domesticar o de domar a los hombres jóvenes, a los esclavos, a las mujeres, a la sexualidad, a los animales, a las plantas, a los fenómenos naturales, es decir, a todo lo creado por la vida, excepto al varón en sí mismo – claro está–.Para ellos, todo lo natural y lo humano elemental, estaban en un estado primitivo por lo que el propósito de la vida humana era perfeccionarse mediante el dominio de su "naturaleza salvaje e instintiva", considerado como un defecto humano intrínseco, que era muy especialmente afincado, en los esclavos, los homosexuales, los locos, y evidentemente las mujeres.

En la historia de la civilización monódica, la vida transcurre desde el hombre primitivo y atrasado de las cavernas hasta el hombre evolucionado, desarrollado y libre, de la modernidad. W.W. Rostow en su Teoría de Modernización (1961), postula que existe un proceso universal y lineal de desarrollo desde la comunidad tradicional hasta la sociedad de alto consumo masivo. Es decir, el nivel del hombre y de la sociedad está determinado por el nivel de la ciencia alcanzado, dicho de otra forma, por el nivel de destrucción de la naturaleza y de todo lo orgánico y holístico. Lo que quiere decir, que en el sistema de conquista civilizadora solo se han desarrollado las diferentes formas de dominación y exclusión de unos sobre otros: desde las formas más simples a las más complejas, desde medios artesanales a medios sofisticados, desde métodos humanos a métodos robotizados, desde técnicas de violencia física a técnicas de violencia subliminal; es decir, de un esclavismo dócil a un esclavismo despiadado y demencial. Lo que vemos actualmente es el nivel máximo de domesticación y enajenación que ha alcanzado la civilización. Así, "El panorama actual no se distingue principalmente de la situación en los tiempos de la Colonia; lo que cambió son los medios de dominación, la superación de las fronteras naturales y políticas y la velocidad de penetración y transculturación (7).

El esclavismo de los inicios del sistema civilizatorio sobrevive hasta nuestros días, bajo diferentes caretas y disfraces: del esclavismo corporal al esclavismo feudal o de haciendas, de ahí, al esclavismo de los obreros, que da paso al esclavismo tecnológico-mecanicista, luego al esclavismo de la informática y las telecomunicaciones, hasta el esclavismo virtual a través de la cibernética y la manipulación digital, de los seres humanos (chips) y de la naturaleza (alteración climática). Tal como se expresa en la "sociedad hikikomori y anoréxica" posmoderna de nuestros días, con lo cual prácticamente ha desaparecido la cultura viva (lo que algunos llaman unkultur o no-cultura o falta de cultura) para dar nacimiento a lo "mórfico" como manifestación de vida artificial y banal, en el clímax del paradigma civilizatorio. En la cúspide de la civilización tecno-mórfica, el posmodernismo virtual está tratando de matar a lo que queda de cultura en "occidente" y de consumar la manipulación definitiva de la naturaleza (clonación).

El "hikikomori" es un comportamiento que afecta principalmente a personas adolescentes –sobre todo varones–, quienes se aíslan durante muchos años en la soledad de su habitación. Estos chicos se sienten vulnerables más allá de las cuatro paredes de su cuarto, indefensos ante cualquier extraño que no sea alguien de su familia más cercana, y a veces dejan de comunicarse con todos o solo lo hacen con su madre. Se refugian en ver la televisión, los videos-juegos o internet, y descuidan su limpieza, habiendo casos en que prohíben a sus padres entrar en su cuarto, ni siquiera para limpiarlos, llegando a acumular varios cientos de kilos de basura. No salen de su habitación para nada, salvo para las necesidades fisiológicas, para ello esperan que el resto de la familia duerma para ir al baño o a la cocina a comer. Suelen vivir de noche y dormir de día, perdiendo toda ilusión por su futuro, tanto laboral como estudiantil. Esta epidemia afecta ya a más de un millón de jóvenes japoneses y un número similar en EEUU, y se extiende por los demás países occidentales y occidentalizados de manera alarmante, a un ritmo más acelerado que la anorexia, que afecta principalmente a las adolescentes mujeres.

Otra expresión del moderno esclavismo es el Darpa, la Agencia de Investigación de Proyectos Avanzados de Defensa de EEUU, la cual fue creada en 1958 para desarrollar nuevas tecnologías de uso militar. Uno de sus proyectos consiste en utilizar técnicas parapsicológicas para espiar. Y otra es el Haarp (High Frequency Active Auroral Research Program), un proyecto para manipular el clima para la guerra. Científicos y militares aseguran que EEUU investiga cómo alterar el clima desde una base situada en Alaska. Ahí existe una planta con 180 antenas de 22 metros que funciona como una antena móvil que emite ondas de extrema baja frecuencia: ondas ELF. Nikola Tesla, el descubridor de estas ondas, creía que podían concentrarse esas ondas y dirigirlas hacia la ionosfera para cambiar el curso del clima y provocar inundaciones o sequías. Estas alteraciones climáticas se lograrían cambiando la trayectoria de los flujos de presión, algo así como la "sangre" del planeta.

Tesla pensaba que si se lograba que las ondas emitidas a la ionosfera rebotasen y se dirigiesen hacia una falla tectónica, podrían provocar terremotos. Se cree, que ya las aplicaron por primera vez los EEUU en Vietnam, en 1966 se ejecutó un programa de modificación climática (Operación Popeye), sembrándose muchas nubes con el propósito de exagerar las lluvias monzónicas tradicionales y cortar las vías de suministro entre el norte y el sur del país invadido. Dicen los científicos y militares que en 50 años ya no habrá balas ni bombas, solo terremotos, tsunamis y manipulación de los sistemas climáticos. Esa será la guerra del futuro, pero quizás la última de ese tipo, pues como dijo Einstein: "No sé cómo será la tercera guerra mundial, solo sé que la cuarta será con piedras y lanzas."

Como vemos, lo que hemos vivido es tan solo un cambio de nombre (esclavismo, feudalismo, capitalismo, comunismo), con nuevas formas y modernas tecnologías de opresión. Siendo la financiera especulativa la más actual, común y generalizada en el mundo entero, que es el esclavismo moderno a través de la libertad de mercado, y que es lo que actualmente vive el hombre posmoderno en modernos claustros virtuales. Immanuel Wallerstein, creador de la Teoría Sistema-Mundo, dice que hay "solo un sistema económico en el mundo, la economía mundial capitalista, y que ha persistido por más de 500 años debido a su estructura política". Pero lo que no señalan la mayoría de cientistas sociales, que su origen está hace más de 2.000 años, desde el mercantilismo esclavista hasta su cúspide máxima actual: el neo-liberalismo y el desarrollismo. Del trueque como forma natural de reciprocidad al intercambio formal; de ahí al perfeccionamiento del mercado en el siglo xvi (mercantilismo) hasta el endiosamiento del mercado actual (neoliberalismo). La civilización materialista o sistema consumista está íntimamente ligado al proceso "evolutivo" del mercado: del mercado "primitivo" al mercado libre, es decir, del esclavismo corporal (venta de esclavos) al esclavismo del dios mercado (mercadolatría).

Supuestamente más libres, cuando en realidad están más esclavos que los antiguos esclavos de las antiguas monarquías. Como decía Jean de la Bruyere: "El esclavo tiene solo un dueño; el ambicioso, tantos como personas le pueden ser útiles a su fortuna". De esta manera se ha cumplido el mandato de Aristóteles, quien señalaba que el esclavismo era natural, por ende obligatorio y necesario de que unos sirvan a otros. Así se inició el sistema civilizatorio y así continúa, con nuevas y más eficaces formas de sometimiento y aprovechamiento del trabajo y del esfuerzo de la mayoría de seres humanos y de la naturaleza, al servicio de unas pocas familias dueñas del mundo. O como dice Liev Nikolaievich: "El dinero es una nueva forma de esclavitud, que solo se distingue de la antigua por el hecho de que es impersonal, de que no existe una relación humana entre amo y esclavo".

Civilizado e incivilizado

La civilis, en primera instancia, pretendió reconocer algunos derechos civiles a ciertos sectores "desprotegidos", aunque en realidad, el propósito era esclavizarlos más suavemente, pues se estaban quedando sin sirvientes a causa del abuso que cometía la aristocracia y la monarquía. El eufemismo era darles una cierta categoría de seres humanos a los esclavos, pues los consideraban casi como animales y por lo tanto inferiores (solo un poco menos que sus mujeres no-esclavas).

Este acto de "humanizar" a los esclavos, paralelamente se transformó en el acto de deshumanizar a la naturaleza (antropocentrismo), o mejor dicho, de masculinizarlo todo (machismo), incluidas las mujeres (machorras). Aristóteles dejó clara muestra de ello al afirmar que la mujer es el sexo pasivo y el hombre el sexo activo, señalando que la naturaleza misma de uno y otro sexo es la que concede autoridad al varón, expresándolo del siguiente modo: "El hombre es el llamado a mandar más bien que la mujer. La fuerza del hombre estriba en el mando, la de la mujer en la sumisión". Algo que lograron espléndidamente, pues todo el sistema civilizatorio funciona a todo nivel dentro de los códigos patriarcales: racionalistas, reduccionistas, mecanicistas.

Esto también es claro observar en Tomás de Aquino, para quien "la virtud y la dignidad de la mujer es por naturaleza menor que la del varón". Para Aquino, esta carencia intelectual y moral de la mujer, es la causa para que esté destinada por naturaleza a vivir bajo la dirección y responsabilidad de un varón y, asimismo, la causa para "las tres reglas" que el apóstol les manda a guardar: silencio, disciplina y sujeción. La prueba científica que Tomás de Aquino aduce para explicar la imperfección somática, sensorial, intelectual y moral de la mujer, es que su constitución es más húmeda, más abundante en humores. Evidentemente esta teoría no la sacó del relato de la creación sino de Aristóteles.

En este sentido, podemos colegir que la civilización-ciencia-tecnocracia son categorías exclusivas de la patriarquía, y la cultura-sabiduría-consciencia son variables inclusivas de lo matricial. Dentro de éstas últimas, "La filosofía andina ofrece una ética cosmocéntrica que recoge muchos elementos de la espiritualidad femenina, tal como el cuidado del orden cósmico (arariwa), la corresponsabilidad, la preservación de la vida, la compasión y reciprocidad como base de la solidaridad" (5).

A esto que señala Estermann, podríamos complementarlo en relación al tipo de montañas de Amerindia y de Eurasia: las primeras con formas muy femeninas-redondeadas, y las otras, muy masculinas-puntiagudas, que también influencian en la conciencia simbólica recreativa. De ahí, que es la geografía (naturaleza) la que determina la cultura, y no al revés; solo en la civilización o sistema contra-natura es que el hombre pretende dominar a la geografía y por ende su creación cultural.

Los griegos clásicos ponderaron el nombre de ciudadanía y de civilizado – que representan una tautología–, palabras con las cuales querían expresar el triunfo del hombre sobre: la mujer, la naturaleza salvaje, y los pueblos primitivos. El modernismo creyó que habían logrado derrotar a la materia (naturaleza) al haberla domesticado y sometido al servicio del hombre. Su mayor gloria, es haber sacado a la naturaleza de la historia del hombre para ponerla como un bien y una mercancía para su disfrute y placer (ilustrismo europeo). Las expresiones "citadino" y "urbanidad" hacen referencia al supuesto acto de salir de lo campesino y rústico para entrar en lo adelantado, culto, fino, refinado…

Civilización equivale a refinamiento o progreso. Existen familias y sociedades civilizadas o instruidas o pulidas, y por otro lado, individuos y grupos groseros, toscos, ordinarios. La raíz etimológica nos revela claramente la comparación entre la ciudad y el campo: cívico o civil, tienen como raíz a cives o civitas. Incluso más expresivo es el término "urbanidad", que también equivale a cortesía y educación. Lo contrario, maleducado o inculto, se relacionaba, siguiendo la misma lógica, con lo rústico o perteneciente al campo. Hecho que no ha cambiado hasta la actualidad. Las naciones europeas auto-considerándose portadoras de lo culto, se invistieron en la segunda mitad del siglo xiv con la "sagrada misión de civilizar" al resto del orbe. Bajo esa idea se justificó el dominio violento de los europeos sobre una buena parte del mundo. Dominio que mantuvo en situación colonial a África y Asia hasta después de la ii Guerra Mundial.

Pero hoy sabemos y comprendemos más claramente que el acto de civilizar fue el acto de desprendimiento y de disociación con la naturaleza, especialmente con su propia naturaleza interior, cual fue la máxima aspiración del Ilustrismo. Todo lo cual ha llevado al hombre civilizado y desarrollado a vivir innumerables crisis económicas, ecológicas, sanitarias, culturales, sociales; a todo lo cual califican como parte de la evolución y del avance del hombre. La civilización monocular es la creadora del sistema colonialista y evangelizador que ha asesinado y destruido pueblos enteros, que ha maltratado y acabado con la naturaleza, que ha enfermado a millones de seres humanos con sus espejismos e ilusiones, que ha mimetizado y robotizado las mentes y los corazones de los hombres de todo el planeta.

Todo ello a nombre de un dios masculino moralizador y de un pensamiento anti-salvaje. He ahí los mitos que han alimentado las utopías modernas. "El costo de esta utopía es que precisa, por diseño, que dos tercios del total (antes, los esclavos; ahora, el tercer mundo) posibiliten la Buena Vida de una minoría (antes, los polites; ahora, los ciudadanos del Norte industrializado). En este modelo dualista que separa al Hombre de la Naturaleza, la mente del cuerpo, el campo de la ciudad, etc., no es posible la Buena Vida para todos: "Pobres los tendréis siempre con vosotros", como dice el rabi de Nazareth" (1).

Los civilizadores han ido paulatinamente convenciendo -a casi toda la humanidad- de que las sociedades y personas civilizadas son las únicas que tienen cultura, historia, ciencia, y obviamente la bendición de dios; y por el contrario, los pueblos y personas ligadas a la naturaleza, son las incultas, irracionales, parte de la pre-historia, sin alma y los más parecidos a las bestias. Formas muy despectivas y discriminatorias, con las que descalificaron y siguen descalificando a toda persona o ethos social que viva sagradamente con la naturaleza ("pueblos en aislamiento voluntario").

Hoy, la frase "pueblo o persona civilizada" es la mejor expresión de prestigio, contra todos aquellos pueblos o personas contrarias al programa civilizador, los cuales son exterminados a nombre de lo evolucionado y desarrollado. "La negación del "alma" de los nativos de Abya Yala en el siglo xvi, de la "civilización" de los pueblos pre-hispánicos y de los derechos civiles y políticos de los pobladores autóctonos, hoy en día se ha transformado en la negación de su autodeterminación económica y cultural" (5).

Pero ahora, con el despertar de la conciencia espiritual y de la ciencia quántica que ha venido a confirmar los fundamentos de los antiguos sabios de los "pueblos de tradición", sus teorías se derrumban, como el muro de Berlín. Aunque se construyan otros palacios encerrados, como el muro de Gaza o el muro de Arizona, y quizás pronto hagan grandes ríos para que se les haga más difícil entrar a los nuevos plebeyos a los territorios de los modernas monarquías, eufemísticamente llamadas repúblicas. Como de hecho, ya se da en los barrios cercados donde ningún extraño puede entrar, o en los países que niegan sus visas a los nuevos migrantes "subdesarrollados y lentos".

Los fines ya los conocemos muy bien, y se expresan en sinnúmero de hermosas palabras: libertad, progreso, democracia, pulcritud, orden. "El desorden es parte del afuera, el hedor es parte del afuera. Es lo que hoy, siguiendo el hilo de este razonamiento, nos dicen los ideólogos neoliberales: que el terrorismo viene de afuera, de otras culturas, que la pobreza la producen los pobres… Para que todo siga bien, se levantan murallas pues sirven para procesar a inmigrantes ilegales y mantenerlos afuera de nuestras fronteras. Igualmente se tortura fuera de nuestros límites, en este mundo de ganadores, donde las dictaduras solo ocurren en los países del Tercer Mundo, para que todo siga bien aquí adentro, en el mejor de todos los mundos" (18).

La política: el adoctrinamiento civilizatorio

Paralelamente a la civilis surgió la polis con el aparecimiento de la ciudad-estado, y la concentración y centralización de la vida administrativa, económica, religiosa dentro de un pequeño espacio. El ciudadano se fue convirtiendo en el ente principal (individuo), en desmedro de la familia ampliada, la comunidad, la tribu, y las naciones, hasta constituirse el individuo en el núcleo básico de la sociedad civilizatoria. La polis fue el acto a través del cual el individuo-ciudadano (polites) toma protagonismo, y a su vez, la familia-comunidad se va opacando hasta casi desaparecer como tal, para convertirse -ante todo- en un ente económico.

Ese individuo-ciudadano-imaginario separado de la comunidad-pueblo-naturaleza, terminaría en el ser existencialista-individualista-egoísta-aislado, que es el "hombre hikikomori" actual. Las repúblicas modernas son asociación de individuos, ni siquiera de familias, menos de comunidades y peor de cosmunidades. De ahí, que solo reivindican al ciudadano, su libertad individual, su autonomía suprema y su privacidad divina, que son los máximos mandamientos posmodernos.

La polis fue determinando la creencia de que la ciudad (civilizado) era un estadio más avanzado que el campo (salvaje). La ciudad (polis) era el parámetro de adelanto, y el campo (naturalis) lo atrasado o bajo. Los hombres se dividían entre citadinos y campesinos, siendo los primeros superiores y mejores. Los que se quedaban en el campo a cultivar la tierra o pastorear los animales eran aquellos de poco intelecto, y solo los de gran capacidad mental iban a la ciudad donde estaba la cuna del pensamiento (retórica ideológica), considerada la máxima expresión del hombre. Desde ahí hasta el día de hoy sigue siendo lo mismo, de ahí que todos se empeñan en dejar el campo para ir a las ciudades.

De la polis surgió también la política, como la forma de administración social concentrada en un pequeño sector social que centraliza el poder económico-religioso (Estado) y que dirige a nombre de los demás (democracia). En su última época surgen los partidos políticos, que son grupos que representan a ciertos sectores particulares de individuos, no a comunidades, gremios, grupos, corporaciones, naciones, pueblos, pero que teóricamente dicen representar y luchar por todos ellos. Y esa es la lucha que han llevado los partidos políticos hasta hoy: la hegemonía de una parte de la sociedad a cargo de grupos elitistas que tienen como negocio la política, con la cual ejercen el control de toda la sociedad a través de los tres poderes (trinidad): ejecutivo, parlamento y judicial. El monopolio de la política en los partidos políticos la máxima expresión de la democracia civilizatoria o dictadura de los partidos políticos o grupos de individuos.

Desde el civilizatorio Aristóteles hasta el día de hoy, nos siguen repitiendo y haciendo creer que el "hombre es político por naturaleza", bajo lo cual debemos vivir para, por, y desde las teorías, los dogmas, las creencias, lo que llaman ideas del hombre acerca del mundo: "La ciudad (polis) es una de las cosas que existen por naturaleza; y el hombre es, por naturaleza, un animal político", decía Aristóteles. Pensamiento diferente al cosmocimiento vitalista, que entiende que la naturaleza humana es tomar conciencia de la vida, a partir de la relación y la asimilación de la naturaleza interior y exterior del ser humano.

Hay una gran rupturidad, entre comprender la vida desde "las ideas de la realidad" y a partir de "la naturaleza de la realidad". Entre interpretar la realidad e interiorizar la realidad. Entre concebir al ser humano, la naturaleza, y a la vida, como una idea (idealismo) o materia (materialismo); y, concebirlo como una conciencia integral, orgánica, holística, sistémica (vitalismo). Entre Ser un ser político (civilización) y Estar un ser consciente (culturas). Etc., etc. Las sociedades civilizadas son sistemas políticos, los pueblos culturales son sistemas de conciencia. Los civilizados hacen política, moralidad, religión; los vitalistas recrean o activan la conciencia, la espiritualidad, la integralidad, la cosmicidad. En este último caso, "la ética andina no es tanto una reflexión sobre la normatividad del comportamiento humano sino sobre su 'estar' dentro del todo holístico del cosmos (6)".

La forma de vida de una sociedad está marcada por el tipo de relación de los seres humanos con la naturaleza, lo que desencadena todos los demás principios, posiciones y manifestaciones frente a la vida en general. En este sentido, para el arquetipo de las conciencias o vitalista, la relacionalidad es de complementariedad entre elementos diversos y diferentes; lo que implica actos de comunión, vincularidad, reciprocidad, correspondencia, proporcionalidad, polaridad, paridad, entre los distintos componentes o fuerzas de la vida. A su vez, para el paradigma civilizatorio, la relacionalidad es de separación y de lucha entre las distintas partes de la vida, y solo hay una verdad y un camino; lo que implica actos de conquista, competencia, dominio, expansión, intercambio, exclusión, imposición, lucro, ganancia, desarrollo, crecimiento económico.

Para el arquetipo vitalista, la realidad está dada por el conjunto de relaciones e interrelaciones sociales, naturales, espirituales, cósmicas, las que delinean la vida humana; para el paradigma civiliza-centrista, sólo son las relaciones sociales las que determinan la vida humana. Así por ejemplo, Marx en su Tesis sobre Feuerbach sostiene que la "esencia humana no es algo abstracto inherente a cada individuo. Es, en su realidad, el conjunto de las relaciones sociales", y sin que haga ninguna referencia a la calidad y nivel de relaciones con la naturaleza, siendo ese el punto central en toda la historia humana.

En nuestros tiempos, todo esto se expresa de diferentes maneras: políticamente en la democracia, que es la imposición de las mayorías sobre las minorías; en rupturidad, con los pueblos comunitarios que viven en el consenso, la concertación, la mediación. En lo espiritual, en las iglesias jerárquicas y ortodoxas; milenariamente, en las convivencias shamánicas ritualísticas. Socialmente, en la concentración de la población, de los bienes y servicios en las ciudades; tradicionalmente, en la convivencia armónica y equilibrada con la naturaleza y el campo. A nivel económico, en la denominada economía de mercado (capitalismo) o economía del trabajo (socialismo); ancestralmente, en la economía de reciprocidad, de trueque, de prestación "equitable" y de relación mutua (vitalismo).

La relación entre los seres humanos, y entre, lo seres de la naturaleza y los seres humanos –que al final son también naturaleza– pueden ser sinérgicas, simbióticas, sincrónicas, empáticas; en una sola palabra: homeostáticas; o pueden ser: de esclavismo, dominación, explotación, acumulación, homogenización; en síntesis: estereostáticas. Para el mundo del "Ser Mejor", es una relación de valor y usufructo de los "bienes naturales" y humanos; para el "Ser Integral e Integrativo", es una relación sagrada de reciprocidad entre todos los Seres Naturales o Fuentes de Vida.

Entre una perspectiva de aprovechamiento de la naturaleza, en la que el individuo (capitalismo) y la sociedad (socialismo) son el centro y el fin de la vida; y una visión de ayuda mutua en la que toda la vida en su conjunto es el centro y fin de todo (vitalismo). Entre una concepción de que la vida funciona por la lucha de contrarios (clases sociales) o ley de la competencia (consumo), y en la que ganan los más aptos, inteligentes, bellos, blancos, desarrollados (darwinismo social); y una percepción de que la vida funciona por la comunión de dos fuerzas opuestas o polares pero complementarias, correspondientes y proporcionales. En resumen, entre una concepción jerarquizada y divisoria, y una conciencia orgánica e interrelacionada de la vida.

LA LOGOLATRÍA Y LA CONCIENCIACIÓN

Realidad del Hombre y Realidad de la Naturaleza

Si para la civilización el hombre es el centro y el fin de todo, su visión de la realidad es la que surge del logos: todo está dentro de la mente. Y si para los pueblos vitalistas el centro y la periferia, la parte y el todo, el medio y el fin, el antes y el ahora, son la naturaleza cósmica o multiverso -entre los cuales está incluido el ser humano-, la percepción de la realidad es aquella que surge de esa totalidad interrelacionada: ser humano - ser humanidad - ser tierra - ser cósmico (conciencia integral holográfica).

"A partir del "giro antropológico" en la filosofía occidental (empezando con Sócrates y culminando en la Ilustración), el valor supremo de la ética, la "medida de todas las cosas" es el hombre. Esta concepción halla su expresión más destacada en el imperativo categórico material de Kant: El hombre nunca es solo medio sino siempre fin en sí mismo. Toda la realidad extra-humana tiene que ser "juzgada" y valorada según su contribución a la "realización" antropológica" (5).

Si el hombre es el "rey de la creación" para el paradigma reduccionista, la realidad está conceptuada y fijada por la realidad subjetiva de los varones, ni siquiera de las mujeres. Si el hombre primero "piensa y luego existe", para él lo más importante es el pensamiento, y la realidad es la que dictan las ideas, la razón, las nociones, las teorías (logos). Si el hombre es el "amo y señor" de todo, la idea de la realidad y la verdad social es la que dicta el patriarcalismo-androcentrismo (machismo). Y si el machismo es la "verdad y la vida", todo lo demás es descalificado, ridiculizado y rechazado.

Así, el hombre civilizado y desarrollado, al anular su naturalidad (holística), feminidad (percepción) y culturalidad (conciencia), a todo lo vuelve: material, mecánico, razonable, cuantificable, tangible, verificable, separado, reducido, rentable, competente, exitoso. Además, auto-catalogándose como el único portador de la verdad indiscutible e insustituible (narcisismo); y si alguien se opone o no está de acuerdo, simplemente hay que someterlo –sutil o despiadadamente (léase democráticamente o dictatorialmente)–, y si no se deja, hay que matarlo (etnocidio, genocidio, conquista, guerra).

Las últimas investigaciones de la ciencia, señalan que la mente procesa alrededor de 400.000 bits pero que solo toma conciencia de dos mil bits. Esto quiere decir que la realidad que se procesa en el cerebro no es la realidad de la "realidad" (relativismo cuántico) sino una parte de la realidad. Los magos e ilusionistas saben de las deficiencias del cerebro, así la lentitud para captar la "realidad", pues el cerebro recoge las escenas por cuadros y las va procesando y ordenando lentamente, tal como las películas que van grabando cuadros y al darle una velocidad parece que están en movimiento. "El cerebro humano percibe el tiempo suficientemente rápido para que podamos sentir eventos que duran apenas unas milésimas de segundo (la picadura de un mosquito, el batir de alas de un colibrí), pero es demasiado lento para que podamos observar el vuelo de una bala o el millón de neutrinos que atraviesan nuestros cuerpos cada minuto" (15).

Lo que capta el cerebro es muy parcial, a lo que debemos añadir las circunstancias intelectivo-emocionales y a las creencias, las cuales llevan la traducción o interpretación de la "realidad" hacia su concepción y visión de la vida. Lo que implica, en última instancia, que ni siquiera es el cerebro el que observa la "realidad", sino una idea política o social impuesta a todos por un sistema, en nuestro caso el modelo piramidalista: patriarcal-moderno-colonial. Y si ese sistema tiende a anular a los otros componentes de la vida (sensibilidad, emoción, sentimiento, percepción, intuición, sexualidad, corporeidad, espontaneidad), la realidad de los hombres (no de las mujeres) es la realidad de la ilusión o de la ficción, que solo existe en las teorías y en el imaginario del hombre, y por tanto, no existe ciertamente en la "realidad".

"Cuando nuestros cerebros nos muestran el mundo, en realidad nos están mostrando a nosotros mismos. Por analogía, cuando una imagen cae en un espejo ocurre una mezcla. El espejo es la imagen y la imagen es el espejo. Del mismo modo, la única realidad de la que podemos saber algo es la que está siendo reflejada por el cerebro y por lo tanto todo cuanto existe está dentro de nuestra subjetividad" (15). Esto quiere decir que la "realidad" no es lo que capta el "libre albedrio" del hombre "amo y señor" de todo, como decía Descartes, sino la correspondencia y reciprocidad de las diversas y diferentes interrelaciones entre todos los seres de la existencia infinita. El hombre no es el dictador de la vida, sino que la vida es la armonía y equilibrio (sumak kawsay) entre todas las fuerzas que la componen y la constituyen. La percepción de la "realidad" solamente a través del cerebro, es parcial y parcializada; a través de la conciencia ampliada, es más integral y real.

Muchas cosas de "allá afuera" no existen para nosotros, no porque dejen de ser reales, sino porque, "aquí adentro" no hemos podido modelar el cerebro para que las perciba. Somos como radios que, en apariencia, tienen todos sus canales, pero en realidad solo reciben tres: vigilia, dormir y soñar (14). La percepción consciente, desde lo intelectivo, emocional, vivencial y espiritual es más integrativa y orgánica, por ende más completa. Una conciencia exclusivamente intelectiva es una conciencia miope, una conciencia sistémica y holística es una conciencia multiversa. El ser humano -en una conciencia total- toma conciencia que ni la naturaleza, ni el cosmos, ni dios, ni el conocimiento, ni la felicidad, ni el amor, están afuera de él ni son diferentes, ni hay camino para llegar a ellos, sino que todo está dentro de cada uno y son lo mismo pero en diferentes expresiones (campo inter-relacionado). En esta misma perspectiva, las leyes sociales y culturales de los grupos humanos, no pueden ser las leyes del ego del hombre o de un dios creado por el ideal del varón sino, las leyes de la realidad de la naturaleza o de la totalidad del infinito, y de la que el ser humano es solo un miembro más. La "realidad" son las infinitas interrelaciones que componen el Todo (vitalismo).

Solo la presunción de determinados hombres (no hay mujeres) iluminados (Sócrates, Platón, Galileo, Descartes, Newton, Marx, etc.), y especialmente de sus seguidores (platonistas, darwinistas, marxistas, etc.) ha llevado a auto-convencerse a ese hombre de que su realidad es la única y auténtica realidad. El hombre de "Occidente viene intentando desde Sócrates conquistar intelectualmente al mundo entero (6)". Todo lo cual los ha llevado a creer que su dios, su democracia, su libertad, su paz, su desarrollo, su ciencia, su civilización, son los únicos y universales. Y en nombre de todos ellos, han venido eliminando a los demás pueblos, culturas, sistemas, diferentes y opuestos a esta concepción. De esta manera creyendo que están más libres y que han "conquistado la paz", pero lo cierto es que cada vez se han ido atrincherando más en sus claustros y castillos, antiguos y modernos.

De aquí se desprende que las leyes, teorías y dogmas del ego ideológico son la ilusión de la realidad y la realidad de la ilusión; y que las leyes de la naturaleza o de la vida en su conjunto, son la realidad de la naturaleza y la naturaleza de la realidad. La ilusión de la realidad, en su máxima expresión posmoderna, es la única que podía haber creado esta sociedad virtual, superficial, banal y artificial en que se desenvuelve la mayoría de la humanidad actual, enmarcada dentro de un sistema jurídico totalmente alienante y despiadado. Marco Tulio Cicerón, decía hace 2000 años: "Para ser libres hay que ser esclavos de la ley", y hasta ahora casi nadie le ha creído en Occidente.

Las leyes sociales, jurídicas, políticas, del hombre mecanicista-racionalista (cientificismo) son leyes de "rupturidad" con las leyes de la existencia infinita o de la vida (relativismo cuántico); como asimismo todas sus leyes económicas, religiosas, educativas, científicas, que en realidad son las leyes del ego dictatorial, las cuales nos han conducido a este mundo materialista, consumista, depredador, violento, "enfermador", que es la indiscutible realidad que está viviendo la humanidad y la tierra en su conjunto. Como dice Masanobu Fukuoka, en su libro La Revolución de una brizna de paja: "Si siembras semillas y les añades fertilizante, desde un punto de vista puede estar bien. Visto desde todas las partes, el poner fertilizante puede ser un error. Se puede decir que hoy en día, en la raza humana, para los que creen en la ciencia, ésta se ha convertido en una religión. Hace 60 años llegué al concepto del no-hacer. La única palabra en mi cabeza ha sido MU. Todas las cosas que tienen valor realmente no existen. El conocimiento humano no tiene ningún valor, no tiene valor la separación de los colores, de algo que existe, que no existe..."

De ahí la necesidad de regresar a la naturaleza, es decir, a la "realidad" de la vida, guiándose por la sabiduría sagrada inmanente a ella, la que está en sintonía con la fuerza matriz difusora de la realidad cósmica. En esa medida, es posible vislumbrar un mundo sacro que encuentra a la materia y al espíritu en cada ser de la vida, re-aprendiendo a activar todas las capacidades y talentos para impulsar la vida a un ejercicio permanente para despertar a la realidad de la conciencia y a la conciencia de la realidad.

Método científico y Método de alternancia

La civilización monoteísta ha experimentado un sinnúmero de métodos en todo su proceso histórico, según las propuestas de distintos pensadores, todos ellos varones: el método cartesiano, el método dialéctico, el método histórico, el método deductivo-inductivo, el método positivista, el método científico, etc. En esencia, todos ellos parten de tres presupuestos básicos: la lucha y la síntesis (tesis-antítesis), la concepción de objetos y sujetos (conocimiento objetivo), y la comprobación en laboratorio (empirismo-racionalismo). El método civilizatorio, también auto-llamado científico, parte de lo universal hacia lo particular e individual, y procede deductivamente.

Estos métodos tienden a anular inmediatamente todo hecho o fenómeno que no sea verificable en laboratorio, sería mejor decir, al nivel en que han logrado desarrollarse sus laboratorios, pues a medida que se han hecho nuevos descubrimientos, sus laboratorios y sus parámetros han ido cambiando. Parámetros que responden a los niveles que el hombre científico ha creído ir comprendiendo sobre sí mismo, siendo básicamente su parte material-racionalista y su noción mecanicista-separatista. "El espíritu analítico (análisis significa literalmente "deshacer", "cortar en partes") masculino es anatómico (tomein: "cortar"), diseccional, mecánico, instrumental, destructivo. Cada síntesis a partir del resultado de un análisis real de la vida resultará artificial y robótica (6).

El hecho de que ciertos hombres no puedan explicar ciertos fenómenos, no quiere decir que no existan, o que las otras visiones están equivocadas sino que simplemente su método de interpretación o análisis no los puede explicar, porque tiene limitaciones. Ante muchas situaciones que les resulta inexplicables, los científicos responden de la manera más simple: sugestión, alucinación, esquizofrenia, superstición, delirio, imaginación. No tienen la rigurosidad que demanda la investigación, y simplemente se limitan a calificar, o más bien dicho, a descalificar. Habiendo algunos que tienen rigurosidad, pero su método y concepción, son limitados y estrechos. Por ejemplo, cuando estudian a personas con ciertas facultades o talentos "especiales", inmediatamente los tildan de esquizofrénicos y luego los drogan para adormecerlos, en la supuesta idea de que los están sanando. Pero el resultado final es que logran realmente enloquecerlos con sus "medicinas alucinantes", que no resultan curativas sino que los vuelven cada vez más dependientes. Y cuando se produce una curación por otra vía o forma, algunos lo llaman milagro y los científicos simplemente "alzan los hombros". "Por lo común, una vez concluido el milagro, el médico regresa a su rutina y a sus conceptos rutinarios" (14).

En el método social civilizatorio, la forma de análisis hacia otras sociedades y culturas diferentes es a partir de sus propios paradigmas y códigos sociales, declarados como universales y obligatorios para todos. Todo resultado o manifestación contraria que no corresponda a sus categorías sociales o parámetros civilizatorios, simplemente se descalifica y sus promulgadores son tildados de: atrasados, pre-conceptualistas, animistas, fetichistas, y punto final. Están convencidos que su método y su forma de concebir y vivir la vida son los únicos y los mejores (desarrollado-subdesarrollado). Sean de derecha o de izquierda, son iguales al respecto.

Con sus métodos de estudio comparativos y moralistas, usan al paradigma de la civilización monopólica como árbitro y parámetro para medir y valorar: lo bueno y lo malo, lo positivo y lo negativo, lo verdadero y lo falso, lo científico y lo anticientífico. Su posición es de observador y se auto considera sujeto, en consecuencia, al observado lo define como objeto de estudio y de análisis. Como sujeto, asume la posición de tener los fundamentos y principios correctos para definirse a sí mismo, por ende, al otro. Él es el ente activo y el otro el pasivo, y como activo considera que tiene las herramientas y técnicas correctas para establecer lo que es el otro. "Este es "otro de los "mitos fundantes" de Occidente la concepción de la ciencia como el acceso más adecuado y veraz a la "realidad", hasta tal punto que para muchos viene reemplazando a la religión (el credo del positivismo), la ética y estética. En el cientificismo este mito se ha plasmado de una forma explícita; y en la sociedad tecno-mórfica, la racionalidad "científica" se encarna de la manera más pura" (5).

Esto se puede ver claramente en todos los estudios antropológicos de los pueblos "no occidentales", quienes son vistos desde los ojos del observador desarrollado, pero al final, sus conclusiones se convierten en juzgamiento y son calificados como primitivos, lentos, incivilizados, arcaicos. Los programas periodísticos de reportajes o de documentales, están leídos y sistematizados según la óptica del periodista, quien indudablemente se pone en la posición de juez que puede determinar qué es lo civilizado y qué es lo salvaje, qué es el primer mundo y el tercer mundo, según las normativas establecidas en sus escuelas de valoración civilizatoria: positivista o marxista.

Y así, en economía, producción, educación, medicina... Y cuando no responden a sus cuadros y parámetros de análisis y síntesis, son simplemente menospreciados y desechados: atrasados, subdesarrollados, tercermundistas. Siendo los pueblos ligados a la naturaleza los más descalificados y minimizados, por practicar y convivir en métodos y formas naturales, pues para ellos es atrasado-antiguo-obsoleto, ya que solamente lo moderno-artificial-virtual (léase antinatural) es positivo y mejor. Mientras más complejo y enmarañado es un sistema, se lo considera más desarrollado; y todo lo que es sencillo, simple, natural, son representaciones o manifestaciones de pueblos o individuos en estado elemental, poco inteligentes, perdidos en el tiempo, precarios, desfasados.

Evidentemente, "una concepción como la recientemente referida, constituye un paradigma en crisis, pese a mantener aún seguidores. En la actualidad, a la ciencia ya no se la identifica como el único referente de verdad respecto de la construcción de conocimientos. Es cada vez más presente que la verdad sobre un contexto sociocultural requiere de los conocimientos construidos por sus actores; es decir, la verdad sobre una realidad no puede ignorar a quienes la han construido" (16).

En las culturas armónicas, el método de "investigación" o de compenetración -con la realidad de la naturaleza y naturaleza de la realidad- es el método de alternancia. Tal como en la naturaleza: hay ciclos que se repiten año tras año (verano-otoño-invierno-primavera), hay plantas que renacen en el verano y otras en el invierno, la tierra tiene épocas de sequía y otras de lluvia. La vida es circular y va alternando sus manifestaciones, cada etapa tiene su función y su conocimiento. Toda esta alternancia y comunión, entre una y otra fase, va marcando y haciendo posible la vida. Por ende, si la vida se desenvuelve así, el método de "investigación" es el método rotatorio. Leroi-Gourhan, en su libro La Memoria y el Ritmo, nos confirma: "El movimiento del universo no es solamente de rotación sino también de alternancia y de oposición de complementarios, frío al norte, calor al sur; juventud al este, vejez al oeste; de suerte que las partes del universo responden a cualidades al mismo tiempo que a situaciones, a partir de ese punto la clave del universo deviene en manos del hombre."

En este sentido, la relación no es de sujeto y objeto, sino de sujeto a sujeto, pues el uno está en el otro y el otro está en el uno. El agua está en el lago pero así mismo está en la sangre, entonces el agua no es un objeto, sino una energía consciente o viva (sumak kawsay) que nutre a toda forma de vida, llámese planta, animal, humano. Como decía Chopra: "El aire que respiraba contenía voces, sonidos de automóviles, canto de pájaros, ondas de radio, rayos x, rayos cósmicos y una variedad casi infinita de partículas subatómicas. Me rodeaban realidades infinitas." (15).

Por otro lado, es una relación de observación consciente en doble vía o doble sentido, en la que unos momentos somos observadores, y en otros, somos observados como sujetos de la vida. Cuando el agua está en el mar o en un río tiene una condición, y cuando esa misma agua está en el cuerpo humano, tiene otra, lo que no significa que ha dejado de ser agua, solo que cumple otra función. El conocimiento se hace posible desde una y otra posición, caso contrario es solamente interpretación o creencia de lo que imaginamos o suponemos que es lo otro. Cuando se es observador y observado al mismo tiempo, es posible acercarse más a la "realidad". Si queremos entender al otro debemos convivir como el otro, para que sea la experiencia directa la que enseñe, sino, lo que se obtiene es una perspectiva parcial e idealista desde la visión interpretativa del observador de acuerdo a sus parámetros dogmáticos de análisis. El método rotatorio no hace una inducción generalizadora, trasladando conocimientos de un campo a otro, sino que lo interactúa a través de la asociación directa (analogía) y para ello también utiliza la percepción como medio de introspección.

Para los pueblos de conciencia cósmica, el "laboratorio" es la naturaleza en sí misma y el ser humano como parte de ella. Si se quiere comprobar o verificar algo, el investigador es su propio laboratorio y debe comprobarlo o verificarlo por y en sí mismo. Por ejemplo, si algún ser humano dice que es capaz de curar energéticamente, el investigador debe aprender y practicar las técnicas y métodos que maneja esa persona, para poder determinar si es o no es así. No puede limitarse a especular, al no encontrar un concepto o un método que no se aplica a lo que estudia, y según sus supuestos investigativos se limite a decir que no existe o que no es válido. Y cuando las respuestas sean satisfactorias, se limite a decir: "efecto placebo" o "no tenemos una explicación científica para ello". Así pues, "cuando golpea a la ciencia y la deja atónita con su formidable complejidad, como en el caso de las curaciones espontáneas del cáncer, la medicina no puede más que permanecer perpleja e inmóvil al descubrir que la vida no se comporta igual a los modelos de laboratorio" (14).

Pero si quieren realmente investigar, deben experimentar los otros métodos y elementos de percepción de la realidad del otro. Este método es el de la alternancia (observador-observado, observado-observador), que saca al investigador de todo tipo de interpretación o análisis para ir a la experiencia viva (pensamiento y sentimiento), única llave de cosmocimiento y sabiduría. Este método, también llamado rotatorio o de espejos, permite ser observador y observado al mismo tiempo. Es interesante cómo en lengua kichwa existe la palabra kawak, que significa observar, la cual se puede leer de izquierda a derecha y de derecha a izquierda, reflejando en la palabra misma que la observación profunda y consciente, es en doble sentido. Caso contrario, es una observación interpretativa, la cual es sesgada y deformada, de acuerdo al punto de vista personal del investigador o de la escuela de investigación que siga.

De ahí que hay tantas teorías en las ciencias civilizatorias que ni entre ellos mismos se ponen de acuerdo, especialmente en las ciencias sociales y humanas. En la conciencia vitalista no hay muchos métodos, siendo lo común a través de la percepción y observación consciente, mediante la compenetración clara y precisa con la naturaleza humana y extra-humana. La que enseña qué es la vida, es la vida misma, y de lo que se trata es de ser consciente de ello. Para ello, la observación debe ser total e integral, en una forma perceptiva consciente (intelectiva, emocional, material, espiritual) como también racional analítica.

Pero no solo a través de una observación exterior y una observación interior en distintos momentos, sino de una observación exterior e interior al mismo tiempo. Esto quiere decir que en el momento en que estoy observando algo fuera de mí, debo estar observando mi interior, y si estoy observando desde el otro, me debo observar desde esa condición y al mismo tiempo al otro. El observador sale de su sola condición mental, para entrar en una observación emocional, espiritual y material desde el otro, como la palabra kawak. Es lo que llaman algunos maestros, entrar en un estado de conciencia ampliada e integral. Lo que implica la capacidad de ser el otro, de entrar en el cuerpo del otro, o de convivir desde el otro, para llegar desde el sentimiento y la co-existencia real, y no solo desde el pensamiento a la realidad que se está estudiando. "El grado más alto de conocimiento siempre se alcanza cuando el conocedor, el sujeto humano, se identifica completamente y se vuelve uno con el objeto, a tal punto que la diferencia entre ambos desaparece. Pues diferenciación o distinción significa distancia y, en las relaciones cognitivas, la distancia significa ignorancia" (E. Goldsmith, Tao de la Ecología, Tomado de la 1)

Cada ser es el espejo de cada uno, a partir de lo que se observa en el otro y se aprende de sí mismo, y viceversa. Rotando a la posición del otro, se interna en la forma de estar y de existir del diferente, para comprender quién es el otro y verme a si mismo desde esa nueva perspectiva. Cuando se viaja y se conoce a otras culturas y maneras de vivir, se puede ver quien es uno y desmitificar sus creencias. Este método natural, que viene de la naturaleza y no del ego del cerebro dictatorial, fue el que permitió un cosmocimiento agrícola, arquitectónico, médico, astronómico, impresionante a los pueblos matriciales y comunitarios. Sapiencias que maravillan hasta el día de hoy a algunos científicos del mundo civilizatorio. Aunque paradójicamente, otros se encuentran retomando estos saberes para sus intereses personales, que en muchos casos son solamente comerciales. Sin desconocer a aquellos que guardan profundo respeto y se han convertido en defensores de las culturas primarias.

Pensar y Sentir-Pensar (Corazonar)

Los pueblos del logos han pasado en estos dos mil años por teorías idealistas, positivistas, realistas, racionalistas, naturalistas, materialistas, mecanicistas, fenomenológicas, epistemológicas, estructuralistas, ecológicas, liberacionistas, etc. Todas ellas teocéntricas, patrialcocéntricas, etnocéntricas, egocéntricas, eurocéntricas, antropocéntricas, androcéntricas, y todos los centrismos habidos y por haber. Se han pasado creyendo e imaginando que el problema estaba en la mente, y que ahí había que buscar las respuestas a todas las preguntas de la existencia. Estos existencialistas que se creyeron más inteligentes y superiores a la naturaleza, terminaron creando y elucubrando las más variadas teorías sociales, económicas, políticas, culturales, científicas, que han hecho perder tanto tiempo, energía, recursos, vidas, a toda la humanidad y a la naturaleza extra-humana.

Un ejemplo claro de todo ello es el sistema educativo civilizatorio. Un sistema totalmente mental, racionalista, memorístico, repetitivo, objetivista, especialista, jerárquico. Centros de formación académica que solo siguen lo que determina la Academia Real, único Dios del conocimiento objetivo y de la verdad última. La Academia, el mayor orgullo del hombre civilizado, pero para el ser humano holístico es la más grande contracción, castración y estrechamiento del pensamiento y el sentimiento. Sistema educativo al cual acuden los alumnos 18 años de su vida, a copiar y repetir los dogmas impuestos por los ilustrados, iluminados, excelsos, elegidos, exitosos, bienaventurados, sacrosantos, difusores del dios académico de turno.

Estudian para refrendar y consolidar una serie de teorías sociales y dogmas cientificistas del paradigma civilizatorio, cuyo propósito central es el control geopolítico, mercantil, emocional de toda la humanidad. Son centros de formación para dominar desde el mercado a los seres humanos y a la naturaleza, para esclavizar a través del marketing y la publicidad a las almas "libres", para matar y drogar a sus pacientes con sus modernas drogas legales, para generar nuevos propulsores del sistema financiero y económico del dios capital, para desarrollar nuevas técnicas de dependencia al consumismo (sociedad hikikomori). Ya no es, el Alma Mater como Madre Nutricia de Conocimientos sino el Marketing Pater como Padre Mercadeo de Bienes, el que enseña, educa, guía, la vida de los hombres civilizados y desarrollados.

En las culturas cósmicas o vitalistas se piensa con el corazón o con la conciencia del co-razón (amor y razón). Solo la conjunción y congruencia entre el sentir y el pensar (corazonar) permite a una persona y a una sociedad aproximarse más a la "armonía de la realidad". "El paradigma Abya Yala (Amerindia) observa activa y correlacionadamente con todos los sentidos: el tacto, el olfato, el oído, el gusto, la vista; cada uno de ellos, dependiendo del momento y las circunstancias propias de cada paisaje vivo, será privilegiado sabiamente; por eso es que el runa "escucha la tierra, el paisaje, el cielo", siente la realidad; es una racionalidad emocio-afectiva (corazona), el runa piensa con el corazón y comprende la realidad como interrelación, como tejido en conjunto y no como fragmentos a ser reificados según cierta lógica lineal (22).

La actual ciencia quántica y nuclear lo confirma: han descubierto que el corazón se forma antes que el cerebro, lo que implica que el corazón tiene su propio "cerebro". Incluso la emisión electromagnética del corazón es mucho mayor que la que emite el cerebro. Comparando con el producido por el cerebro, el componente eléctrico del corazón es sesenta veces más grande en amplitud, y penetra a cada célula del cuerpo. Y el campo magnético es cinco mil veces más fuerte, pudiéndose con magnetómetros sensibles detectarse a varios metros de distancia del cuerpo. Unas últimas investigaciones de la neuro-cardiología señalan que el corazón es un órgano sensorial y un sofisticado centro para recibir y procesar información. El sistema nervioso del corazón o "cerebro del corazón" lo habilita para reaprender, recordar, y para tomar decisiones funcionales sin precisar necesariamente de la corteza cerebral. Esto quiere decir que el corazón es un órgano integrativo que reúne al pensamiento y al sentimiento (co-razonamiento) paralelamente dentro de sí.

Es más, los últimos estudios señalan que el cerebro no es el único órgano inteligente sino que todo el cuerpo humano lo es en su conjunto, destronando aquellas teorías racionalistas que han imperado en estos dos mil años de civilización dogmática y sectaria. La Dra. Bert descubrió –y luego otros lo han confirmado–, que existen receptores inteligentes no sólo en las células cerebrales, sino en todas las células de todas partes del cuerpo humano (neuropéptidos). Estudiando el sistema inmunológico se dieron cuenta que las células que nos protegen contra las enfermedades, tienen los receptores del mismo tipo que los del cerebro. En otras palabras, cada célula inmunológica está pendiente de cada pensamiento, de cada sentimiento, de cada emoción, de cada deseo que tenemos. Cada célula del sistema inmunológico produce las mismas sustancias químicas que produce el cerebro cuando piensa. Así por ejemplo, cuando la persona se deprime, consume mucha energía del sistema inmunológico, el cual no puede detener a aquellos virus que aprovechan la oportunidad y se instalan en los órganos más débiles produciendo el cáncer, el stress, el paro cardíaco, etc.

La inteligencia del sistema digestivo es muy clara, y hoy ya se habla de la inteligencia de los intestinos. Hasta hace poco se creía que las miles de terminales nerviosas que tiene el revestimiento del tracto digestivo eran solo extensiones del sistema nervioso. Pero hoy sabemos que estas células nerviosas reaccionan a sucesos externos, y se ha llegado a la conclusión que las reacciones del estómago son tan confiables como los pensamientos del cerebro. De la misma manera, las células del colon, del hígado, del estómago, piensan, solo que no con el lenguaje verbal del cerebro. La llamada "reacción visceral" es una forma de referirse a la compleja inteligencia de estos millones de células inteligentes.

Pero lo más importante de todo esto y que cambia radicalmente la visión de la inteligencia de la vida, es que no solo la tiene el humano en todo su cuerpo sino que la naturaleza entera es inteligente, y por ende el ser humano se alimenta de inteligencia cuando respira, come, toma el sol, etc. Así lo confirma el italiano Stefano Mancuso, pionero en el estudio de la neurobiología de las plantas, en una entrevista de "La Vanguardia". Dice que: "[...] las plantas tienen neuronas, se comunican mediante señales químicas, toman decisiones, son altruistas y manipuladoras. Hace cinco años era imposible hablar de comportamiento de las plantas, hoy podemos empezar a hablar de su inteligencia. Puede que pronto empecemos a hablar de sus sentimientos. Hoy sabemos que tienen familia y parientes y que reconocen su cercanía. Se comportan de manera totalmente distinta si a su lado hay parientes o hay extraños. Si son parientes no compiten: a través de las raíces, dividen el territorio de manera equitativa.

En una selva, todas las plantas están en comunicación subterránea a través de las raíces. Y también fabrican moléculas volátiles que avisan a plantas lejanas sobre lo que está sucediendo. Cuando una planta es atacada por un patógeno, inmediatamente produce moléculas volátiles que pueden viajar kilómetros, y que avisan a todas las de-más para que preparen sus defensas. Producen moléculas químicas que las convierten en indigeribles, y pueden ser muy agresivas. Hace diez años, en Botsuana, introdujeron en un gran parque 200.000 antílopes, que comenzaron a comerse las acacias con intensidad. Tras pocas semanas muchos murieron, y al cabo de seis meses murieron más de diez mil, y no advertían por qué. Hoy sabemos que fueron las plantas; aumentaron hasta tal punto la concentración de taninos en sus hojas, que se convirtieron en un veneno.

Si mañana desaparecieran las plantas del planeta, en un mes toda la vida se extinguiría porque no habría comida ni oxígeno. Todo el oxígeno que respiramos viene de ellas. Pero si nosotros desapareciéramos, no pasaría nada. Somos dependientes de las plantas, pero las plantas no lo son de nosotros. Las plantas son mucho más sensibles. Cuando algo cambia en el ambiente, como ellas no pueden escapar, han de ser capaces de sentir con mucha anticipación cualquier mínimo cambio para adaptarse.

Cada punta de raíz es capaz de percibir continuamente, y a la vez, como mínimo quince parámetros distintos físicos y químicos (temperatura, luz, gravedad, presencia de nutrientes, oxígeno). En cada punta de las raíces existen células similares a nuestras neuronas y su función es la misma: comunicar señales mediante impulsos eléctricos, igual que nuestro cerebro. En una planta puede haber millones de puntas de raíces, cada una con su pequeña comunidad de células; y trabajan en red como internet. Ahora, la cuestión es cómo medir su inteligencia. Pero de una cosa estamos seguros: son muy inteligentes, su poder de resolver problemas, de adaptación, es grande. Hoy sobre el planeta, el 99,6% de todo lo que está vivo son plantas. Hoy solo conocemos el 10% de ellas, y en ese porcentaje tenemos todo nuestro alimento y la medicina. ¿Qué habrá en el restante 90%?"

Todo esto quiere decir que no era una metáfora cuando los pueblos milenarios de percepción holística hablaban de pensar con el corazón. La civilización solo utiliza su cerebro racionalista (lado izquierdo) y se ha descuidado del corazón, del cerebro derecho, de la intuición, de la ensoñación, de la espontaneidad, de la introspección, del encantamiento…, a los cuales minimizan por considerarlas una simple sentimentalidad seductiva (feminidad) y no una racionalidad disciplinada y sacrificada (masculinidad). Pero la evidencia de la ciencia holística habla de todo lo contrario, desarmando todos los supuestos intelectuales y racionalistas del sistema civilizatorio y sus ideas evolutivas. El camino del corazón, es el camino de los pueblos sabios y amorosos (sophos y philos), respetuosos de la inteligencia y emotividad de la naturaleza, esto es, de la vida.

Los pueblos cósmicos de la "Filosofía de la Vida" no solo piensan sino que sienten, e incluso le dan un poco más de importancia al sentir, a la intuición, a la sensitividad, al símbolo, a la analogía, que al mismo pensar (58%-42%). Los pueblos del Estar han tenido una actitud más armónica y equilibrada entre su lado izquierdo y su lado derecho del cerebro, entre su lado racional y su lado perceptivo, lo que les permitió recrear una sociedad y un sistema social más alineado y ordenado con la naturaleza (culturas matriciales). Sin que hayan sido perfectos o ideales, pero más profundos que la época civilizatoria y particularmente la colonial.

En el caso de Eurasia, Marija Gimbutas sostiene que los pueblos pre-indoeuropeos estaban regidos por "un sistema social equilibrado, ni patriarcal ni matriarcal", y al que denominaba "gylanía" (gy de mujer; andeandros, hombre) (13). Y algo similar en el mundo andino: "Los principios transversales y paradigmáticos de relacionalidad, complementariedad, correspondencia, reciprocidad, integralidad y ciclicidad parecen adecuarse más a una forma de vida y un modo de "estar en el mundo" femenino que un modo de "ser universal" masculino, más a un pensamiento "seminal" (Kusch) que a un pensamiento "analítico" y "diastático" (6).

Los individuos y comunidades shamánicas han sido los que más se han acercado a la realidad de la naturaleza y del espíritu, pues sus métodos y técnicas para un proceso de cosmocimiento interior, les ha permitido entrar en la energía pura y en la conciencia total para acercarse a las leyes y misterios de la vida.

Ellos saben que todo es energía viva (sumak kawsay) y que la energía fluye hacia donde va la conciencia. La conciencia total les ha permitido salir de una conciencia parcial material o mental, hacia una conciencia pura e integrativa (multiconciencia) para sintonizarse con la inteligencia cósmica del multiverso y fusionarse con ella. Ellos entendieron que la vida es como una cebolla, que tiene varias capas y que no tiene un núcleo duro. En este sentido, el arquetipo del sistema de conciencia vital sigue el modelo de la cebolla y el paradigma civilizatorio sigue el modelo del durazno, suave y dulce por fuera, pero por dentro: duro y compacto (centrismo).

Estos sabios o maestros, pensadores y sintientes (perceptores) que no han caído en las ideologías (políticas) o esclavismos mentales, son los que más han aportado a la comprensión de la realidad. Siempre han buscado salirse de las interpretaciones o de los análisis teóricos, para entrar en la realidad de los animales, de las plantas, de los minerales, de los planetas, de las constelaciones, y así percibir la realidad del multiverso. Para ello, han utilizado medios y técnicas como las plantas de poder o la meditación, para salirse de la mente racional y entrar en la energía viva y en el espíritu total. "La meditación profunda no es un estado inerte, sino la plataforma de lanzamiento de la conciencia (15)".

Han logrado fusionarse y tomar el cuerpo de una montaña, de una laguna, de una piedra, para poder convivir como ellos, y de esta manera sentir la vida como realmente es. De esta manera, pueden conversar con la naturaleza y recibir enseñanzas para retrasmitirlas a los otros seres humanos (yachay wasi, casa de la sabiduría). Talento conocido en lengua aymara como pacha aru, la capacidad de hablar con la naturaleza.

Las grandes tradiciones de la sabiduría fueron fundadas, en gran parte, por uno o varios individuos capaces de ver el universo a través de sí mismos. Para resolver el misterio del vacío necesitamos consultar con quienes han estado allí y se han encontrado con un mundo de verdad, entonces habrá nuevos Einsteins que los sigan, y éstos serán los Einsteins de la conciencia (14).

Comprenden que el conocimiento no está en las bibliotecas o en las universidades sino en la naturaleza, en la vida, en cada ser de la existencia. Han percibido que en todos los seres habita la información de la vida en su conjunto, que cada uno es un holograma de todo el cosmos infinito. Ellos no creen sino que saben, no siguen dogmas o teorías sino que experimentan a través de la práctica y del sentimiento propio, lo cual les permite tomar consciencia de las leyes de funcionamiento de la vida.

Hoy la ciencia quántica y relativista moderna ha venido a confirmar lo que han dicho los antiguos shamanes (hombres y mujeres de sabiduría). Esto quiere decir que los científicos actuales están muy atrasados respecto de los sabios de todo el mundo, que ya habían asimilado muchas situaciones hace cientos de años. "A pesar de estas evidencias "holísticas", la auto-comprensión del hombre occidental no cambió sustancialmente, siempre sigue concibiéndose "como dueño del mundo", "centro imaginario" y "tecnócrata omnipotente" (5).

Y si alguien minimiza lo que algunos llaman pensamiento "mágico", recordemos cómo algunos descubrimientos llegaron primero por sueños a sus descubridores, así la teoría de la Relatividad fue inspirada en una serie de sueños que tuvo Einstein entre abril y junio de 1905. Niels Bohr llevaba mucho tiempo trabajando en la configuración del átomo. Tuvo un sueño en el cual vio un posible modelo de dicha configuración, y al despertar, lo dibujó en un papel, sin darle mucha importancia. Poco tiempo después, volvió a ese papel y se dio cuenta de que realmente había hallado la estructura del átomo. El gran astrónomo Alemán Johannes Kepler hizo aportes fundamentales a la ciencia sobre la base de asunciones místicas de índole pitagórica. En este tipo de aproximación al cosmocimiento, muchas cosas comprendidas y anotadas en este libro, nos han sido transmitidas en sueños y por medio de intuiciones o comunicaciones con nuestro maestro interior (Wakakue).

Con todo lo que acabamos de señalar, no estamos desconociendo la existencia de una racionalidad, los pueblos de conciencia vital también la manejan pero no es absoluta en sí misma, ni superior o mejor a la percepción o el sentimiento. En esto es importante ver cómo la palabra kichwa (o quechua) yuyay tiene varios significados al mismo tiempo: pensar, recordar, ensoñar. La racionalidad andina no es solo pensamiento, reflexión, análisis, sino que está envuelta en el recuerdo, en la memoria. Esto implica la comprensión de que todo ya está en nosotros, y solo tenemos que recordar lo que ya sabemos. Es decir, el cosmocimiento no está afuera, sino que cada ser de la vida es depositario de toda la memoria de toda la existencia, como un holográfico (fractalidad).

De hecho, el ADN jamás se altera ni siquiera una milésima de milímetro respecto a su estructura tan precisa, ya que los genomas – partículas de información del ADN– recuerdan dónde va cada cosa, aunque se trate de tres mil millones de ellas. Este hecho nos lleva a darnos cuenta de que la memoria tiene que ser mucho más permanente que la materia. ¿Entonces, qué es una célula? Es una memoria que ha construido en torno a sí determinada materia, la cual forma un patrón específico. Nuestro cuerpo no es más que el lugar que nuestra memoria reconoce como su hogar (14).

De ahí, que la función del ser humano consciente es recordar o despertar lo que ya existe en cada uno, y para el hombre logocrático, es el acto de buscar en la mente y hacia fuera de él (teorías, bibliotecas, laboratorios). El pensamiento-sentimiento no es un acto abstracto ni aislado, es un acto que nos conecta con la con-ciencia infinita, la cual guarda toda la memoria cósmica. "La memoria andina es la co-presentación, la convivencia diacrónica, la re-vivificación de sucesos del pasado, de los antepasados, de épocas legendarias y míticas. Nada está acabado por completo, y por eso, nada puede pasar al olvido completo, porque sigue viviendo y ejerciendo su influencia (6).

Es decir, no es el acto "libre" de soltar la imaginación sino un acto de responsabilidad empática con toda la existencia. No es una imaginación individual abstracta o surrealista, sino una imaginación comprometida con todos los seres de la vida. No es una imaginación fantástica o ilusionista sino una imaginación concreta, real, pragmática. No es el asunto de elucubrar teorías (del griego theureo: admiración) sino el de interiorizar convivencias. No tiene que ver con iluminados sino con maestrías (máster: viene de madre).

Los grandes maestros y maestras que han co-existido en las culturas ancestrales, son aquellos que han despertado a su maestro interior (alma mater), el cual les enseña todo pues está conectado con la conciencia infinita. Ellos y ellas organizaron las antiguas es-cuelas iniciáticas, donde se formaba a los gobernantes, sacerdotes, médicos, astrónomos que guiaban y dirigían a sus pueblos. Fue-ron ellos los que posibilitaron el trabajo de la materia, a través de la energía, es decir, de modular y movilizar la materia solamente con energía viva. Las grandes construcciones que sobreviven (pirámides, viviendas, muros), que los científicos actuales no pueden explicar cómo se construyeron, son obra y producto de la interrelación de la energía viva y de la sabiduría sistémica fusionada con la conciencia suprema.

Por eso, en el mundo civilizatorio no hay maestras, científicas, sacerdotisas, dirigentas, pues las anularon a todas ellas, y porque los hombres anularon su lado femenino y su naturaleza perceptiva, de ahí el desbalance y la desarmonía del mundo actual. Solo desde la "liberación femenina" hay un cambio, aunque por el momento son mujeres con pensamiento, valores y patrones masculinos (machorras), pero están renaciendo las "mujeres femeninas" para equilibrar la sociedad y armonizar la humanidad, a todo nivel.

Resumiendo, podemos constatar que el acceso privilegiado del hombre andino a la "realidad" no es la razón, sino una serie de capacidades no-racionales (que no son "irracionales") desde los sentidos clásicos, sentimientos y emociones, hasta relaciones cognoscitivas "para-psicológicas" (presentimientos, afectaciones psico-somáticas, comunicación "telepática"). El runa "siente" la realidad más que la "conoce" o "piensa" (5).

Entonces, no hay algo que inventar o crear o desarrollar o evolucionar o hacer, sino conocer y sentir cada vez más las infinitas posibilidades que tiene la vida en su totalidad para compenetrarse y sintonizarse con ella (complejidad). No hay que desarrollar o hacer algo, porque ya todo está desarrollado, inventado, creado. Nadie puede hacer más allá de lo que permiten las leyes de la existencia cósmica. Lo "único" que podemos hacer es redescubrir o reconocer todo lo que ya está dado, para así guardar equilibrio y armonía con las leyes de la vida.

Los civilizadores se creen más desarrollados e inteligentes que la vida, que la naturaleza, que el espíritu, que los otros pueblos, que la feminidad, que sus antepasados, y en ese propósito han buscado modificarlo todo desde sus "egoísmos, envidias y desigualdades", como señala Jean-Pierre Dupuy en su libro El sacrificio y la envidia: el liberalismo frente a la justicia social, siendo éstos algunos de los valores a través de los cuales se ha configurado la sociedad capitalista. Y al final, lo único que han conseguido es desolación y sufrimiento para la inmensa mayoría de seres humanos y de los seres de la naturaleza en el mundo entero.

Adam Smith, uno de los más grandes economistas del dios mercado, y también considerado "padre del libre mercado", proponía en su libro La Riqueza de las Naciones, que cuanto más egoísta sea el comportamiento que tengamos, vamos a maximizar no solo nuestros intereses materiales personales sino también –a la larga– los de toda la sociedad. Así llegó a hacer una apología del individualismo y del egoísmo, presentándolos como algo natural. Muchos economistas y filósofos smithsianos reproducen hasta ahora la teoría caduca de que "el hombre es egoísta por naturaleza" para justificar sus postulados neoliberales, cuando el genoma humano y la ecología profunda han demostrado que todo en la vida funciona por cooperación simbiótica.

Este ha sido el aprendizaje de la humanidad, debía vivir todo este proceso del materialismo racionalista y llegar a lo más burdo y absurdo de lo humano, para desde ahí renacer como seres cósmicos, reconociéndose como hijos de la Madre Cósmica y del Padre Cosmos, tal cual es el despertar espiritual de la humanidad cada vez más consciente en el mundo entero. Aunque todavía a paso lento, poco a poco más personas de conciencia vitalista se van incorporan-do al camino tejido por los abuelos solares y lunares.

Siendo justamente este movimiento mucho más fuerte en los países desarrollados y civilizados del "primer mundo" (países en vitalización), donde el movimiento espiritual holístico se ha consolidado aunque todavía hay muchos rasgos de idealismo en el movimiento "new age" y en el espiritualismo "light". Pero todo eso refleja que están can-sados de tanto progreso y desarrollo (materialismo, robotización, consumismo, banalidad), y quieren regresar a la naturaleza, ya no quieren más civilización artificiosa y buscan regresar a ser culturas naturales.

Este es el ejemplo más claro para los que quieren más modernismo; el de aquellos que han vivido al máximo la civilización y el desarrollo, y hoy están luchando por regresar a una vida armónica con la naturaleza y consigo mismo. Ahí tenemos a los movimientos ecologistas, espirituales y culturales en Europa y EEUU (Gre-enpeace, Animal Naturis, America´s Forest, WWF, Indignados, etc.), que han frenado de cierta manera los avances desarrollistas y civilizadores de sus dirigentes políticos y económicos. Y su discurso toma mucho de los principios de la conciencia vitalista de los pueblos del tercer y cuarto mundo, aunque todavía con muchas cargas y deformaciones desde el reduccionismo separatista. Pero sentimos que poco a poco se irán puliendo estas visiones para que renazcan en Occidente, con templanza y firmeza, las comunidades y pueblos de Cultura Cósmica.

Ciencia y Conciencia

Según el arquetipo vitalista, el multiverso necesita estabilidad y cambio para seguir co-existiendo, sino ya no sería vida. La única constante es la estabilidad dinámica y el gran cambio (cataclismo cósmico). Por su parte, "El paradigma newtoniano y la visión moderna del mundo están marcados por la ilusión del cambio: todo parece fluir, cambiando constantemente en una dirección progresiva considerada positiva. La realidad biológica, empero es diferente; el rasgo más sorprendente de los seres vivos es la estabilidad, la permanencia (I).

El agua vaporizada no es más desarrollada o evolucionada que el agua congelada, es simplemente otra manifestación de su existencia. La vida va pasando por diferentes estados, en forma cíclica y espiral, en parejas complementarias: avanza y retrocede, sube y desciende, se abre y se cierra. Retorna en forma diferente o re-creada de otra manera, pero siempre dentro de las mismas leyes infinitas de la vida y con los mismos componentes que hacen su existencia primordial. Hay leyes estables dentro de este multiverso que no cambian, ni desarrollan, mejoran o evolucionan, sino que se vuelven más complejas. Al igual que una semilla que luego toma una forma más compleja en forma de planta; no ha evolucionado, solo se ha hecho más compleja, como semilla o como planta tiene la misma composición constituyente.

Las actuales generaciones no son más desarrolladas o mejores que las de sus abuelos, solo diferentes. Y esa variedad está en relación a cuánto se ha despertado o adormecido la conciencia, y eso no necesariamente tiene que ver con tiempo, lugar, tecnología o ciencia. Creer que un pueblo es más adelantado que sus predecesores u otros pueblos porque tiene una tecnología más sofisticada, es una aberración eufemística. El espíritu amplio y profundo de la ancestralidad contrasta con el espíritu miope y de claustro de la sociedad plástica de hoy en día

Por ejemplo, con el surgimiento de las máquinas (revolución industrial) que permitieron una mayor producción y obtener un excedente, las personas tuvieron más tiempo disponible para el encuentro en las urbes, especialmente para actividades de ocio y 149 para perfeccionar la comercialización, adquisición de bienes, etc. Todo esto determinó el surgimiento de banqueros, empresarios (capitalismo) y el crecimiento y centralización de la vida en la ciudad (civilis), todo lo cual implicó la separación real y concreta del ser humano con la naturaleza, y por ende la etapa final de remplazo del hombre natural-cultural por el hombre robótico.

Hasta antes de ello, el ser humano era otro miembro participativo de la producción junto al sol, la lluvia, los caballos, los bueyes, y demás instrumentos y medios de labranza, pero principalmente en su relación directa con la tierra, pues toda su vida dependía de ella, además de que era su piso y techo de habitación. Es decir, hasta esa época no hubo ningún instrumento que se interpusiera entre el ser humano y la naturaleza, solo habían instrumentos que eran prolongación del ser humano. Pero luego con las máquinas y la ciudad, tomaron cada vez más distancia de la tierra y de la naturaleza, y su vida se transformó en mecanismos para producir más mercancías para vender, y no para el autoconsumo como era anteriormente. Como consecuencia, si antes el ser humano se sentía parte de la naturaleza, ahora por medio de la máquina se distanció y se convirtió en su explotador. Su conciencia natural avino a una conciencia artificial que le ha conducido a sufrir más enfermedades. Si bien han mejorado la atención médica, las enfermedades se han triplicado, por lo que hoy se tiene una sociedad más enferma que las anteriores aunque hay más medicamentos. Y lo que necesitamos no es más fármacos sino más salud (vida sana), esa es la gran "rupturidad".

Entonces, todo es relativo. Hay tecnologías y tecnologías, y la tecnología no lo hace necesariamente a alguien más consciente, más prudente, más respetuoso, más alegre. La tecnología es tecnología y no dice nada más. Más bien podríamos hablar del tipo de tecnología que crea uno y otro. Si es una tecnología para la vida, para la construcción, para la estabilidad; o es una tecnología de la crisis, de la destrucción, de la dependencia, del esclavismo virtual, de la muerte ¿Y quién hace ese tipo de tecnología? Pues, el tipo de conciencia, de uno y otro estado: especializadora u orgánica.

La tecnología por la tecnología, la ciencia por la ciencia, el poder por el poder, el trabajo por el trabajo, generan la conciencia del ego, de la codicia, de la ambición, del abuso por poseer cierta tecnología con la cual sobreponerse a los demás y dominarlos. A mayor tecnología no hay mayor conciencia, pero sí a la inversa: a más conciencia es posible una tecnología, una ciencia, una vida más sana, más respetuosa, más amorosa, más sabia. La tecnología nos habrá llevado a la luna, pero no nos ha llevado a nuestro mundo interior. Nos habrá hecho más computarizados pero más des-humanizados. Habrá más equipos de comunicación pero estamos más incomunicados que antes, más solitarios y divididos de nuestros hogares, de nuestras raíces, de nuestra naturaleza cósmica.

El nivel de un pueblo no se mide por la tecnología o la ciencia, sino por la conciencia. Quien tiene una vida artificial, banal, superficial, antinatural, está en un nivel de conciencia estrecha o miope, que se refleja en su salud, en su bienestar, en su tipo de familia, en su modelo de sociedad. "Hoy es un hecho aceptado que nuestra fisiología responde espontáneamente a nuestros estados de conciencia, justo como lo decían los rishis (sabios hindúes) (14)".

Paradójica e irónicamente, el hombre moderno y desarrollado actual está más desprotegido, desolado, triste, reprimido, estresado, enfermo en su selva de cemento y su selva virtual, que el hombre de las cavernas y su cosmicidad. ¿Para qué una tecnología que oprime el alma, el sentimiento, la vida? La tecnología no debe hacer al hombre, sino el ser humano a la tecnología. Y lo que necesitamos son seres más conscientes que no creen una tecnología más desarrollada, más artificial, más pueril, más destructiva; sino una tecnología y una ciencia humana, natural, integrativa, equilibrada y armónica (en resumen: consciente) con la vida.

Paz y Armonía

Otro elemento importante para comprender las Rupturas civilizatorias y las vitalistas, es el concepto de paz y de armonía. La paz en la civilización monista no se puede comprender sin el concepto de guerra. Ya lo decía Heráclito en la etapa de estructuración del sistema civilizatorio: "Es preciso saber que la guerra es común (a todos los seres), y la justicia es discordia, y todas las cosas se engendran por discordia y necesidad". Y para los pueblos guerreristas, las disputas y los desacuerdos se resuelven solo con tratados de paz. También lo confirma Hegel: "Cuando las voluntades soberanas no logran llegar a un entendimiento, la controversia no puede decidirse sino a través de la guerra".

En esta denominada paz, quien gana la guerra impone las condiciones para no continuarla, la cual debe ser obligatoriamente acepta-da por el vencido para firmar la paz. Es decir, es el acto en el cual el vencido se ve obligado a someterse a la exigencia del otro, caso contrario continúa la masacre. Así han sido las declaraciones de paz, en la que los unos terminan cediendo posiciones a favor de los otros, los que a su vez quedan resentidos y buscando venganza en algún otro momento. Como decía el filósofo francés Pierre Proudhon: "La paz obtenida en la punta de la espada, no es más que una tregua".

La paz es para los vencedores y el rencor para los vencidos, que esperarán algún día recuperar lo que han perdido o "liberarse" de lo que se les ha impuesto; tal como decía Nietzsche: "La guerra vuelve estúpido al vencedor y rencoroso al vencido". Por lo que realmente no hay paz, especialmente para los vencidos que seguirán reclamando "justicia" y defensa de sus derechos, lo cual en un momento dado ocasionará una nueva guerra. Y así una historia interminable de guerra y paz, como la que hemos vivido en estos últimos cuatro mil años de monoteísmo uniformista, sin que se acabe la guerra ni se instale la paz como pregonan las teorías cultas, civilizadas y desarrolladas. Todo lo contrario a los 10.000 años –como mínimo– de armonía y equilibrio de la época matricial.

Paradójicamente, los pueblos "exitosos" exclaman: "Para que haya paz hay que armarse", "para resolver las crisis hay que declarar la guerra", "para encontrar la paz hay que hacer la guerra". O tienen como acción a la "pena de muerte" para exterminar a los antisociales, con el propósito de lograr la tan ansiada paz. Pero lo real, es que se han ido atrincherando cada vez más, ya que día a día hay más delincuentes que asechan a pesar del endurecimiento de las leyes coercitivas. No llegan a entender que es el sistema civilizatorio con todos sus mitos fundacionales lo que genera la discordia en todas sus formas y expresiones: delincuencia, pobreza, enfermedad, crisis económica, sufrimiento, etc.

Uno de los casos recientes más patéticos, es el del presidente de los EEUU, Barack Obama, quien al recibir el premio Nobel de la Paz hizo ver que para obtener la paz hay que estar en constantes guerras. Probablemente el presidente leyó y releyó la novela "1984" de Orwell, para preparar su discurso y seguir con las acciones que nada tienen de pacificación, pero sí de denigración y sometimiento del ser humano. La enseñanza de Obama para la humanidad, ha sido: "Para conseguir la paz hay que hacer prime-ro la guerra"; algo parecido a lo que decía el romano Marco Tulio Cicerón hace dos mil años en el comienzo del modelo civilizatorio, de ahí que no hay ningún cambio real hasta ahora: "Si ha de hacerse la guerra, hágase únicamente con la mira de obtener la paz". La libertad y la paz, son las dos más grandes falacias y mitos de la civilización o sociedad monocorde.

Algo similar sucede entre las parejas, entre padres e hijos, entre amigos, pues en su visión y estilo de vida de "lucha del bien contra el mal" (lucha de opuestos) jamás logran terminar con el mal, ya que siempre el mal es el del otro. Todos son bien y el opuesto siempre es el mal. Así son educados en la familia, en la iglesia, en la escuela y a pesar de su perdón incondicional jamás logran instaurar una sociedad sana, estable, respetuosa y armónica. El amor de los primeros meses de las parejas se convierte rápidamente en "guerra de los sexos", pues la "vida es lucha", "la vida es dura", "la vida es sufrimiento", "la vida es sacrificio"; y las culpables de todo ello son la mujer y la serpiente (naturaleza). De ahí que la mujer (naturaleza) es la que siempre debe ceder y resignarse, ya que el hombre-macho siempre tiene la razón (visión patriarcal-machista-provinciana). El sistema machista como conceptualmente (ética, moral y religiosamente) tiene la "sartén por el mango" siempre impone sus ventajas físicas y doctrinales sobre la mujer (naturaleza), la que termina cediendo ya sea por miedo, por los hijos, o por situaciones económicas.

Todo esto se debe a que las familias patriarcales-civilizatorias-religiosas se manejan por el "amor incondicional" y el "perdón inmerecido", con lo cual creen solucionar los problemas. Pero en la práctica no es así, pues sigue latente la causa que provoca el malestar, que es la idea de que solo existe una verdad, y la verdad siempre la tiene el hombre-adulto-heterosexual-blanco-rico-culto (en resumen: civilizado). Y el perdón no sirve, en la medida que la otra persona no ha tomado consciencia y no ha hecho algo por remediar lo dañado. Es por eso que el perdón religioso inmerecido no funciona, y estos pueblos y familias desarrolladas se siguen dando "golpes de pecho". El "amor incondicional", es igual al "perdón incondicional", por eso en el mundo civilizado no hay amor, es solo una aspiración idealista, un discurso poético y romántico, que no existe en la "realidad".

Los perdonadores (amadores) y los perdonados (amados) son aquellos religiosos que pecan una y otra vez, pues saben que únicamente tendrán que ir a confesarse, y que serán perdonados por el cura, con lo cual quedan listos para cometer nuevos pecados. Y así infinitamente: pecando y pidiendo perdón, culpabilizando y perdonando, castigando y pidiendo disculpas. Y siempre repiten: "si yo me equivoco, dios me perdonará". Es decir, su vida es el "valle de lágrimas" en el que pasan declarándose su amor incondicional y pidiendo perdón a su Dios, por los siglos de los siglos, amén. En cambio: "Un Dios altruista, misericordioso y bondadoso —mediante la gracia nomerecida y no-recíproca– para el varón y la mujer andinos sería un Dios sumamente arbitrario, y por ello, no confiable (6)".

En las familias de conciencia total o vitalista se aceptan las disculpas, pero tan solo como una introducción al desagravio, y no como un fin en sí mismo, como sucede en las familias civilizatorias, las cuales se contentan con simplemente perdonar lo hecho por el otro. En este caso, lo único que sucede es que el ego del perdonador se ve satisfecho por haber sido capaz de perdonar, y el ego del perdonado se siente en "paz" con el perdón del otro. Pero la causa sigue latente, y aunque el perdonado no vuelva a hacer lo mismo al perdonador, lo hará con otros. Pues aquellos que no han asumido lo que hicieron y que no han hecho algo concreto y práctico por re-equilibrar lo afectado, seguirán desequilibrando a otros, y así sucesivamente, como lo demuestra día a día la actual sociedad moderna y avanzada. En este sentido, para el sistema de conciencia vitalista "El altruismo ético y religioso no solamente no es un ideal, sino más bien es una amenaza para el orden social y cósmico (6).

Las culturas y familias del Estar Armónico practican la restauración y la reposición, en vez de la paz y el perdón. Cuando un pueblo, una familia o un individuo, han sido agredidos o ambas partes se creen afectadas, ellos van a la causa que ha originado el malestar y la intención es reconciliar posiciones, de tal manera que a la final todos se sientan satisfechos. Si alguien ha cometido un acto grave, no es suficiente con que pida disculpas o perdón, sino que debe restablecer el equilibrio, debe compensar de una u otra forma al otro, hasta que éste se sienta relativamente satisfecho y no guarde rencor o deseos de venganza.

No aporta el enviar a la cárcel a quien ha desarmonizado la vida, pues el desequilibrio sigue latente. Ese desequilibrio continuará desarrollándose y afectando a toda la sociedad en su con-junto. Es un sistema en el cual los que dicen ser justos tienen que estar defendiéndose de los supuestos injustos. Siendo eso lo que hemos vivido todos estos más de cuatro mil años, este sistema del pecado, la culpabilidad, la penalidad, el perdón y la redención divina (ojo por ojo). En el otro caso, tiene que resolverse el conflicto mediante la restauración o la reposición, que es el acto de limpiar y ordenar el desequilibrio provocado, pues se sabe que si un individuo o una familia o un grupo está en desequilibrio, son un "germen" para que otros se sigan desarmonizando. Por ello, cuidan celosamente que en cada familia o grupo se restablezca el equilibrio. Y ésta es una acción de todos, no de un grupo o persona (juez) que hace justicia a nombre de los demás, como hacen en las sociedades patriarca-les-punitivas, sino que todos se apersonan de la situación. Sienten y saben que su arreglo les compete a todos, pues está en juego la sobrevivencia de toda su comunidad o nación. Además, ésta es otra forma de educación para despertar una conciencia armónica entre todos los miembros de la comunidad, y para re-aprender a convivir dentro de las leyes de la naturaleza, es decir, de la vida.

Es importante anotar aquí ciertas deformaciones que se han introducido en algunas prácticas modernas y que son ajenas a la realidad ancestral. Los llamados casos de la "justicia comunitaria o indígena", que en el fondo no tienen nada de la conciencia andina, sino mucho de las formas religiosas semitas antiguas, de cómo los judíos castigaban a sus herejes, o de cómo hicieron con Jesús golpeándolo con ramas de olivo, para finalmente ser azotado por los soldados romanos. Estas prácticas fueron introducidas por las religiones flageladoras y auto-flageladoras, presentadas como ejemplo de sacrificio, temor y amor incondicional a Dios. Y ahora, son reproducidas por muchas comunidades como prácticas ancestrales de justicia, lo cual es verdad, pero de la justicia semita y no de la andina.

Estas prácticas hoy llamadas "indígenas", y defendidas por ciertos "movimientos indígenas", se parecen a otras situaciones similares, como el caso de los vestidos que actualmente utilizan. Ropas que les fueron impuestas por los hacendados luego de la revuelta de Tupak Amaru en Perú y de Tupaq Katari en Bolivia. Los gamonales y los capataces pusieron en práctica la orden de la realeza española que buscaba, a través de este medio, despersonalizar y alienar a las comunidades. Hoy las llevan con orgullo y creen que son ancestrales, pero fueron impuestas con el propósito de uniformarlos y para identificar a qué hacienda pertenecían, en caso de que se fugasen, al igual que los animales. Hasta hace unos 100 años atrás, todavía se vendían haciendas con tantas hectáreas, tantos animales, tantas plantas y tantos indios. Pero lo más paradójico es que en muchos casos, los vistieron con ropas de corte español e inglés, como los sombreros, las polleras, las alpargatas, los ponchos, las blusas, los pantalones a media altura. Y por otro lado, les cortaron el pelo largo a los hombres, con lo cual les cortaban su fuerza energética, espiritual y cultural, salvándose tan solo unos pocos grupos que conservan hasta la actualidad el pelo largo (algo también por recuperar).

Algo parecido sucede con la curación con el huevo (en Amerindia no habían gallinas) y la vela (aunque sí con el fuego), que son prácticas españolas. Por eso muchos de los curanderos en la actualidad siguen leyendo las cartas españolas en conjunto con el huevo y la vela. Prácticas que fueron aprendidas de las "brujas" españolas, las que perseguidas por la "santa inquisición" huyeron a Amerindia. Y eso mismo sucede con ciertos animales (vacas, gatos, ovejas, puercos, caballos, etc.) traídos por los conquistadores, pero muchos creen que han existido por siempre en América.

E igual acontece con la llamada "música y danza folclórica o andina", que tiene más de español que de andino. Y así con muchas otras prácticas asumidas e integradas por las comunidades, especialmente a nivel religioso. Llamadas sincretismo, no son más que formas de encubrimiento de lo nativo u originario, bajo ciertos símbolos andinos (Federación de Indígenas Evangélicos del Ecuador). Sin saberlo, hoy los denominados movimientos "indígenas" reivindican estas prácticas de justicia, medicina, vestuario, música, etc., calificándolas de formas culturales propias y ancestrales, lo cual es totalmente falso.

Es interesante también anotar que muchas culturas ancestrales no poseen en sus lenguas las palabras paz, perdón, culpabilidad, por ende, los conceptos. Y de la misma manera, tampoco existen en la naturaleza, ni en la realidad del cosmos, solo en la mente de ciertos grupos humanos civilizados (léase antinaturales). Qué animal puede estar en "paz" en la naturaleza, si sabe que puede ser comido por otro animal. Ellos saben que la vida se reproduce por-que unos se comen a los otros, entonces ellos están atentos y no en paz. Cómo pueden estar en paz los animales y las plantas, si saben que los hombres civilizados en algún momento los asesinarán.

Por ello, en las culturas del Convivir Sagrado se practica la "muerte ritual", en la cual se pide permiso con anterioridad al espíritu del animal que se va a matar, para que éste acceda y entregue su vida. Luego de que ha sido matado, se siguen haciendo cantos u oraciones, para recompensar y restablecer el desequilibrio provocado, y así volver a equilibrar la vida. Las sociedades domesticadoras han llegado al extremo de criar animales en invernadero, dándoles de comer con hormonas para engordarlos rápidamente, para luego asesinarlos y enviarlos a los supermercados para el gran festín del consumo y la gula (obesidad, diabetes).

En resumen, cuando se busca la paz se está convocando a la guerra, pues cada cual va a defender su paz, y como todos tienen su visión de la paz van a terminar haciendo la guerra. La paz de las monarquías es diferente a la paz de los socialistas, la paz de los economistas a la paz de los científicos, la paz del mercado a la paz de los artesanos. De ahí que este concepto es una falacia más, por tan utópico y bonito que parezca.

Ya lo decía Benito Mussolini: Ante todo, el fascismo, en lo que concierne de una manera general al porvenir y al desarrollo de la humanidad –haciendo abstracción de toda consideración de política actual–, no cree en la posibilidad ni la utilidad práctica de la paz perpetua. Rechaza el pacifismo, que oculta una renuncia a la lucha y una cobardía ante el sacrificio. Sólo la guerra lleva al máximo de tensión todas las energías humanas e imprime un sello de nobleza a los pueblos que tienen la virtud de afrontarla. A su vez el comunista Mao Tse Tung señalaba: La tarea central y la forma más alta de toda revolución es la toma del poder por medio de la fuerza armada, es decir, la solución del problema por medio de la guerra. Este principio marxista-leninista tiene validación universal.

En esa conciencia, el Sistema Vitalista promueve la armonía a partir de buscar consenso y concertación entre las partes en disputa. A través de técnicas de mediación de conflictos se busca la participación directa de los afectados, los cuales deben tener la capacidad de armonizar las posiciones y de restablecer el equilibrio. Esto se puede hacer a nivel individual, corporativo, grupal, comunitario. Y de hecho, ya ha comenzado a practicarse en ciertos lugares del mundo, y este sistema viene de ese antiguo sistema basado en el principio de "la armonía de complementarios".

Entonces, "[…] habrá que superar concepciones antropomórficas y androcéntricas, de "sacrificio", de "restitución", de "justificación" y reemplazar-las por concepciones más ginosóficas y cosmocéntricas, tales como, "equilibrio", "armonía", "restablecimiento de la red de relaciones", "articulación" y "síntesis". Todo tipo de exclusividad –desde la "pre-destinación" hasta la "salvación individual del alma"– queda lejos de una teología verdaderamente intercultural y sensible a la perspectiva de género" (6).

Libertad e Integralidad

Otro de los puntales de la visión civilizatoria es la búsqueda de la libertad, de algo que los haga sentirse libres. A partir de esa idea de libertad, hablan de libertad de empresa, libertad de competencia, libertad de mercado, que se resume en lo que actualmente llaman el neoliberalismo. Tendencia ésta de Derecha, diferente a la tendencia de Izquierda que plantea una libertad de pensamiento, de creencias, de expresión, de organización. Sin embargo, estos 159 conceptos de la libertad de la Izquierda han sido absorbidos también por la tendencia de Derecha, y más bien se han convertido en parte de su discurso fuerte de hoy en día. Así, la Derecha ha ido cooptando y asimilando una serie de elementos reivindicativos populares, todos los cuales son digeribles a sus intereses mientras siga intacto el poder ontológico, epistemológico, axiológico que sostiene todo el sistema civilizatorio.

¿De qué sirve tener "libertad de expresión" si no se tienen los canales y los medios de comunicación para difundir las ideas, propuestas, comentarios, pues los pocos que existen están acaparados y monopolizados por grupos de poder que tamizan la información de acuerdo a sus necesidades? Como decía el escritor británico Samuel Jhonson: "La libertad, por lo que respecta a las clases inferiores de cada país, es poco más que la elección entre trabajar o morirse de hambre". Es decir, esa libertad solo existe para quienes tienen los recursos económicos suficientes para formarse y repetir un discurso teórico aprendido, que es lo que el sistema necesita para mantener-se y consolidarse. Todos aquellos en una posición diferente y que no están adaptados para reproducir los esquemas "únicos y universales" del sistema monódico, son simplemente catalogados de extremistas o terroristas y sus opiniones son desechadas.

Por otro lado, muy bien sabemos que los periódicos escriben de acuerdo a lo que más compra el lector (sensacionalismo). Saben que la crónica roja y el morbo son los que tienen más audiencia, es decir, se ofrece lo que el mercado pide y se hace la noticia para que sea la más vendida. El fetiche de la libertad de expresión rendido al dios mercado. En definitiva, tanto izquierdistas como derechistas (sistema monoico) se sientan en la misma mesa para hacerle el juego a la "libertad de expresión", que en la práctica es el medio de control ideológico y político a los pueblos, por los teóricos de la ilustración positivista y por los intelectuales de la modernidad y el desarrollo, en sus dos vertientes. Hemos pasado del bipartidismo liberal-conservador al bi-ideologismo liberal-socialista, es decir, un cambio de forma.

Eso es lo que hemos vivido desde el surgimiento de las ideologías, políticas y cosmologías en la Grecia logocrática hasta nuestros días. Cada pensador, teórico, o líder, surge con una idea que se convierte en una moda que dura un tiempo y que luego es reemplazada por otra, pero que fundamentalmente mantiene los mismos valores, estructuras y categorías de su central embrionaria. Así por ejemplo, tanto los de Derecha como los de Izquierda hablan de la libertad, que es lo que los une en esencia, y tan solo existen ciertas diferencias, como cuando se habla de la libertad del mercado y de la libertad del Estado regulador.

Es la libertad monoica del sistema monoico. Diferencias que solo son formales pues la esencia de sus convicciones está guiada por la libertad, la liberación, la emancipación. Carlos Marx decía: "Nadie combate la libertad; a lo sumo combate la libertad de los demás. La libertad ha existido siempre, pero unas veces como privilegio de algunos, otras veces como derecho de todos". Recordemos que el socialismo libertario y el marxista emergen como las primeras corrientes de pensamiento ordenado y como las grandes expresiones libertarias de la sociedad moderna que cuestiona pero asimila lo mejor del pensamiento liberal. Entonces, no se trata de debatir entre la veracidad o validez de una y otra teoría de la libertad, sino si es real o no la libertad. De ahí que las diferencias entre socialistas y capitalistas son formales, pero las diferencias de ambos con el sumak kawsay- vitalismo, son de fondo ("rupturidad").

¿En realidad existe la libertad, o es una falacia de la civilización monomaníaca? Se dice que la palabra libertad viene de una antigua lengua indoeuropea, asociada a la idea de soltar o de dejar partir a alguien que estaba preso. Fue en la Revolución Francesa que tomó otro significado, cuya idea era de que el pueblo debía dejar de ser "prisionero" de los reyes y de sus imposiciones feudales, por lo que se comenzó a hablar de una libertad política. Posteriormente esa idea de libertad política se profundizaría con la idea de una libertad individual, para terminar en el concepto posmoderno de 161 la libertad existencial.

Hoy, es el principal referente que utilizan todos para hablar de su libertad, de la "libertad de hacer cualquier cosa", llamada por otros libertinaje, por lo que hablan de libertad con responsabilidad. Pero al final, la libertad en todas sus variantes y matices ha resultado ser inmanejable, viéndose obligados a coartarla y delimitarla cada vez más, con un sinnúmero de leyes reguladoras y prohibitivas. De esta manera, ha demostrado el mismo sistema que la libertad es un anacronismo más de la civilización megalómana.

Lo cierto es que esta creencia de la existencia de la libertad ha conducido a fenómenos como el individualismo, el aislamiento, el egoísmo, la soledad, la depresión, y se dan principalmente en los países de la "cultura coca-cola", pues como bien dice Carmen Diez de Ribera: "La soledad es el precio de la libertad". Un artículo publicado por El Comercio de Quito, anota bajo el título: "Casi el 40 por ciento de los europeos padecen enfermedades mentales". Los europeos están asediados por las enfermedades mentales y neurológicas, y casi 165 millones de personas, el 38 % de la población del continente, sufren cada año de un desorden cerebral (depresión, ansiedad, insomnio o demencia) "Los trastornos mentales se han convertido en el mayor desafío para la salud de la Europa del siglo xxi", dijeron los autores del estudio.

El Dr. H. U. Wittchen lideró un estudio de tres años que cubrió 30 países europeos –los 27 de la Unión Europea más Suiza, Islandia y Noruega– y una población de 514 millones de personas. Los resultados, publicados por la revista European College of Neurop-sychopharmacology (ENCP), mostraron una "carga sumamente alta" de trastornos de salud mental y enfermedades cerebrales, dijo el autor a periodistas en una sesión informativa en Londres. Los trastornos mentales son una causa importante de muerte, incapacidad y una carga económica en todo el mundo, y la Organización Mundial de la Salud prevé que para el 2020 la depresión será el segundo mayor contribuyente a la carga mundial de enfermedades en todas las edades. Wittchen dijo que en Europa ese futuro sombrío había llegado pronto, y que las enfermedades del cerebro ya eran el mayor contribuyente a la carga de enfermedades de la UE.

Para las culturas comunitarias no existe la idea de libertad, tanto es así que ni siquiera existe la palabra libertad. En ninguna de las lenguas de Amerindia existe esta palabra, y peor el concepto de la libertad individual y existencial. Existen palabras similares, pero tan solo como verbo y no como adjetivo, como una acción y no como un estado. Para los pueblos del Estar, la vida es interrelación, intercomunicación pues todo está unido y entrelazado, por lo que nadie puede salirse de la ley de la vida. "En la tradición occidental, un problema espinoso siempre ha sido la cuestión de cómo los sujetos autónomos suficientes (sean humanos o divinos) pueden entrar en relación con otros, sin dejar de ser soberanos, libres y absolutos (5).

¿Quién es libre de comer, dormir, soñar? ¿Quién es libre del sol, de la lluvia, de respirar, de tener sed? ¿Quién puede ser independiente de la naturaleza, de la muerte, del miedo, del dolor? ¿Es qué hay alguien aislado, autónomo, soberano, desconectado, separado de la vida, de la naturaleza, del cosmos, de sus ascendientes, de sí mismo? El más grande ermitaño podrá aislarse lo más que pueda y creerse que es libre, pero no podrá aislarse del frío, del hambre, de sus necesidades fisiológicas, alimenticias, materiales.

Siendo esa la historia civilizatoria: la lucha entre los que se creen más libres y los que toman el rol de esclavos, explotados, pobres. Es una lucha entre quienes son libres de unos, pero esclavos de otros, y viceversa, o "Entre los que piensan (cogito) y los que son pensados (cogitata); entre los que dan créditos, y los que son endeudados; entre los que tienen la información, y los que son desinformados; entre los habitantes de la 'aldea global', y los excluidos de sus bondades" (5).

El que se cree libre, esclaviza a los que no están de acuerdo con su libertad. Quien se cree más libre que los otros, es más esclavo 163 de sí mismo, pues es esclavo de su ego y de sus fantasías individuales. Así, por ejemplo, Fernando Sabater, en su Ética para Amador señala: "No somos libres de elegir lo que nos pasa, sino libres para responder a lo que no nos pasa de tal o cual modo: obedecer o rebelarnos, ser prudentes o temerarios, vengativos o resignados. Ser libres para in-tentar algo no tiene nada que ver con lograrlo... Si no me conozco ni a mí mismo, ni al mundo en que vivo, mi libertad se estrellará una y otra vez."

En la naturaleza tampoco existe la libertad y menos la idea de hacer "lo que venga en gana". Es decir, en la vida, todos se necesitan los unos a los otros, el fuego sin el aire no coexistiría, el invierno sin el frío no es posible. Entonces, la vida es simbiosis, ayuda mutua, comunión, organicidad, correspondencia, reciprocidad. No es la lucha entre diferentes teorías de la libertad, en la que cada cual defiende su libertad, llegando al extremo de matar en nombre de la misma, al igual de como se matan en nombre de su dios único y verdadero. Cada cual tiene su idea de libertad y si alguien no está de acuerdo, es atacado y exterminado en su nombre, como decía irónicamente Voltaire: "Proclamo en voz alta la libertad de pensamiento y muera el que no piense como yo".

Los grandes maestros y maestras que han intentado conocerse a sí mismos y al mundo en que han vivido, han entendido que la libertad es una gran ilusión, pues en la realidad de la naturaleza solo existe la interrelación en equilibrio y la interdependencia en armonía entre todos los seres de la vida. Esa es la gran realidad, estamos en un mundo intervinculado, en el que ningún ser está suelto, conformando otro mundo independiente del otro. Todos somos parte de la gran telaraña, sujetos a las mismas leyes de la naturaleza, y nadie puede alterar ni irse en contra de dichos principios de vida común para todos (vitalismo).

La ciencia quántica es muy clara: ningún quantum, átomo, partícula, elemento está aislado, libre, independiente, absoluto, autónomo, soberano... todos están siendo parte de un todo interrelacionado. Y todos los objetos sólidos están formados por vibraciones invisibles, dicho de otra manera, los objetos sólidos tienen vibraciones densas o en un plano más bajo, y por ejemplo, el vapor tiene una vibración más fina o en un plano más alto. Y el plano más alto es un sonido que, que vibra a una frecuencia millones de veces por debajo de los límites del oído humano.

Democracia y Consensocracia

Otro contraste básico y fundamental son los conceptos de democracia y consenso. La democracia es una forma de organización y de gobierno, en la que se imponen las decisiones de las mayorías sobre las minorías. Aquí también se dividen los conceptos de democracia, entre los de Derecha e Izquierda. Los unos plantean la democracia representativa o también llamada la dictadura del voto de la mayoría; los otros, plantean la democracia comunista o la dictadura de la clase obrera. En el fondo ambas hablan de dictadura, y eso también las asemeja. Así lo atestigua la historia; por ejemplo, el fascismo franquista o nazista (Derecha) y el estalinismo (Izquierda). El nazismo (nacional socialismo) fue la mejor ex-presión de la dictadura capitalista, y el estalinismo, de la dictadura del proletariado. Tanto el régimen estalinista como el nazi fascista fueron los más grandes depredadores de intelectuales comunistas que se les opusieron, como Trotski, Zinoviev, Kamenev, Bujarin, Tujachevski, entre miles.

En todo caso, ambas tendencias siguen la línea de que las decisiones de la mayoría deben estar sobre las de la minoría. Vemos una vez más que, en el fondo, ambas posiciones no son dispares sino que son parte de un mismo sistema primigenio, de una misma raíz y tronco, aunque con diferentes ramificaciones. Tal como sucede entre los religiosos: cristianos, musulmanes y judíos. Son 165 religiones de primos hermanos, que se han venido peleando por ser la iglesia y el pueblo elegido por dios para gobernar al mundo entero. ¿Cuál es la rupturidad?

A la democracia participativa de los países nórdicos se la considera la democracia más evolucionada, poniéndosela de ejemplo para los otros pueblos y sociedades. Quizás sea la más desarrollada, y podrá desarrollarse aún más, pero seguirá siendo el sistema de la imposición de unos sobre otros. Y mientras exista la imposición –aunque sea mínima– siempre habrá un grupo que no esté de acuerdo, y se sentirá desplazado o relegado y se esforzará por ganar su espacio, como se puede ver claramente con los grupos culturales, homosexuales, ecologistas, espirituales, etc., en dichos países. Es decir, siempre la lucha y la confrontación entre los oficialistas y los opositores; cuando están en el gobierno asumen el papel de gobiernistas y los otros de opositores, y después solamente cambian de actores, pero dentro del mismo juego. Esto sucede en el bipartidismo de republicanos y demócratas en EEUU, o de los populares (PP) y los socialistas obreros (PSOE) de España.

Es el gran juego de la democracia que distrae al pueblo y que permite mantener el sistema en esa aparente lucha de oposición, cuando en la práctica son disputas por el poder dentro del mismo sistema básico: la democracia. Y cuando hablo de democracia, me refiero a todos los tipos de democracia con sus múltiples apellidos: representativa, participativa, directa, concertativa, consensual, y demás inventos taumaturgos por salvarla. Nietzsche ya decía que la democracia es pura hipocresía, falsedad, engaño, es el modo de vivir en el cual, si uno asoma un poco la cabeza, se la cortan.

Y eso mismo sucede a nivel mundial. Por ejemplo en la ONU, solamente los siete países que tienen el voto dirimente siguen imponiendo su democracia, su libertad, su paz, su desarrollo, su integración, su justicia, sus derechos humanos, a la mayoría de los pueblos del mundo. El caso más claro y patético son las discusiones sobre el cambio climático: los países industrializados o desarrollados siguen determinando la vida de todo el planeta, a pesar de que son una minoría. Los países llamados "tercermundistas" son la mayoría pero no tienen ninguna fuerza decisoria.

La democracia del Club Bilderberg reúne anualmente a los "dueños del mundo" para tomar nuevas decisiones. Integra a grandes banqueros, industriales, líderes políticos, jefes de gobierno, economistas, científicos, académicos, miembros de la realeza europea, magnates de los medios de comunicación, artistas y deportistas famosos y los más ricos del mundo, dirigentes del Chase Manhattan Bank, Goldman Sachs, Banca Morgan, Bundesbank, Deutsche Bank, Barclays, Société Générale de Bélgique, UBS, Daimler-Chrysler, Volkswagen, Fiat, Renault, France Telecom, British Telecom, Microsoft Corporation, Royal Dutch/Shell, Danish Oil, Heineken, Carlsberg, Coca-Cola, Siemens, Bayer, Nokia, Vodafone, Ericsson, Nestlé y otros "sumos sacerdotes" del capitalismo mundial.

El Club se fundó en 1954, en medio de los fragores de la segunda guerra mundial, con el propósito de "fortalecer la unidad atlántica, frenar el expansionismo soviético y fomentar la cooperación y el desarrollo económico de los países del área occidental, y con ello favorecer la gobernabilidad mundial (global governance). Pero después abarcó nuevos temas: el pos-capitalismo, la globalización, la energía nuclear, la seguridad universal, las cuestiones ambientales, la revolución digital y biotecnológica. Sus fundado-res fueron David Rockefeller, de la dinastía del Chase Manhattan Bank; Giovanni Agnelli, presidente de la Fiat; Henry Kissinger, político norteamericano; Denis Healy, ministro de defensa inglés; el príncipe Bernardo de Holanda; Joseph Retinger, masón judío de origen polaco;

Colin Gubins, director del British Special Operations Executive; y el general Walter Bedell Smith, embajador norteamericano en Moscú.

Así mismo, la democracia tampoco existe en la naturaleza, nada funciona por la imposición del calor contra el frío, o del día contra la noche. En la naturaleza, en el cosmos y en el propio cuerpo humano, todo funciona en equilibrio y en armonía para que se desenvuelvan en forma dinámica y simbiótica. Y solo cuando se alteran estas leyes surgen las enfermedades, ya sea por exceso de calor (fiebre) o de frio (pulmonía). Esto quiere decir que la vida natural siempre está guardando correspondencia y complementariedad entre todas las fuerzas constitutivas para que se mantenga y se prolongue la vida (estabilidad).

Aplicando lo mismo, las comunidades y familias holísticas practican el consenso o la concertación, mecanismo a través del cual se busca congeniar diferentes posiciones o fuerzas. Y en ese propósito cada parte debe ceder posiciones hasta llegar a un acuerdo común que satisfaga a las partes. En el consenso se trata de buscar –por todos los medios y formas– la conciliación de todas las posiciones exclusorias, hasta que se transformen en complementarias inclusivas y sea posible la convivencia. Así todos son tomados en cuenta y son partícipes de la creación social en común. Lo que no implica que desaparezca la diferencia o la contradicción, la cual es inmanente a la vida, por lo que no se trata de acabar con los antagonismos sino de armonizarlos, esa es la gran "rupturidad" entre uno y otro sistema.

No es el propósito uniformizar a todos como lo busca el capitalismo, o igualar al mundo como lo pregona el socialismo, especialmente los socialistas posmodernos ("iguales diversos"), sino respetar y valorar la diferencia pues es necesaria y parte de la vida natural (vitalismo). Entendiéndose que la contradicción natural no es combate o competencia sino variedad complementaria. Es más, sin diversidad no hay vida. Esto es lo que tanto le ha molestado al paradigma civilizatorio en estos dos mil años y ha querido "resolver" (léase eliminar) todo tipo de diversidades o variedades; especialmente de las minorías culturales, sexuales, religiosas, étnicas, etc.

La diferencia no necesariamente tiene que provocar confrontación, sino puntos de vista disímiles que permitan apoyarse mutua-mente para que todos florezcan. Tal como sucede entre hombres y mujeres, que tienen dos formas de pensamiento y sentimiento que no son excluyentes la una de la otra, sino que más bien son complementarias, y esa diferencia que se respeta y que se valora es la que enriquece a las parejas y a la vida en general. En cambio, la "solución" del paradigma democrático ha sido resuelta con el dominio del hombre adulto-blanco-heterosexual, y la anulación de todo lo que no coincida con este molde uniformizante androcéntrico.

La civilización contranatura ha experimentado con cantidad de modelos sociales en apenas dos mil años, en cambio, los pueblos solares y lunares, por más de cincuenta mil años han reproducido el modelo de la naturaleza (vitalismo), solo buscando que sea cada vez más armónico y equilibrado, y ése es el desafío para las actuales generaciones. No fueron pueblos perfectos ni ideales, ni sin problemas ni guerras, pero su propósito no era oponerse a la naturaleza como lo ha hecho la "civilización anti-salvaje" (tautología), sino adentrarse cada vez más en la naturaleza primordial, para convivir en sinergia y sincronía total. Ahí está la gran "rupturidad" entre unos y otros: la democracia y política civilizatoria o el consenso y la conciencia de las culturas cósmicas.

Las teorías del desarrollo han ido calando paulatinamente en todos los ámbitos y quehaceres del ser humano civilizado, llegando incluso al campo psico-espiritual con las denominadas teorías del desarrollo personal o crecimiento personal, muy en boga en la actualidad. Muchos terapeutas, sanadores, psicólogos, plantean esta vía como una vía de cambio, de sanación, de elevación espiritual. El propósito y la intención siguen siendo los mismos, es decir, la idea de lograr a futuro, el cambio, el desarrollo, el progreso; bajo la idea de que al humano le falta algo (tener más). La intención es que debe desarrollarse en el propósito de que un día conseguirá la 169 felicidad, el amor, la salud, y todo aquello que no le permite vivir en paz y libertad.

Estas teorías proponen que el humano es imperfecto y que debe crecer para llenar los vacíos que tiene, con lo cual encontrará la sanación y bienestar que le hace falta. Con ese objetivo, los desarrollistas hacen cantidad de cursos, terapias, meditaciones, ejercicios, con la esperanza de que algún día lograrán conseguir la dicha y la iluminación. Pero como su idea del desarrollo es infinita, jamás llegan a sentir la felicidad que anhelan pues siempre ambicionan algo más, siempre creen que debe haber otra cosa que les pueda hacer más felices. Consiguen algo y se sienten felices por un lapso, pero luego se reproduce la idea de que deben desarrollarse más, y como esto no tiene límite en el futuro ideal que aspiran, siguen en la búsqueda de lo que creen será mucho mejor y más evoluciona-do. Así terminan su vida sin sentir que han logrado lo que buscaban, pues nunca estuvieron contentos con lo que tenían, siempre queriendo y necesitando algo más. Así de repetitivo y redundante durante toda su vida.

El desarrollo que alcanzan resulta ser solo un cambio en la forma y no en el contenido o en el fondo, que sería Estar en amor, felicidad, salud, alegría…, quedándose atrapados en los medios y formas (sociedad tecno-mórfica) de cómo llegar al amor, pues su propósito no es estar en amor sino en tener más y mejor amor. Por lo que nunca se sienten efectivamente en amor, sino solo por momentos y luego están tristes porque quieren algo más: nuevo y superior.

Son estas teorías del desarrollo las que inducen a pensar y actuar de esa manera, a estar siempre en esa actitud ambiciosa y al mismo tiempo de insatisfacción, al querer más y mucho mejor. Al final, todo ese deseo de desarrollarse se transforma en sufrimiento cuando no se hacen realidad sus anhelados sueños, y lo que ter-minan obteniendo es cáncer: que es el crecimiento ilimitado de células malignas.

La labor de los progresistas y evolucionistas no está canalizada para dar un salto de conciencia, sino al desarrollo de la mente. La ley de la naturaleza enseña que ningún cambio en la vida se produce por desarrollo sino por saltos cualitativos (Pachakutik). Lo otro es girar en el mismo disco, en el que cambia solo la presentación o rostro, mientras sigue intacta la raíz generadora de todo ello, que es la idea del Ser Algo, Tener Algo, Hacer Algo, en algún momento o situación futura.

Eso es lo que hemos vivido en estos siglos civilizatorios, solo cambios de forma; mientras en la época matricial tuvimos siglos de estabilidad dinámica. Como decía Einstein: "En tales momentos imaginamos que estamos parados en algún punto de un pequeño planeta y contemplamos con admiración la fría (y sin embargo, conmovedora y emocionante) belleza de lo eterno e insondable. La vida y la muerte confluyen y no hay ni evolución ni destino, solamente estar."

Las culturas conciénciales o vitalistas han hablado por siglos, en todos los lugares y en todas las culturas de la Gran Matria, sobre el despertar o reactivación de la conciencia. Su percepción es que no nos falta algo, sino que cuando se manifiesta una actitud antinatural desarmónica, se produce una acumulación de deformaciones que luego se convierten en una carga pesada de transportar y que genera la idea de que algo falta. Por otro lado, su planteamiento es que la felicidad, el bienestar o cualquier cosa en la vida, solo co-existe y se reproduce en el presente, ahí es donde se re-construye el futuro.

Para la conciencia del Estar, lo "real" es lo que existe en el presente, y si en ese presente no se es feliz o realizado, el futuro será igual. Solo cuando la persona se apodera del presente, es feliz en ese instante, pues sabe que no existe el futuro, que éste es solo una prolongación del presente. Su propósito no es mañana sino ahora y ese ahora es Estar en felicidad, pues no sabe si habrá o no habrá otro momento, más que ese instante en el que está conviviendo-coexistiendo, por lo que lo vive con intensidad, lo agradece, y se siente satisfecho y completo. 171

Los aymara lo entienden claramente cuando remarcan el tiempo presente como un estado pleno y total. Ellos hablan de cinco tiempos-espacios (Pacha): el antes (pasado), el después (futuro), y el ahora (presente), y dentro de este presente, el tiempo intenso (sinti pacha), y el tiempo eterno (wiñay pacha). En base a esta concepción natural, saben que cada momento de la vida es mágico y preciado, lo cual devuelve la capacidad de expresar lo más bello del ser, en el aquí y el ahora, re-encantándose de la vida.

El ser humano consciente no aspira un día a encontrar el amor, sino que está en amor en el presente y cada día reactiva o enciende el amor que está todavía inconsciente u adormecido, es decir, se interna cada vez más en los misterios del amor. Se concibe que ya es alegría, y a esa alegría ya existente, la va redescubriendo aún más en sus diferentes facetas. Sabe que la alegría siempre está consigo mismo y que no tiene que estar buscando fuera de sí, que está ahí siempre latente y la va nutriendo día a día, sin la idea de que será mejor, sino diferente. La va conviviendo en las diferentes expresiones de lo que ya está determinado por las leyes propias de la vida, y no de su ego o de su ilusión. No existe camino al amor, el amor es el camino; esto es algo difícil de entender para la civilización.

La conciencia vitalista concibe que la vida esté formada por diferentes niveles de conciencia, los cuales deben ser activados o encendidos para entrar en ese estado o frecuencia. En un sistema vitalista, ese es el accionar natural, pero en el modelo civilizatorio actual, la conciencia no es despertada sino más bien adormecida por el tipo de educación y por las creencias que se tienen. Si un niño fuera criado y educado para despertar todas sus capacidades inmanentes, en su condición y cualidad de que es toda la inteligencia y todo el talento fecundo y amoroso de toda la existencia, sería capaz de ejercer y aplicar todos los poderes de la vida en su camino personal. Siendo éste el propósito y misterio de la vida humana para los pueblos sagrados y cósmicos: el fusionarse conscientemente con todo el poder de la vida, guardando equilibrio y armonía en todos los actos y manifestaciones de su vida particular y en sincronía con la totalidad.

EL DESARROLLO: ÚLTIMO SUSPIRO CIVILIZATORIO

La Buena Vida clásica (helénica-romana), pasando por el Buen Ilustrismo hasta el posmoderno Buen Vivir del siglo xxi, ha sido el proceso de más de 2.000 años del modelo civilizatorio monoico por ir evolucionando, progresando y desarrollando las técnicas, los métodos, las ciencias, los dogmas, las teorías, para perfeccionar la subyugación y dominación de la naturaleza, de la mujer, de las etnias, y de los esclavos modernos. Del deicidio al etnocidio y del ecocidio al tiempocidio (falta de tiempo), el tránsito del perfeccionamiento civilizatorio para especializarse en las formas de sometimiento de quienes deben encargarse de expoliar al máximo la riqueza de la naturaleza para beneficio de una élite: la cima del monoteísmo.

Desde la esclavización corporal a la esclavización emocional, mental y espiritual, hasta su completud y consolidación con la esclavización de la conciencia, eufemísticamente hoy llamada libertad de conciencia, mediante su máximo principio: competencia y excelencia. Para el vitalismo la más clara posibilidad de terminar con todo tipo de servilismo es por medio de "la proporcionalidad complementaria" pues "la lucha de contrarios" siempre generará esclavos y esclavizadores, en un nuevo nivel y escala, tal como nos enseña la experiencia vivida: esclavismo propiamente dicho, feudalismo, capitalismo, socialismo, con sus diferentes fases y niveles entre ellas. Encontrándonos ahora en un nuevo estadio del capitalismo y quizás el último, al cual los modernos esclavistas llaman pomposamente desarrollo, convirtiéndose en la palabra divina más importante de esta época. Solo cambio de nombres, de la extirpación de idolatrías a los proyectos de ayuda al desarrollo, que cumplen iguales propósitos. Así mismo, es importante anotar que en las lenguas nativas de Amerindia tampoco existen las palabras "desarrollo" y "progreso".

El capitalismo en su proceso de configuración tuvo su gran impulso con la denominada revolución industrial, llegando a la cúspide con la revolución informática actual. Los resultados de este proceso de desarrollo material y tecnológico, ha sido la globalización de la economía de mercado y la virtualización banal de la vida (sociedad mórfica). A su vez, la mundialización de la comunicación y de los medios de transporte, después de la invasión y sometimiento de los pueblos vitalistas, están provocando la inexorable conquista del corazón y el alma (conciencia) de Amerindia y del mundo entero.

El Dr. Rodrigo Borja, en un artículo de El Comercio de Quito, acota: "El imperialismo sabe que las guerras del futuro bajo la revolución digital, no serán operaciones de tropas aerotransportadas ni desembarcos de infantes de marina, sino acciones ofensivas de naturaleza electrónica, y necesita aliados en todo el mundo: bombardeo de virus electrónicos para poner en jaque puntos vitales de un país, redes de informática, comunicaciones, servicios públicos, sistemas logísticos, infraestructura militar, tránsito terrestre y aéreo, y todos sus sistemas cruciales –dirigidos por equipos de computación, que se sumirán en el más absoluto caos al ser perturbados por agentes patógenos de la informática inoculados con el propósito de desarticular la organización social. En la era digital, el símbolo emblemático del imperialismo ya no es el Pentágono sino "Silicón Valley."

Como consecuencia de esta tecnomorfización, las familias y las comunidades originarias se van desarticulando poco a poco, lo que significa que el sistema ancestral se está desmoronando. Los jóvenes campesinos se van civilizando: modernizando y desarrollando, es decir, anulando sus formas culturales que les permitieron una vida armónica con la naturaleza, los antepasados, la comunidad y consigo mismos. Cada día se incorporan como "agentes del desarrollo" al tren de la desolación de la naturaleza y de la competencia de los unos contra los otros.

Sin embargo, esos mismos medios de comunicación y de transporte mundial están permitiendo que algunos jóvenes y adultos del autollamado primer mundo, vayan tomando conciencia de las consecuencias devastadoras del desarrollo y de la modernidad positivista. Si bien, los que predican el Vivir Mejor tiene en su poder la mayoría de los medios de comunicación, educación, expresión y producción, no es menos cierto que los individuos del Vivir en Equilibrio Armónico se están fortificando, y se irá inclinando paulatinamente la balanza. Hecho que va a ir adquiriendo más fuerza y presencia en los propios países desarrollados (países en vitalización), donde los jóvenes ecologistas, culturales, feministas, alternativos, espirituales, van poco a poco despertando y se proyectan a ser la contraparte de los desarrollistas. Incluso, algunos de ellos ya vienen recreando una ciencia, una tecnología y un estilo de vida armónico y comunitario: bio-constructores, terapeutas holísticos, economistas equitables, artistas de la nueva era, espirituales del nuevo tiempo, veganos, ecologistas, ambientalistas, etc.

Ante este despertar espiritual en todo el mundo –especialmente en los países industrializados– se ha iniciado una campaña por cortar o suprimir este movimiento vitalista e indígena que ha renacido en los últimos años con mucha fuerza, especialmente en el ámbito de la medicina y demás "ciencias de la tierra". Frente a estos tipos de expresiones anti-sistema y de manifestaciones de vida natural y plural, los gobiernos han comenzado a imponer nuevas leyes coercitivas y prohibitivas para su pleno desenvolvimiento y manifestación (¿países de la libertad?). Pero lo que están logrando es fortificar aún más al movimiento, pues, a medida que imponen nuevas reglas, los ethos de espíritu armónico y vitalista se van rebelando, por lo que no podrán detener este proceso ni en el mismo occidente. Siendo lo más probable que de allí surja el cambio armonizador, como de alguna manera ya se está produciendo en los países islamistas y con algunos "indignados" europeos y norteamericanos. Donde hay exceso de oscuridad empieza a renacer la luz, esa es la ley de la vida.

Ervin Laszlo ya lo decía en el 2005: "El movimiento antiglobalización crece hasta convertirse en una amenaza para los intereses gubernamentales y corporativos de Occidente", de ahí que entendía que el "macrocambio de hoy es global". Incluso, Barak Obama presidente del país más "desarrollado" del capitalismo les ha dado razón a los "indignados", aunque no puede ver que el problema central es justamente el desarrollo y todo el sistema piramidalista en su conjunto: "Los indignados que protestan contra la desigualdad económica y la avaricia corporativa expresan la frustración del país. Quien protesta está dando voz a una frustración más amplia por la forma en que funciona nuestro sistema financiero", dijo en la Casa Blanca Obama. Aseguró haberse empeñado en la lucha para evitar los abusos del sistema financiero y se dirigió a los manifestantes: "Estén seguros de que nuestro objetivo es poner a los bancos e instituciones financieras en orden. Los bancos deben abandonar comportamientos que quizás no son ilegales pero que ciertamente parecen inmorales", agregó. "Un sistema financiero sano requiere que los bancos compitan sobre la base de ofrecer mejores servicios y no con costos ocultos y prácticas engañosas", remarcó. (Tomado de El Comercio de Quito).

Los jóvenes europeos son actualmente los más claros en comprender que la sociedad desarrollada del mercado epifánico ha creado una gran emisión y variedad de bienes y servicios en el mundo occidental, pero que ha beneficiado básicamente a un pequeño segmento de la población, quedando solamente ciertas migajas para los demás, los que se reparten a través de subsidios que permiten mantener relativamente contentos a los 115 millones de pobres de Europa (en EEUU existen 60 millones de pobres), para de esta manera evitar que no protesten y sean un poquito menos dependientes pero dependientes al fin.

Este fenómeno se reproduce a nivel mundial, en todos los ámbitos del quehacer humano. El 80% de los recursos del planeta es consumido por el 20% de los países modernos y desarrollados, y dentro de ellos, por el 30% de la población. Si la población de Occidente tiene alrededor de 1.000 millones de habitantes, quiere decir que apenas 300 millones de personas consumen el 80% de la energía de la Madre Tierra. A este dato podríamos aumentar unos 100 millones de los ricos del resto del mundo. Es decir, apenas 400 millones consumen casi todas las fuentes de vida (no: recursos naturales) de la Madre Tierra. En otras palabras, más de seis mil millones de personas sostienen y permiten el estilo de vida de consumo alto de apenas el 6% de la población del mundo. Este mundo es desarrollado para 400 millones de personas, los 6.600 millones restantes son emergentes, en vías de desarrollo y subdesarrollados —estos últimos son la gran mayoría: más de 1.200 millones de personas viven con menos de un dólar al día y 2.000 millones con menos de dos dólares. Pero esto no queda ahí: el 1% de la población mundial, es decir, unos 70 millones de personas acumulan una riqueza comparable a la de los 2.800 millones más pobres. Casi 800 millones de personas mueren de hambre crónica, y cada 4 segundos muere una persona de hambre en el mundo. 1.160 millones de personas no tienen acceso al agua potable, y 2.300 millones a saneamientos adecuados. Doce millones de niños menores de cinco años mueren usualmente por causas que se pueden evitar o curar. En el caso de Ecuador, los datos oficiales señalan que "el 10 por ciento más rico de los ecuatorianos acumula el 42 por ciento de los ingresos totales, un poco más de la mitad de la población no logra satisfacer a plenitud sus necesidades básicas, y dos de cada cinco ecuatorianos viven una pobreza de consumo."

Los más "indignados" son los jóvenes de los países desarrollados (países en vitalización) que están padeciendo las consecuencias de la desposesión acelerada. Sus padres estaban relativamente sostenidos en la época del auge económico lo que les permitió vivir con un cierto confort, pero ellos ya no pueden vivir como sus padres, por lo que solo fue un espejismo de unos

50 años que se va cayendo a medida que escasean sus "recursos naturales". Por lo que ahora su lucha es por vivir como vivían sus padres, por lo que están más interesados en recuperar su confort que en ver las causas y peor en hacer una acción internacional contra el capitalismo en su conjunto y mas bien algunos desprecian a los migrantes y quieren que se vayan. De ahí que es importantísimo lo que señala Ramón Grosfoguel: "Yo veo la izquierda blanca europea muy ensimismada en sus luchas sin ponerse en cuestión, y esto corre un gran peligro, porque si la lucha ante la crisis financiera es porque la gente ha perdido su nivel de vida en la zona del ser (arriba de la línea de lo humano), y la lucha se reduce a recuperar este nivel de vida, entonces estamos muy mal, porque el nivel de vida del oprimido en la zona del ser se ha pauperizado en comparación a como era antes, porque hay un 80% de la población de la humanidad que ha estado viviendo en crisis por 500 años. Para ese 80% de la humanidad, la crisis financiera no empezó en el 2008, empezó hace 500 años y todavía está viviendo violencia, desposesión, apropiación, etc. Si la lucha en el Norte global es ahora para recuperar el nivel de vida de la gente que perdió su nivel de vida en la zona del ser, entonces estamos en la "democracia ateniense", es decir, en un sistema en donde se lucha por beneficiar a una minoría de la humanidad a costa de la mayoría. Fíjate que estos privilegios de altos niveles de vida que vivían hasta hace poco los trabajadores occidentales vienen de la súper explotación de los trabajadores del sur global. Una visión descolonial sería poner en diálogo la crisis financiera que se está viviendo aquí en el Sur de Europa con la crisis financiera que se vive desde hace 500 años en el sur global. Se tienen que poner en relación y en solidaridad estas dos zonas del mundo. De lo contrario, si la lucha se reduce a que los trabajadores del

Norte global recuperen sus niveles de vida sin poner en cuestión de manera radical el "sistema-mundo capitalista/patriarcal occidentalocéntrico /cristianocéntrico moderno/colonial", lo que va a pasar es que se va a construir otra vez un mundo donde otros mundos no son posibles y donde el Norte global (incluidos sus trabajadores) vive privilegios a costa de la dominación y explotación del Sur global. Es decir, un mundo donde la izquierda blanca logra sus demandas y el resto del mundo sigue en el mismo lugar, es un mundo imperialista, colonialista, capitalista, patriarcal. No ha cambiado nada. Entonces vamos muy mal si las cosas van por este camino" (11).

A esto habría que añadir, que no solo la izquierda blanca occidental piensa y actúa así sino que la izquierda blanca de las periferias occidentalizadas piensan muy parecido, especialmente la izquierda del socialismo del siglo xxi y la marxista ortodoxa o economicista. Por lo que aquí vale preguntarse: ¿Cuál es la diferencia de las políticas extractivistas de los capitalistas y los socialistas "progresistas"? ¿A quiénes van dirigidos todos esos "recursos naturales"? Y lo que vemos es que, en última instancia, lo único que quieren los unos y los otros es solamente más plata, los unos para los empresarios y los otros para el Estado oligopólico-materialista-verticalista-paternalista (estatismo). Pero ambos cosifican, instrumentalizan, mercantilizan y lucran de la naturaleza; ambos mantienen el mismo sistema de uso, valor y cambio de los bienes. Es decir, solo se diferencian por sus fines pero al final son los mismos. Actualmente en todos los países de América del Sur hay protestas de la población por estas políticas extractivistas de los gobiernos "progresistas" y de derecha.

Los jóvenes de los "países pobres" siguen siendo "pobres" y esta situación no les afecta mayormente, pero en cambio a los jóvenes de los "países ricos" este deterioro les ubica en una situación incómoda y compleja, de ahí la cantidad de huelgas y protestas en esos países, particularmente en los considerados más subdesarrollados de Europa, como son Grecia, Irlanda, España, Portugal, Italia. De esta manera, se confirma que el desarrollo económico es para quienes tienen el control del poder económico y que los demás solo son sus sirvientes a diferentes niveles y condiciones ("sectores medios y bajos") tanto a su interior como al exterior. Según la teoría desarrollista, los países subdesarrollados (países vitales) deben transformarse en desarrollados, pero la experiencia está señalando que los países desarrollados (países en vitalización) están transformándose en subdesarrollados o subvitalizados.

Los pobres de Europa –especialmente del Este– están yendo a trabajar a los países más ricos, pero en dichos países, los jóvenes pobres están protestando contra los inmigrantes. En primera instancia comenzaron protestando contra los inmigrantes de fuera de Europa, pero ahora están en contra de los inmigrantes pobres del interior de Europa. Estos jóvenes alentados por posiciones nacionalistas y radicales intentan buscar a los culpables en el exterior, ya que no pueden ver que están en su propia casa y que es el sistema de la mercadolatría uniformizadora. Sistema que tanto alababan sus abuelos pero que ahora sus padres tienen dudas y sus hijos comienzan a cuestionar su existencia como tal. Quizás pronto se den cuenta que el meollo de todo, no está sólo en el desarrollo neoliberal sino en todo el sistema verticalista en su conjunto.

Ante la ola xenofóbica y la crisis económica que viven los países del desarrollo ilimitado, los pobres que son la mano de obra barata (especialmente los árabes y los latinoamericanos) están regresando obligados a sus países. Y a los que insisten en quedarse algunos gobiernos ya han empezado con políticas concretas de expulsión de aquellos que son inmigrantes de fuera de Europa, y paulatinamente les tocará a los propios europeos, en primer lugar el turno ha sido de los gitanos expulsados a Europa del Este. Sin embargo, los pobres de Europa que si bien no están obligados a irse, algunos han optado por irse a los países "emergentes" y "subdesarrollados", pues si se quedan deberán hacer el trabajo pesado que lo venían haciendo los árabes y los latinoamericanos. Pero si es que se quedan, su salida no solo es encontrar trabajo sino de cambiar el sistema que les ha conducido a aquello.

Muchos de estos jóvenes y algunos adultos, ya no se comen tanto el cuento del desarrollo capitalista y son los que están poniendo en jaque a sus gobiernos y a las grandes trasnacionales. Fenómeno éste, que se agudizará aún más con la próxima crisis del sistema financiero especulativo –que por el momento ha sido salvado–, pero que ante el calentamiento global todo su castillo se quedará sin sirvientes y sin la energía para poder mantenerlo y sostenerlo. Por lo que muchos lugares terminarán transformándose en grandes museos –como lo son hoy algunos de los castillos de los antiguos reyes.

¿En dónde ha ido a parar el dinero? Aquí la respuesta, con un pequeño ejemplo de cómo funciona el capital especulativo, también llamado "basura". Artículo publicado en El Comercio: El 19 de diciembre del 2010, titulado el "Hombre que le hizo jaque mate a Wall Street: Jhon Paulson, de 55 años, se convirtió en un Rey Midas de la noche a la mañana. Es el hombre que en EE.UU. se hizo archimillonario, sacándole ventaja a la última crisis financiera. Paulson sigue utilizando su tiempo para hacer dinero. Hoy su Hedge Fund es una de las más grandes del mundo: maneja USD 36.000 millones del dinero de sus clientes y en su lista de consultores tiene a Alan Greenspan, el ex presidente de la Reserva Federal, para muchos el gran culpable de esta crisis financiera. Paulson, tras la explosión de la burbuja de la vivienda que causó la crisis de las hipotecas y fue el desencadenante de la recesión mundial, obtuvo ganancias de la crisis financiera como nunca en la historia: alrededor de USD 15.000 millones. Según la revista Forbes, Paulson ocupa el número 45 entre los más ricos del mundo. Su aplomo para jugar la gran apuesta del siglo y su pasión por hacer dinero desataron la ira de columnistas como Chris Blackhurst, de la publicación Evening Standard de Londres: "La cárcel no es suficiente para este vendedor de seguros del demonio. Debería ser expuesto en la Quinta Avenida desnudo y atarlo a un poste para que todos podamos arrojar nuestra furia y desprecio sobre este monstruo codicioso". Así escribió en febrero del 2009. ¿Cómo lo hizo Paulson? Allá por el 2005, él tuvo la intuición de que se avecinaba una crisis del mercado de bienes raíces y que era mejor estar a salvo cuando ésta arribara. Nada de lo que hizo era ilegal, pero algunos se rascan la cabeza pensando si era moral estar "como cazadores esperando por su presa. Paulson y su grupo miraban los precios de las viviendas buscando por un signo de debilidad para apuntar el gatillo y disparar", así escribe el periodista Gregory Zuckerman en su libro The greatest trade ever: "Los USD 3.700 millones que ganaron él y sus inversionistas rompen todos los récords." Pero Wall Street es un casino y allí todo vale. Paulson jugó e hizo un jaque mate a los maestros del universo financiero. La historia estuvo de su lado y él se levantó forrado de plata y con el respeto como inversionista que por tanto tiempo le fue esquivo. Convencido de que la caída del negocio de bienes raíces era inminente, él y su equipo de confianza en Paulson & Co. empezaron a comprar CDO, papeles de protección inventados por los bancos de inversión, que resultaron buenos para dejar muchas ganancias entre más se caía el valor de las viviendas y más gente se quedaba sin casa. El periodista Gary Weiss de Portafolio.com es quien mejor lo describe: "Los USD 3.700 millones que ganaron él y sus inversionistas en el 2007 rompen todos los récords y eso lo hizo apostando en contra de los dueños de casa, los inversionistas de la vivienda y el resto de nosotros". Ese fue el juego que Wall Street inventó, Paulson solo jugó y ganó."

El Desarrollo Verde

Durante todo este período civilizatorio hemos pasado por diversas facetas socio-políticas-filosóficas: esclavismo, feudalismo, renacentismo, barroquismo, clasicismo, romanticismo, humanismo, naturalismo, ilustrismo, modernización, pos-modernización, etc. Y dentro de esta última época: revoluciones sociales, hipismo, feminismo, existencialismo, revolución sexual, neoliberalismo, etc., hasta las actuales teorías en boga: el desarrollo y el progreso. A su vez, dentro del desarrollo, desde las más conservadoras como las teorías del desarrollo económico ilimitado, pasando por el desarrollo sustentable o desarrollo sostenible, y llegando a las últimas teorías -consideradas las más avanzadas- y a las que denominan desarrollo con identidad, desarrollo con cultura, etc. Estas últimas, sostenidas por algunos grupos que dicen defender a los pueblos originarios (plurinacionalidad-interculturalidad) y a la Madre Tierra (derechos de la naturaleza), y que son los que proclaman actualmente el Buen Vivir o el Vivir Bien, bajo la careta de Sumak Kawsay o Suma Qamaña.

Teorías del desarrollo que dividen a los capitalistas, los socialistas, los demócratas, los ecologistas, los indigenistas, en las vías del desarrollo que proponen unos y otros, pero en la que todos quieren más y ultramoderno desarrollo. Tan solo acusándose -mutuamente el uno al otro- de demagogos, infantiles, radicalistas, etc., y autocalificándose de progresistas, avanzados, realistas, puros, etc. Pero —como hemos explicado anteriormente— lo que hemos vivido es la lucha entre dos caras de la misma moneda, entre teorías de un mismo paradigma monoico: el racionalismo materialista y el idealismo dogmático. Teorías ideológicas y políticas de la misma raíz o "patriz", tan solo diferentes en las vías de desarrollo pero todas ellas consideran que la vida del ser humano y de la naturaleza debe progresar y desarrollarse (domesticación evolutiva).

El argumento para mantener las políticas de desarrollo, frente a las deformaciones que produce y ante el argumento de sus contradictores, es que ese es "el costo del desarrollo". Pero como la situación se ha vuelto tan dramática con el denominado calentamiento global y el relativo agotamiento de las "recursos naturales", se han visto obligados a tomar paliativos en vista de las presiones de grupos ecologistas y dando paso a ciertas teorías verdes. Teorías estas, que están en un nivel de conciencia más alto pero que siguen siendo pensadas, a partir, y fin del hombre (antropocentrismo). De alguna manera las visiones ecologistas del Buen Vivir (derechos de la naturaleza) se acercan a las concepciones del Estar en Armonía (vitalismo), pero siguen parciales o unilaterales pues no hay una concepción integral y relacional, por lo que pueden ser manipuladas para recrear formas de verde de capitalismo.

La Doctoranda Camila Moreno explica claramente el nuevo ribete desarrollista ambientalista, utilizando un nuevo disfraz llamado "capitalismo verde": "Frente a la crisis ambiental y climática –y el fracaso de las soluciones planteadas desde los gobiernos, las instituciones financieras y los mercados– el discurso hegemónico ha puesto en marcha un plan de reciclaje de sus viejas prácticas, para seguir con el modelo de producción y acumulación. Ahora ya no sólo los gobiernos y las instituciones internacionales, sino también la academia, muchas ONG e incluso organizaciones sociales apuestan su futuro en la panacea de la llamada "Economía Verde", como gran solución para los problemas socio-ambientales, locales y globales. Sectores de las fuerzas sociales movilizadoras de la cuestión ambiental (que es siempre también social) y ecológica y su potencial para una transformación política, económica, social y civilizatoria, vienen siendo rápidamente cooptadas y acaparadas por el fenómeno del "Ambientalismo de Mercado". El discurso que aparece como sentido común viene acompañado de propuestas, actores, y propaganda que dan una visión de mundo en la que la valoración económica, análisis de costo-beneficio, el pago de compensaciones y otros mecanismos de mercado —y con eso la mercantilización de toda la naturaleza– se convierte en la única manera de salvar el planeta. En este camino, hoy día la gran frontera de la acumulación es la creación de mercados internacionales de carbono, agua y biodiversidad, con un rol cada vez mayor del sector financiero en la "comodificación", especulación y como el aparataje en el cual se va a dar esta nueva etapa del capitalismo, un capitalismo "verde". No es posible un Capitalismo "Verde", así como no es posible un tigre vegetariano. El capitalismo verde pretende la construcción de regímenes internacionales de comercialización y la internalización en los países de un nuevo marco legal, privatizando el aire: los mercados de carbono y el comercio de derechos de contaminación. Privatizando la biodiversidad: los pagos por servicios ambientales y compensaciones de biodiversidad. Mecanismos de "Flexibilización": el comercio de carbono y la introducción de los offsets/compensaciones. La financerización del clima: Mecanismo de Desarrollo Limpio (MDL). Mecanismo de Reducción de Emisiones por Deforestación y Degradación evitadas (REDD). Servicios Ambientales, especies banking, compensaciones de biodiversidad. ¿La economía "verde" para la erradicación de la pobreza? No, no es nada más que la nueva hegemonía del "Capital Natural" en el desarrollo "verde": ajuste estructural "verde", planes de "desarrollo de bajo carbono", energías "renovables", ciudades "verdes", construcciones "verdes", tecnologías "verdes", sellos "verdes" (ISO), etc."

En otras palabras, la novísima y última táctica del imperialismo ante el cambio climático y la necesidad de "recursos naturales", especialmente de agua y de petróleo, es la ecología. Su argumento es que los países y pueblos subdesarrollados, salvajes, irracionales, son incapaces de gobernar y de proteger a la naturaleza, por lo que es necesario la acción y presencia de los desarrollados ("capitalismo verde") para rescatar esos territorios que están siendo afectados. De ahí que están destinando grandes recursos para proyectos de desarrollo ambiental, con lo cual se van internando logísticamente e ideológicamente en los territorios con el propósito de dar el golpe final, que será la privatización total de la naturaleza (privatización del agua, del aire, del sol) y la sumisión o dependencia total de sus habitantes al gran capital. La clave es generar dependencia, una vez que ya es dependiente ya está controlado, es una nueva ovejita en el corral. Por ejemplo, científicos y ecologistas –de buena fe- de los países industrializados están preocupados por el empobrecimiento genético en el mundo, a consecuencia de la actitud de perfeccionamiento continuo (desarrollo) de algunas especies por criterios de rentabilidad y de ganancia. Frente a ello están haciendo de los Andes la reserva más grande de variedades genéticas y en la despensa de los bancos de germoplasmas. Hasta aquí parece saludable y aplaudible, pero lo que no saben los científicos y los ecologistas, es que toda esa información y productos serán utilizados y aprovechados por los gobiernos imperiales y por los grandes inversionistas, quienes controlaran y manejaran para su beneficio geopolítico y económico. Como dice el dicho popular: nadie sabe para quien trabaja o quién se llevará la última y gran tajada. Inocentemente hacen un trabajo de protección y de almacenamiento, el cual posteriormente será robado legalmente a través de un proyecto de desarrollo económico. Estamos trayendo desarrollo y creando fuentes de trabajo, dirán.

Otro caso: El gobierno boliviano (octubre 2011), a propósito de unas movilizaciones de los pueblos mojeño, yuracaré y chimán, en contra de una carretera que pretendía hacer el gobierno sobre la reserva ecológica conocida como el TIPNIS, señalaba que estaban detrás de esta oposición las agencias para el desarrollo. Nosotros estamos en contra de esa carretera, pero lamentablemente quienes protestan están siendo financiados por la USAID: agencia internacional del desarrollo de los EEUU, sin que ellos se den cuenta que son utilizados y que están creando las condiciones para una nueva intromisión imperialista posteriormente. El gobierno ha señalado que la USAID maneja 100 millones de dólares y que no informan de cómo invierten y a qué proyectos van dirigidos. Pero con ese argumento, Evo Morales justifica la construcción de dicha carretera. El otro lado de lo mismo.

De ahí que este caso ha desnudado claramente a estos socialistas, quienes también empujan políticas extractivistas y formas de consumo masivo, como vemos en los países declarados oficialmente como socialistas (China, Corea del Norte, Cuba) y ahora en los países gobernados por los progresistas de izquierda. En vista de ello surge la pregunta: ¿Es que podrá haber un socialismo ecológico (eco-socialismo), un socialismo que humaniza a la naturaleza, un socialismo que culturiza a la naturaleza, un socialismo que sacraliza a la naturaleza, un socialismo holístico-fractal-quántico? Claro, si hacen sus típicos ajustes: de Lenin a Marx (marxismo-leninismo), de Lenin a Stalin (estalinismo), de Fidel a la Teología de la Liberación (comulación entre comunistas laicos y cristianos), o sus posmodernos acomodos "new age" o "ligth" del siglo xxi (biosocialismo igualita-rio republicano: el socialismo del Sumak Kawsay).

Así como el capitalismo puede crear su capitalismo verde pero que en realidad solo son verdes los dólares, los socialistas también pueden tener su socialismo verde para utilizar los recursos naturales para sacar al pueblo de la pobreza, pero la cual, nunca termina por lo inmensa que es pero lo que si se terminan son las fuentes de vida. La experiencia verde del socialismo en el mundo así lo confirma. Mientras haya dependencia a la exportación de materias primas a los países industrializados la pobreza puede disminuir más no la pobreza en sí mismo. La pobreza por un tiempo puede disminuir pero a largo plazo se han perdido los recursos naturales y la pobreza vuelve a aumentarse. Esa la historia de Amerindia desde la invasión y saqueo por los colonialistas y los neocolonialistas de derecha e izquierda. ¿Habrá que actualizar el socialismo o salir del socialismo?

En todo caso un avance rescatable pues, en los principios históricos del "socialismo real" la naturaleza era tan solo: cosa, medio de producción, instrumento de trabajo, bien de distribución, objeto de consumo, y ahora ya tiene derechos, pero luego podrían ser los derechos de explotarla más verde. Entonces, no es cuestión de ser indigenista (Evo Morales) ni de economía popular (socialismo) sino de una conciencia integral y armónica (vitalismo). El presidente boliviano es un indígena sindicalista (cocalero) formado en teorías marxistas, y que recién está aprendiendo algo de "filosofía andina", por lo que está más próximo de un liberalismo verde que de un vitalismo profundo. Los cocaleros –en su gran mayoría- lo que quieren es ser nuevos ricos y la relación sagrada con la hoja de coca es solo un cuento folclórico más. Y esto mismo podemos decir de la mayoría de los actuales dirigentes de los denominados "movimientos indígenas", que igual han hecho de la política un negocio y una manera de vivir.

Esta ha sido una práctica muy sutil y bien disfrazada desde hace mucho tiempo, bajo eufemísticos nombres, políticas: para la reducción de la pobreza, de ayuda social, de apoyo al tercer mundo, de desarrollo comunitario, etc., por medio de las cuales recrean nuevas formas y estrategias de control y acumulación. Por ejemplo, la hidroeléctrica paraguayo-brasileña Itaipú para construir la gran represa que hoy existe debió devastar a nombre del desarrollo millones de kilómetros de bosque endémico y por otro lado afectando a las comunidades guaraníes y sus modos de vida sostenibles. Para congraciarse con los pueblos ancestrales y con la "sociedad nacional", inventaron las políticas de "responsabilidad social" a través de proyectos de desarrollo alternativo ecológico, destinando cada año miles de dólares para proyectos turísticos y artesanales, con los cuales los indígenas puedan ocuparse y sostenerse de cierta manera, mientras ellos siguen explotando y aprovechándose más. Es decir, políticas de desarrollo comunitario para que no protesten y no reclamen por la pérdida de sus territorios y de sus formas ancestrales de convivencia y reproducción, bajo el argumento de que están "entrando al tren del desarrollo y el progreso" con las regalías que dejan las transnacionales benefactoras de los indígenas primitivos y atrasados.

Cantidad y calidad de vida

El paradigma monoico ha tendido siempre a dividir y clasificar a las personas y pueblos en distintos apartheid discriminatorios y segregacionistas. Así, cuando llegaron a Amerindia dividieron a la población en: blancos, chapetones, criollos, mestizos, ladinos, cholos, zambos, indios, etc. Hoy los países se dividen en: desarrollados, emergentes, de crecimiento rápido, en vías de desarrollo, subdesarrollados, tercermundistas, cuartomundistas, etc. Ayer como hoy, ellos son el referente, el prototipo, el ejemplo, el modelo, de todo lo que es lo mejor, lo superior, lo adelantado, lo visionario. Y en ese tren han ido impulsando sus políticas más avanzadas y científicas, abriéndose a paso firme con sus creencias civilizatorias y desarrollistas... Pero desde hace unos 15 años, hay quienes ya comienzan a hablar de decrecimiento, de posdesarrollo, de antidesarrollo, maldesarrollo, etc. Y quieren echar a la "basura" todo ese apartheid económico, de la misma manera como la ciencia genética ha terminado con el apartheid racial, la idea de razas y la supuesta superioridad de una de ellas: la blanca, y de un género: el varón. Ambas han demostrado la falsedad del desarrollo y del racismo pero todavía seguirán vigentes en el imaginario socio-político por un tiempo más.

Lo interesante es que todas estas voces vienen del interior de los mismos países desarrollados-primermundistas (países en vitalización), que comienzan a decir no al desarrollo, de que están cansados del tecno-desarrollo, de que es suficiente tanta industrialización de la vida. Muchos de ellos son conscientes de que han tenido acceso a muchos bienes, pero a través de préstamos que les han confinado a pasar casi toda su vida adulta endeudados: 25 años o más trabajando para pagar a los prestamistas. Cuando llegan a la vejez se preguntan si valió la pena dedicar toda su vida productiva a pagar deudas, impuestos. Ya de viejos recién comienzan a viajar y disfrutar de la vida, sus hijos se cuestionan si quieren seguir el mismo rumbo, los nietos ya saben que no quieren llegar a viejos así. Y son estos jóvenes los que comienzan a decir: "no más desarrollo", aunque son todavía pocos los más conscientes y mucho menos los que puedan mirar al fondo de todo, que está en los presupuestos uniformizantes: civilizatorios-patriarcales-monoteístas-capitalistas, reencauzados de tiempo en tiempo con diferentes nombres y matices.

La trampa del poder, a través de la recreación de nuevos nombres y teorías que las justifican, ha conducido a múltiples confusiones, por ejemplo, entre cantidad y calidad, o entre crecimiento económico ilimitado y equilibrio armónico integrativo. El dogma desarrollista decía que a mayor cantidad de bienes materiales habría mayor calidad de vida, pero el resultado ha sido, que ha mayor crecimiento económico menor calidad de vida (emocional, espiritual, ecológica, ética, social). Esto es: muchas cosas materiales pero un gran vacío emocional, psicológico, espiritual, natural, existencial, y principalmente la "falta de tiempo" (esclavos del tiempo), que en cambio, para los vitalistas, representa alta calidad de vida: tiempo para reaprender a convivir y expandir la conciencia integral.

Los políticos y economistas de la mercadolatría -a través del marketing y de los medios de comunicación- siguen haciendo creer que la gran cantidad de bienes materiales representa alta calidad de vida. Con ello han logrado volverlos más dependientes y necesitados de los bienes materiales (esclavismo moderno), los cuales hacen el camino a la felicidad en relación y medida a la mayor obtención de bienes materiales que puedan lograr, por lo que no paran de comprar (compulsivos) pero el sufrimiento sigue latente (Estados Unidos de la Nueva Babilonia).

De eso, ya se dan cuenta algunos jóvenes e intelectuales y cuestionan toda esa falsa riqueza, que es solo material (consumismo). Algunos han tomado la opción de viajar por el mundo buscando formas nuevas a lo que sus padres y abuelos les han hecho creer que es calidad de vida y riqueza. Entienden que la riqueza material no ha logrado resolver sus problemas humanos, más bien ha sido a la inversa y quieren otro mundo. Saben a ciencia cierta que la soledad y el individualismo no se pueden llenar con cosas materiales y quieren un equilibrio entre "riqueza material y riqueza espiritual".

Aquella verdad del mecanicismo de que todo es cuantificable, tangible, mensurable, calculable, planificable, manipulable, dominable, etc., lanzada por científicos como Galileo, Descartes, Newton, luego entronizada por los economistas de la teología del mercado: Hobbes, Adam Smith, Keynes, Friedman, Hayek, Novak, para quienes el único "dios valedero" es la rentabilidad, el lucro, la ganancia, las utilidades, el éxito, el prestigio, hoy –después de 400 años de su lanzamiento– resulta el más grande absurdo del modelo reduccionista establecido por todos ellos.

Este desfase y confusión entre cantidad y calidad viene, de la anulación civilizatoria de la paridad complementaria (tetrádica) y reemplazada por el monismo dualista a través de la extirpación de "idolatrías": feminidad, sensibilidad, intuición, espiritualidad, sacralidad, etc. Pero a esta altura de la vida, se ha convertido en el punto de quiebre entre la continuación o la terminación de la vida humana. Programa civilizatorio que ha significado generar una sociedad de robots, de máquinas, tal cual la concepción de Newton sobre la vida, para quien el universo era tan solo una maquina insensible, de la cual solo había que conocer su funcionamiento y listo. Y este es el mundo de hoy: seres humanos máquinas (homo faber). Ese el mundo artificial que nos envuelve y estrangula: banca, bolsas de valores, marketing, contabilidad, consumo, dinero, superficialidad, banalidad, etc. (mundo morfocrático: hikikomori y miope). Como dice Erich Fromm: "El peligro del pasado fue que hizo esclavos a los hombres, el peligro del futuro es que lleguen a ser robots".

El Premio Nobel de Medicina de 1993, Richard J. Roberts, lo explica muy contundentemente, aunque tampoco puede ver el fondo del asunto: "El sistema estadounidense, en el que toma parte activa el capital privado, es mucho más eficiente que el mixto. Tómese por ejemplo el espectacular avance de la industria informática, donde el dinero privado es el que financia la investigación básica y aplicada, pero respecto a la industria de la salud tengo mis reservas. La investigación en la salud humana no puede depender tan sólo de su rentabilidad económica. Lo que es bueno para los dividendos de las empresas no siempre es bueno para las personas. La industria farmacéutica quiere servir a los mercados de capital... Y no es cualquier otra industria: estamos hablando de nuestra salud y nuestras vidas y las de nuestros hijos y millones de seres humanos. Si sólo piensas en los beneficios, dejas de preocuparte por servir a los seres humanos. He comprobado cómo en algunos casos los investigadores dependientes de fondos privados hubieran descubierto medicinas muy eficaces que hubieran acabado por completo con una enfermedad... Pero dejan a un lado las investigaciones, porque las farmacéuticas a menudo no están tan interesadas en curarte como en sacarte dinero, así que esa investigación, de repente, es desviada hacia el descubrimiento de medicinas que no curan del todo, sino que cronifican la enfermedad y le hacen experimentar una mejoría que desaparece cuando deja de tomar el medicamento. Es habitual que las farmacéuticas estén interesadas en líneas de investigación no para curar sino sólo para cronificar dolencias con medicamentos cronificadores mucho más rentables que los que curan del todo y de una vez para siempre. Y no tienes más que seguir el análisis financiero de la industria farmacológica y comprobarás lo que digo. Por eso decía que la salud no puede ser un mercado más, ni puede entenderse tan sólo como un medio para ganar dinero.   Y por eso creo –continúa– que el modelo europeo mixto de capital público y privado es menos fácil que propicie ese tipo de abusos, ya que el modelo estadounidense es privado. Como consecuencia se han dejado de investigar antibióticos porque son demasiado efectivos y curaban del todo. Como no se han desarrollado nuevos antibióticos, los microorganismos infecciosos se han vuelto resistentes y hoy la tuberculosis, que en mi niñez había sido derrotada, está resurgiendo y ha matado este año pasado a un millón de personas. Y eso hablando del primer mundo, porque apenas se investigan las enfermedades tercermundistas, porque los medicamentos que las combatirían no serían rentables. Pero yo estoy hablando de nuestro primer mundo: la medicina que cura todo no es rentable y por eso no investigan. En nuestro sistema, los políticos son meros empleados de los grandes capitales, que invierten lo necesario para que salgan elegidos sus chicos, y si no salen, compran a los que son elegidos. Al capital sólo le interesa multiplicarse. Casi todos los políticos –y sé de lo que hablo– dependen descaradamente de esas multinacionales farmacéuticas que financian sus campañas. Lo demás son palabras... (Sintetizado de una entrevista de La Vanguardia).

Así es, en los sectores más altos de la ciencia y de la intelectualidad de los países "desarrollados", ya se habla del fracaso rotundo del sistema de desarrollo y del capitalismo (aunque no del civilizalismo ni del patriarcalismo), pero los políticos y economistas son los más atrasados y se empeñan en mantener el sistema monoteísta con su nuevo y moderno dios: el dinero. La ciencia quántica ha hecho caer estrepitosamente a las teorías mecanicista-desarrollista y del crecimiento ilimitado, pero otros todavía siguen enseñando en las escuelas y universidades que en la vida hay seres vivos y seres inertes, que la ley de la causalidad es la ley máxima, cuando hoy se sabe que todos los seres tienen vida y tienen en su esencia la misma configuración y constitución, y que no todo funciona por causalidad, pues ninguna partícula funciona por sí sola y ésta está afectada por el observador, de que todo es un conjunto de redes interdependientes y que son afectados por observador. Por lo que la ley de causalidad solo funciona a nivel físico pero no a nivel energético, como lo saben los chamanes profundos y mueven todo a través del campo energético.

Si todo es interdependencia y vincularidad, no sirven las teorías de autonomía, soberanía, identidad, objetividad, libertad, que son las que han gobernado los últimos 200 años, y particularmente estos 80 años del desarrollismo. Pero todavía hay izquierdistas que siguen hablando: de autonomías políticas, soberanía alimentaria, soberanía energética, libre albedrío, libertad de expresión, autodeterminación, privacidad… cuando hoy sabemos que "[…] tampoco existen "absolutos relativos" o creacionales; ninguna esfera del cosmos, ningún "ente" particular existe en y por sí mismo, autárquicamente y de manera suisuficiente. La proposición cartesiana del cogito ergo sum es para la filosofía andina un absurdo; ningún "ente" es arjé o principio de su propio ser. El "ser" más bien es el "ser-relacionado"; la "ontología" andina siempre es una "inter-ontología" (6).

La naturaleza enseña que la armonía y el equilibrio es el arte de quitar donde hay exceso y aumentar donde hace falta, a nivel de cantidad y calidad. Todo en la vida es un problema de sobra o de carencia, lo cual genera en cierto momento congestión, concentración, acumulación, cuando hay exceso, o en su contrario, cuando hay carencia, esto es, cuando no hay armonía y equilibrio. Si partimos de ello, existen dos tipos de economía: una economía para la acumulación y la especulación, aprovechándose de los excesos y de las carencias (economía especulativa bursátil), y una economía "equitable" y mutual entre los excesos y las carencias (economía recíproca).

La teoría neoliberal que nos ha gobernado en estos años, consiste en fortalecer a grupos de familias (empresarios), a quienes consideran los mejores y únicos capaces de crear fuentes de trabajo y de riqueza para la humanidad. Todas las políticas económicas neoliberales están orientadas a favorecer a los grupos transnacionales (capital extranjero), los que son vistos como los dioses económicos que crearán las empresas que darán de comer a todo el mundo. Los países subdesarrollados (países vitales) deben abrir sus puertas a esas cuantas familias dueñas del mundo (club Bielderberg) las que se encargaran de resolver la pobreza de toda la humanidad.

Ya lo decía Rostow (1961), uno de los más grandes teóricos de la modernización y el desarrollo: "[…] una sociedad más avanzada interviene en una sociedad tradicional para crear las condiciones de cambio, es decir, la sociedad tradicional desaparece para dejar lugar a la construcción de una sociedad moderna. Una vez que se vence la resistencia al crecimiento, un país se proyecta al proceso de desarrollo hacia la madurez económica. El fin de la modernización es la llegada a una época de alto consumo masivo." Pero lo cierto es que lo que se ha desarrollado es la concentración, la acumulación, la explotación, es decir el exceso para unos, y la falta para la mayoría, a más de la destrucción del planeta. Pongamos el siguiente ejemplo del fútbol y la crisis económica para que quede todo bien claro. Artículo tomado de El Comercio de Quito el 25-08-11, y les pedimos que mientras hacen la lectura lo asocien con nombres de empresas trasnacionales monopólicas, o con los EEUU y el bipartidismo político; y por el otro lado, con la "fuga de cerebros" de nuestros países y la situación de los trabajadores de las empresas medianas y pequeñas.

"Antes fue Sergio "Kun" Agüero, ahora es Juan Mata, mañana podría ser Kaká. La "fuga de estrellas" en la liga española comienza a convertirse en rutina. La crisis económica que viven los clubes españoles y el "duopolio" del Real Madrid y del Barcelona propiciaron las salidas de grandes futbolistas hacia otras ligas, un fenómeno que pare-ce imparable. Un ejemplo de esto ocurre en el Valencia, club acostumbrado en la pasada década a luchar por títulos importantes. Este equipo gastó lo que no tenía para equipararse a los mejores (Real Madrid y Barcelona). Sin embargo, sucumbió ante una crisis económica que le obligó a desprenderse de lo mejor que tenía. Así, en dos años, traspasó a sus futbolistas que ganaron el Mundial con España: David Villa, David Silva, Raúl Albiol, Carlos Marchena y Juan Mata. "La venta de Mata (al Chelsea de Inglaterra) es un acto de responsabilidad, porque el club sabe que tiene que vender a sus mejores jugadores para salir adelante. El Valencia es un ejemplo para el resto de equipos que siguen fichando a pesar de las deudas que tienen con sus propios jugadores", resumió Roberto Soldado, delantero valencianista. Lo que le sucede ahora al Valencia es lo que le ocurrió hace unos años al Sevilla, que decidió vender a Julio Baptista, Sergio Ramos, sus principales futbolistas, con el fin de reducir una deuda interna. El Valencia va por ese camino.

Para tener más claridad, pongamos otro ejemplo: ¿Qué pasaría con el mundo, si el pueblo chino se revela, o una gran catástrofe natural en China hace que se interrumpa el proceso de fabricación mundial de productos a bajo costo? Augusto De la Torre, Jefe del Banco Mundial para "América Latina", de alguna manera responde a la pregunta, en un artículo de El Comercio: "China es, por ejemplo, el mayor consumidor mundial de cobre, metal del que Chile y Perú son los principales productores del planeta [...] El epicentro del riesgo en China es muy importante para la región, porque si tuviera un 'hard landing' (aterrizaje forzoso) eso nos va a golpear muy duro."

Si los países orientales colapsaran por cualquier motivo, a dónde enviarían las grandes transnacionales a fabricar sus productos con mano de obra barata? Seguramente buscarían la "transferencia de tecnología para el desarrollo" a América Latina o África, donde hay una gran cantidad de manos disponibles para trabajar a bajo costo. Jamás la enviarían a sus propios países desarrollados (países en vitalización) porque la mano de ese trabajador es muy cara, fruto de ciertos cambios sociales internos. Ante ello tendrían que buscar lugares subdesarrollados en donde seguir produciendo con salarios de subsistencia básica para reproducir la fuerza laboral, y al mismo tiempo haciendo lo necesario para que estos trabajadores nunca alcancen los derechos de los trabajadores del primer mundo, pues si decidirían de dejar de ser explotados por alguna toma de consciencia, no habría quién produzca a costos mínimos y se caería todo el sistema.

O si a la inversa pasa algo en los EEUU, que es el mayor oferente de papeles de deuda que tiene la China y la probabilidad de impago se haga efectiva, se cae la China y el mundo entero con todo su sistema especulativo, por lo que tanto los chinos y los norteamericanos se apagan los fuegos mutuamente sino arde todo el sistema capitalista. Los chinos saben de qué hablan: con más de un billón de dólares en papeles de esa deuda pública en sus manos, son los mayores acreedores por lo que buscarían incidir de alguna manera sobre la Casa Blanca para evitar la cesación de pagos que significaría el derrumbe del gigante asiático. Y eso también lo saben los grupos económicos estadounidenses por lo que prefieren seguir manteniendo sus empresas manufactureras en China y los nuevos ricos chinos del Partido Comunista no hacen nada para evitar que siga siendo esquilmado su pueblo, pues saben bien que el sistema no iría más si los obreros chinos se rebelan.

Como decía un cartel "indignado": "¿Dónde está la Izquierda? al fondo a la Derecha."

Con esto confirmamos que el problema no es de crecimiento económico solamente, ni de mayor cantidad de trabajo, ni de más tecnología, ni de más inversión, ni de más exportaciones, ni más informatización, sino de equidad armónica de forma integral (ser humano y naturaleza, propiedad y beneficio, organización y redistribución). Y la equidad no viene de la cantidad, sino del equilibrio y la armonía entre calidad (58%) y cantidad (42%). La cantidad y la calidad son consustanciales una a la otra y si no hay equilibrio y armonía entre las dos, solo hay un extremo y ese es el caso que hemos vivido con el desarrollo cuantificable por parte del fundamentalismo teórico del crecimiento económico ilimitado.

Esto significa replantear todo, principalmente la relación con la naturaleza que no puede ser la de objeto de uso por parte del sujeto inteligente, sino la de sujetos vivos que se apoyan y se necesitan mutuamente. Concepción diferente a la lógica identitaria que introdujeran los pos-filósofos griegos (logocratismo platónico-cristiano) con la diastasis sujeto-objeto, que ha sido la dicotomía que ha marcado a la tradición "cosificadora" de la civilización monoteísta en estos dos mil años vividos. Implica cambiar el paradigma del desarrollo o crecimiento, por el de guardar "estabilidad dinámica" a través del equilibrio y la armonía complementaria (vitalismo). Cambiar al progreso, como parangón y propósito de vida, por el de sinergia y simbiosis: económica, social, natural, espiritual. Esto es, la búsqueda de la compensación donde haya falta y de ajustar donde haya exceso, a través de lo "equitable" y lo mutual, tanto entre seres humanos, como entre los seres humanos y la naturaleza. Lo que quiere decir que la pobreza humana se terminará a través de terminar con la explotación, tanto de la naturaleza como del hombre, en ese orden de importancia aunque paralelamente. Terminar con la vida de derroche y despilfarro por una vida prudente y sencilla. Dedicarse más a vivir la vida, que vivir para trabajar toda la vida.

El marxismo se equivocó cuando pensó que se trataba solamente de acabar con la explotación del hombre. Cuando se acabe la explotación de la naturaleza se acabará la explotación del ser humano, y no al revés. Cuando salgamos del sistema de producción extractivista de la naturaleza y manipulador de la materia, se acabará el capitalismo. Cuando se acabe el sistema de desarrollo o de explotación ilimitada de la vida (naturaleza, sociedad, cultura) se acabará con el sistema civilizatorio y el patriarcalismo uniformizador. Si no salimos de este desarrollismo desenfrenado seguiremos el desarrollo a nuestro suicidio como humanidad. Eso no lo entienden los socialistas, especialmente los del siglo xxi.

El desafío así esquemáticamente presentado es, entonces, no llegar a un modelo de "desarrollo sostenible" (o local) que preserve la depredación industrial, que siga ensayando adaptar el medio ambiente al modo de vida consumista. El verdadero dilema es el de la reproducción perdurable, como en la cultura antigua greco-romana y en la mayoría de las culturas prehispánicas de Amerindia, que llevaban a cabo una adaptación al medio en forma lenta pero segura para los que vendrán.

Esto implica, a nivel individual y grupal, cambiar de valores y conceptos, para modificar los comportamientos, hábitos y criterios en la dimensión cultural. En el nivel histórico-estructural remite y requerirá cambiar las estructuras coloniales y racistas del actual "sistema-mundo", es decir, replantearse la visión y la finalidad de la modernidad, modificando así la "misión" explícita que se arroga filosóficamente como destino final: desarrollo, progreso, crecimiento. (Hugo Boss, articulista de temas ambientales).

Trece razones para oponerse al desarrollo

El proceso de mutación del paradigma civilizatorio surgido en occidente y expandido al mundo entero, ha vivido múltiples crisis en estos dos mil años de existencia. Y ahora estamos viviendo la más grande crisis de toda su existencia, y seguramente hemos llegado al clímax que implica su degeneración y autodestrucción. Su última etapa llamada desarrollo, –autoconsiderada por sus sustentadores como la de mejor y mayor progreso en toda la historia de la humanidad–, es la última etapa decadente de una vida en separación y divorcio con la feminidad-afectividad, la naturaleza-vida, y fundamentalmente con las leyes primordiales de la existencia y del funcionamiento armónico establecida por la inteligencia cósmica. Aquí vale recordar las palabras de Masanobu Fukuoka, maestro de la agricultura del no-hacer: "Cuando el hombre se aleja de la naturaleza no puede sentir el corazón de la naturaleza. Cuando pensamos en recobrar la naturaleza de forma científica, eso es imposible. La razón por la que hemos destruido la naturaleza es porque lo que hacemos por la naturaleza lo hacemos en nuestro propio beneficio".

La crisis global actual es la derrota al supuesto triunfo del kantismo y del ilustrismo, quienes creyeron haberse distanciado y separado de los "males de la naturaleza", a través de haberla dominado, domado, domesticado y ponerla al servicio de su goce egocéntrico. Ya en 1992 el Diccionario del Desarrollo editado por Wolfang Sachs decía: "Los últimos 40 años pueden denominarse la era del desarrollo. Esta época se acerca a su fin. Es el momento indicado para redactar su partida de defunción".

1.El desarrollo genera capital basura o chatarra:

El desarrollo económico ilimitado, impulsado en y desde EEUU después de la segunda guerra mundial, ha resultado un fracaso para la humanidad en su conjunto. Solo ha beneficiado a los "grupos de poder" de los países autodenominados desarrollados y a las clases de renta alta de los países llamados emergentes, en vías de desarrollo y subdesarrollados. La tercera parte de la humanidad se debate en la pobreza y la miseria, sin que las políticas del FMI ni las del Banco Mundial hayan logrado disminuir la brecha entre ricos y pobres. Así lo dice la realidad y las estadísticas de los mismos países. Hasta hace poco, solo criticaban a los países subdesarrollados (países vitales), hoy a los desarrollados (países en vitalización) de sur como Grecia, Irlanda, España, Portugal, Italia. ¿Quiénes son los próximos?

¿Y quiénes son los que históricamente, han sacado y siguen sacando, ventajas de todo esto? Un artículo publicado en el periódico El Comercio lo explica claramente bajo el título: "Crisis para algunos, oportunidad para otros": La crisis de la deuda soberana ha hecho que la mayoría de los inversionistas salga huyendo a toda velocidad de Europa. Pero el pánico de algunos es una oportunidad de compra para otros: algunos intrépidos gestores de fondos están aprovechando para comprar bonos de empresas del Viejo Continente a precios de liquidación. Los bonos chatarra de algunas empresas europeas son una opción, mientras que algunos prefieren sacar partido de las crecientes diferencias de precio entre la deuda europea y estadounidense [...] Los más osados aseguran que los bonos de los bancos griegos pueden resultar un negocio redondo. Esta clase de oportunidad sólo se produce de vez en cuando", afirma Ming Shao, director de Du Pont Capital Management, que administra unos U$S10.000 millones en inversiones de renta fija [...] Shao dice que los precios de los bonos cayeron tanto en octubre que compró deuda de empresas europeas, principalmente bonos garantizados por los activos de las compañías y bonos de conglomerados internacionales denominados en euros. Shao, experimentado operador de bonos hipotecarios, también acaba de adquirir deuda de bancos griegos respaldada por créditos hipotecarios, lo que se conoce como bonos cubiertos, a 60 centavos por dólar. Se trata de inversiones consideradas seguras, puesto que son respaldadas por hipotecas y garantizadas por los bancos. Shao ha aumentado la exposición de Du Pont a los bonos europeos en cerca de 5% desde septiembre y cree que la reciente ola de ventas en los mercados de crédito es parecida a las de 1998, 2003 y 2008 que terminaron siendo una buena oportunidad para comprar. La demanda de los inversionistas es tan robusta que algunas empresas europeas están emitiendo nuevos bonos basura, es decir con calificaciones inferiores a las de grado de inversión. El hecho –dice Saho– de que ciertas empresas puedan siquiera colocar deuda basura, demuestra que los inversionistas distinguen la suerte de los gobiernos de la de las compañías. […] No todos los inversionistas están convencidos de que los precios de los bonos han tocado fondo. Algunos todavía esperan una mejor oportunidad y prevén que el panorama será aún más atractivo en 2012, conforme la crisis de la deuda europea prosiga."

2. El desarrollo lleva al ecocidio:

Los países y sectores desarrollados han fecundado y promovido el cambio climático que amenaza con sucumbir a toda la humanidad. Ya en los años setenta el Club de Roma puso en alerta e incluso estableció predicciones de que si seguíamos en ese ritmo de desarrollo y crecimiento consumista, el planeta no podría soportar más. Pero esas predicciones se han quedado cortas pues la realidad ha demostrado que son más duros los efectos y estamos prácticamente viviendo el inicio del colapso ecológico. De ahí que recién intentan los países desarrollados (países en vitalización) paliar la crisis ambiental y pretenden destinar fondos hacia los países emergentes y subdesarrollados que son los que mayormente sufrirán el impacto del calentamiento global, generado y provocado por los países de alto consumo y de gran emisión de gases de invernadero.

Frente a esta emergencia se han sucedido varias conferencias y encuentros de distintos grupos de países pero sin mayores resultados positivos. Básicamente el propósito es exigir a los países desarrollados (léase tóxicos) la reducción en la emisión de gases y de polución en general. Pero ellos no están dispuestos a hacerlo, pues eso significaría irse en contra de sus mitos fundacionales que es el modelo de crecimiento económico ilimitado, base del sistema de desarrollo del paradigma piramidalista. ¿Y por qué no lo hacen? Pues, simple y sencillamente porque saben que si paran el crecimiento, el sistema se cae.

Ante ello, para paliar en algo el efecto devastador que se prevé han creado lo que llaman el "Fondo Verde", con lo cual pretenden la mitigación y adaptación al cambio climático de los países en vías de desarrollo bajo el eufemismo del principio de "responsabilidades comunes pero diferenciadas". En palabras claras, quien paga realmente es la Madre Tierra con todo su esfuerzo para beneficio y usufructo de unos pocos, y la factura la pasan a los países no contaminadores (subdesarrollados), quienes sufrirán las consecuencias de este desastre ecológico que se avecina.

A mayor desarrollo mayor deterioro del planeta, y consecuencias graves para los pueblos todavía ligados a la naturaleza, como lo demuestra el último informe de la Huella Ecológica (HE) y de la Biocapacidad (BC) de la Global Footprint Network (GFN), que señala que para el 2007 la HE mundial fue de 2,7 hectáreas globales (hag) per cápita (pc), mientras que la BC global fue tan solo de 1,8, lo que implica un déficit ecológico de 0,9 hag pc. Es decir, la demanda de la población mundial sobre el planeta superó su capacidad regenerativa. Ya podemos imaginarnos cuál será actualmente el déficit y lo que vendrá paulatinamente, pues a mayor desarrollo mayor destrucción de la huella ecológica.

La Huella Ecológica mide el impacto que provocan las actividades de consumo humano sobre la Madre Tierra. La Biocapacidad representa las áreas de tierra y de agua biológicamente productivas. La HE de los países de renta alta o desarrollados fue para el año 2007 de 6,1 y su BC de 3,1, por ende, con un déficit de 3. Los países de renta media o en vías de desarrollo produjeron una HE mucho menor de 2,0 y su BC de 1,7. Y en los países de renta baja o subdesarrollados su HE de 1,2 y su BC fue de 1,1. Cabe señalar, que la HE de los países de América Latina y el Caribe fue de "solo" 2,6 y su BC es de 5,5, lo que establece que somos una reserva para el mundo de 2,9 y con un saldo favorable. Pero como muchos gobiernos y grupos de los países en vías de desarrollo y subdesarrollados se están desarrollando rápidamente (socialismo del siglo xxi) seguramente a esta altura (2015) la Biocapacidad de América Latina ya debe estar cerca de la Huella Ecológica de los países del norte global.

Cabe resaltar que el país de menor Huella Ecológica es Bolivia, el país más subdesarrollado de América Latina, es decir, el país más sano y verde. ¡Viva el subdesarrollo! Los países subdesarrollados (países vitales) "salvarán" al planeta y a la humanidad. En cambio, los países llamados de crecimiento rápido, como la China, la India, el Brasil, en los últimos diez años han alcanzado índices de crecimiento altísimos y excepcionales (alrededor del 10%), pero con una HE de lo más desastrosa para el planeta. Y hoy son puestos de ejemplo para los demás países en vías de desarrollo. ¿Qué pasaría con la HE si todos alcanzaran ese crecimiento?

3. El desarrollo busca la uniformización y robotización:

El desarrollo civilizatorio propende a la homogenización de la vida, del pensamiento y de los valores. Su objetivo posmoderno es la globalización de la economía, del mercado y de la política bipartidista. Señalan que los fracasos del modelo de desarrollo neoliberal en los países en vías de desarrollo y subdesarrollados, se debe a que no piensan y actúan como los países desarrollados (países en vitalización). Plantean que la única posibilidad para que todos se desarrollen es que todo el mundo entre en los postulados civilizatorios y filosóficos del norte global, auto considerados los pensamientos más profundos que ha producido humanidad alguna.

La "salvación" de la humanidad es que todo el mundo se vuelva desarrollado, es decir, uniformizado al dios mercado que lo resuelve todo. El mercado es el nuevo dios monoteísta, "ha devenido en teología. La idea de que el mercado resolverá por sí solo los problemas sociales es una especie de epifanía de la razón neoliberal (XXI)". Al mercado no interesa la diversidad, la contradicción, la diferencia, pues son enemigas de la rentabilidad. La uniformidad es su patrón de existencia, y la producción en serie, a escala mundial y descartable, su mayor gloria divina.

4. El propósito del desarrollo es el civilizamiento de toda la vida:

La aspiración del desarrollo piramidal –como desde hace más de dos mil años–es seguir catequizando, adoctrinando, globalizando, uniformando, al mundo entero. No descansarán hasta que todos tengan la misma religión, la misma economía, la misma tecnología, la misma filosofía, la misma vida; tal como lo señalaba Fukuyama en su anunciado "fin de la historia", o en el "fin de las ideologías" de Hayek, Rorty, Novak. Ya casi lo están logrando, con los medios de comunicación-educación a su servicio y con la publicidad-marketing que en estos últimos 25 años han duplicado sus gastos en el mundo entero.

Al menos ya lo han logrado a nivel de los gobiernos de todo el mundo, quienes siguen las políticas del desarrollo en sus diferentes variables. No existe ningún gobierno en el mundo que se oponga al desarrollo. Ni el mismo Evo Morales de Bolivia tiene una posición anti-desarrollo. La misión de los nuevos catequizadores es "salvar" a los paganos subdesarrollados para que se vuelvan "sociedades modernas y dinámicas", y se inserten competitivamente en el mercado global. Ya casi convencen a todos, de que solo el desarrollo puede terminar con el "valle de lágrimas" que han vivido por siempre los subdesarrollados. Incivilizados debido a sus formas anticuadas y obsoletas de producción, consumo e intercambio, como por sus creencias y visiones retrógradas, lentas, desfasadas, rudimentarias; o en palabras de los voceros de los organismos internacionales del desarrollo, a su "falta de cultura emprendedora, pasivismo, ignorancia y desidia".

Pero ahora, ante la crisis en los países desarrollados (países en vitalización) ese argumento se está cayendo, están entendiendo que el problema no estaba en entrar al desarrollo sino en el desarrollo mismo, y ahora están diciendo que lo "[…] que hay que cambiar, y radicalmente, no es el subdesarrollo sino todo el discurso y la práctica del desarrollo en su conjunto. En otras palabras, hay que asumir al desarrollo como una patología de la modernidad. Lo que es necesario asumir y transformar, entonces, es todo el proyecto civilizatorio en el cual el "Norte" cree a pie juntillas" (21).

Antes se decía que el atraso de los tercermundistas se debía a que no seguían las políticas de los países desarrollados, pero ante la crisis en los desarrollados se comienzan a buscar nuevos culpables: los inmigrantes, los indocumentados, los árabes, los negros, el "mal", etc. Pero casi nadie puede ver que el problema está en los parámetros y condiciones de la civilización en sí mismo. Algunos solo intentan buscar otras vías de desarrollo pero casi nadie se atreve a cuestionar al desarrollo y peor a la civilización y su sistema monocular como tal que, como hemos demostrado, es el gran torbellino que degenera la vida en su conjunto.

5. El desarrollo es una nueva forma de neocolonialismo:

El desarrollo es la posmoderna forma de conquista y saqueo de lo que todavía no ha sido posible colonizar y piramidalizar. Antes se buscaba adherir los territorios y los pueblos invadidos a sus imperios, pero ante la revuelta de las oligarquías criollas con los denominados procesos de independencia, se han buscado otros mecanismos de apropiación y dominio. Hoy, sutilmente las grandes transnacionales compran tierras, minas, bosques, bajo el argumento de que vienen trayendo el desarrollo, fuentes de trabajo, transferencia de tecnología, créditos baratos, adelantos de la modernidad, etc. Con ese argumento los estados nacionales deben ir privatizando cada vez más la economía, de tal manera puedan ser compradas por estas grandes cadenas. Así van entrando sutil y hábilmente, hasta lograr que los sectores estratégicos como el financiero, comunicación, minería, petróleo, agua, etc., sean suyos. Particularmente les interesa la agua (no: el agua, la agua es femenina) pues saben que ése será el "oro del futuro".

De esta manera ya no se toman por la fuerza los territorios, simplemente hay que crear planes de fomento al desarrollo. Pero, ¿es que alguien se creyó que sus "aportes a los países en vías de desarrollo" eran gratuitos? ¿Es que alguien pensó que los dineros de esas fundaciones de desarrollo –que se entregan por millones de dólares en miles de proyectos de desarrollo– eran desinteresados, ingenuos, caritativos? Pues claro que sí, se lo creyeron casi todos. Llegan con sus caramelos: canchas de futbol, hospitales, iglesias, caminos, aeropuertos, con los cuales se abren paso en las comunidades. Y claro, con sobres debajo de la mesa para los gobiernos, diputados, jueces, alcaldes, y hasta dirigentes indígenas, quienes terminan bajo su brazo. Con la idea salvadora de la apertura al capital extranjero o de la magnánima inversión extranjera, sueltan unas cuantas migajas a los incautos y se compran a los vivísimos, mientras las multinacionales siguen adquiriendo nuevas propiedades.

Hay una nueva forma, aún más sutil y más moderna, que se han inventado los socialistas chinos y la cual la vienen practicado en África con excelentes resultados, y últimamente en todo el denominado tercer mundo. Sin prometer ayudas al desarrollo ni regalar un yuan de caridad (como lo hacen los evangelizadores desarrollistas), simplemente dan plata a los gobiernos para que ellos inviertan en cosas puntuales que necesitan los chinos. Así, los gobiernos y empresarios nacionales deben lidiar con sus trabajadores, salarios, condiciones laborales, etc., y los comunistas chinos esperan tranquilamente a que lleguen los productos a buen precio según lo pactado, luego los transforman en diferentes mercancías y los comercializan al mundo entero. No necesitan instalar nada directamente, los chinos siguen en China, y la materia prima llega en las cantidades y condiciones que ellos la requieren. Especialmente de productos comestibles, que son los más urgentes para las necesidades chinas, ya que tienen el 22% de los habitantes del mundo con solo un 7% de tierra cultivable.

Desde mediados de los noventa, China se ha dedicado a invertir en la región del sureste de África. Actualmente hay más de 60 proyectos agrícolas y la inversión se calcula en billones de dólares para cada nación. Por ejemplo, China y Malawi empezaron una relación diplomática en el 2007. Los asiáticos prometieron con-sentir al país africano con regalos caros, como la "joya grande" que es el nuevo Parlamento en la capital, Lilongüe. A cambio, Malawi prometió sus fértiles tierras para que China produzca algodón y sembradíos de productos alimenticios. Gracias a ello, China es el país que más ha crecido económicamente en los últimos años, con ese dinero siguen comprando sectores estratégicos en otros países, y así se están convirtiendo en los nuevos dueños del mundo. Sin embargo, los vecinos de Malawi, quienes han tratado por más tiempo con el gigante asiático, empezaron a tener problemas con el régimen chino. En las minas de Zambia, murieron algunos trabajadores africanos de una empresa china. El resto de mineros entraron en huelga, ya que las condiciones en las que trabajan son poco seguras, con baja paga y sin descanso. En el caso del Ecuador, los comunistas chinos le prestan dinero y a cambio el gobierno le paga con petróleo a bajo costo, a su vez los chinos le venden en ultramar a un precio más caro. Gran negocio de los chinos, sin hacer casi nada.

6. El desarrollo de unos es el subdesarrollo de otros.

El desarrollo de los países desarrollados se ha fundado y sostenido en prejuicio y desmedro de los países subdesarrollados. El desarrollo es para unos pocos y el subdesarrollo para las mayorías, el desarrollo a costa de subdesarrollar a los otros y a la naturaleza. Los recursos naturales (materia prima) y la mano de obra barata (explotación) de los países subdesarrollados (países vitales) ha permitido que los países desarrollados (países en vitalización) sigan creciendo económicamente más, pero para los otros significa mayor dependencia y degradación natural y social (pobreza, delincuencia, violencia).

Esto viene desde la invasión europea del mundo. Tan solo los conquistadores españoles, en apenas 150 años, se llevaron 185.000 kilos de oro y 16 millones de kilos de plata, según la contabilidad -hecha solamente- con lo que entró al Puerto de

Sanlúcar de Barrameda entre los años 1503 y 1660, según datos obtenidos de la Casa de Contrataciones de Sevilla. En estos 350 años restantes: ¿cuánto se han llevado en piedras preciosas, otros tipos de metales, petróleo, productos agrícolas, etc.? ¿Cuánto se siguen llevando las empresas multinacionales y transnacionales con sus obras para el desarrollo de los subdesarrollados? ¿Cuánto dinero e intereses se guardan en los bancos centrales de los países del primer mundo, y cuánto de la reserva monetaria nacional en los bancos privados de los países desarrollados? Pero principalmente, ¿cuánto se han llevado en luchas, en sufrimiento, en trabajo, en sueños, en esperanza, en creencias religiosas de nuestros pueblos?

"El desarrollo de los países occidentales se ha fundado en el subdesarrollo de los países coloniales y en la explotación y degradación de la naturaleza. No se puede entender el desarrollo económico y político de Occidente sin tener en cuenta la rapiña que tuvo lugar en los países coloniales desde el siglo xv. La esclavitud, la destrucción de ecosistemas naturales, la explotación económica y política del Sur por el Norte, en definitiva la pobreza estructural y crónica de los países calificados como subdesarrollados está en directa relación con la prosperidad de la que gozamos los habitantes de los países occidentales" (3).

Pero según los promulgadores del desarrollo, los países pobres, son pobres: no por causas históricas del colonialismo, del civilizalismo y de la explotación piramidalista, sino porque no están desarrollados. Es decir, porque no han hecho lo que occidente ha hecho, porque no han sido capaces de ser como los europeos, especialmente como los ingleses que han desarrollado a todos los países que han conquistado.

7. El desarrollo es el esclavismo moderno:

En el desarrollo, el crecimiento económico es ante todo crecimiento del capital financiero, que es el que más acumula fácilmente y sin mayor esfuerzo. El desarrollo financiero es la moderna monarquía de este tiempo. El capital especulativo, es el que tiene todas las ventajas y facilidades para enriquecerse de la noche a la mañana. Recoge capitales de todos lados y presta a otros ese mismo capital, como si fuera suyo. Luego se hace auto préstamos y crea nuevas empresas en su entorno con el propósito de ir monopolizando el mercado. Crean dinero falso a través de las tarjetas de crédito, que esclavizan a sus clientes, los cuales atrapados en el marketing del consumo se endeudan indiscriminadamente, para luego hacer de su vida el camino del trabajo duro para pagar a los bancos (esclavismo moderno).

La mayoría de quienes tienen algún bien lo obtienen por un préstamo bancario. Haciendo de su vida, el trabajo y esfuerzo para pagar la deuda. Igual pasa con los países que se han endeudado con bancos y con inversionistas, llegando al extremo de que la deuda externa es el mayor dogal de todos los pueblos, sin excepción alguna. Los EEUU tienen la deuda más alta del mundo con 14 billones de dólares, y cada vez pasan apuros por no entrar en moratoria. Pero los que realmente pagan la deuda de la economía parasitaria de los EEUU, es el mundo en general: España, Grecia, Portugal e Italia son propiedad de 5 bancos norteamericanos, que son los dueños de sus deudas públicas (esclavismo moderno). El mismo primer ministro de Rusia, Vladimir Putin, lo decía muy claro: "Estados Unidos gasta más allá de lo que sus medios le permiten y vive como un parásito de la economía global. Vive por encima de sus posibilidades, gravando a la economía global con sus problemas y viviendo como un parásito de la economía global". También criticó el "monopolio del dólar" y afirmó que Estados Unidos existe para aumentar su deuda dependiendo del crédito.

La última crisis financiera mundial que acabamos de vivir, la generó el mismo sistema financiero y es la que ha sacado la ventaja de la misma. "¿Quiénes provocaron la crisis?: los banqueros. ¿Quiénes salieron antes?: los banqueros. ¿Quiénes siguen ganando mientras el resto está parado?: los banqueros. ¿Quiénes los mandan?: el capital".

Pero no podrán seguir siempre con ese juego, por lo que la muerte del sistema especulativo desarrollista está en sus últimos suspiros. Los gobiernos van a intentar privatizar todo para pagar esas deudas, pero ya no hay más pueblo que quiera disminuir su ritmo consumista de vida, ni trabajar horas extras, además de que las fuentes de vida se agotan y el cambio climático acecha. Al final, todo el sistema especulativo, explotador y concentrador financiero, terminará exterminando a todo el sistema como ha sucedido desde 1920 hasta la actualidad. Ya no hay más quien lo sostenga, como lo ha dicho –de alguna manera– el propio Barak Obama, y todo terminará volviéndose un castillo en el aire sin que nadie lo alimente. Los expertos le dan 30 años más de vida.

8. El desarrollo genera cantidad y degenera la calidad de vida:

El desarrollo nos dice que a mayor crecimiento económico mayor calidad de vida, pero el resultado es catastrófico. El desarrollo confunde riqueza material con riqueza espiritual, cree que lo material por sí solo genera riqueza espiritual. Lo que implica que a mayor acumulación de bienes materiales mayor espiritualidad, alegría, bienestar, serenidad, amor... Pero el resultado es calamitoso, pues a mayor cantidad de bienes mayor dependencia a esos bienes, los cuales se transforman en el nuevo dios que sostiene su existencia. No pueden ser ni estar en la vida si no tienen los suficientes bienes materiales que les den sostén y sentido. Y como su crecimiento es ilimitado deben acumular más bienes materiales, y resulta que en un momento dado están totalmente atrapados en la materialidad y prisioneros de los bancos. Se vuelven compradores compulsivos y cuando no tienen algo se deprimen, al punto de violentarse o de suicidarse, aunque también en el caso inverso, al carecer de los medios económicos suficientes para disfrutar de esos bienes. Las estadísticas de suicidios son alarmantes en los países desarrollados (países en vitalización), es decir, en los países enfermos.

Según el Programa de Naciones Unidas para el Medio Ambiente (Pnuma), mientras en el último cuarto de siglo la economía se ha cuadriplicado, el 60% de los recursos y servicios de los ecosistemas del mundo se han degradado o utilizado de un modo insostenible. El crecimiento se ha logrado a costa del agotamiento y la degradación de los "recursos" y "servicios" eco-sistémicos. El crecimiento económico ha supuesto la "mejora" de las condiciones de vida de millones de personas pero, al mismo tiempo, ha producido el deterioro de los ecosistemas naturales y de las fuentes de vida en todo el mundo, que están poniendo en peligro la supervivencia de miles de comunidades.

¿Para qué personas ricas económicamente pero miserables espiritualmente? ¿Tiene así sentido la vida? EE.UU teniendo apenas el 5% de la población mundial consume el 50% de sedantes, antidepresivos, ansiolíticos y demás drogas químicas que se venden legalmente en el mundo, así como la mitad de lo que es prohibido e ilegal en el mundo. La revista científica The Lancet dice que en la última década la obesidad severa ha crecido en un 30% entre los jóvenes en los países desarrollados. A su vez, el Centro de Ciencias de la Salud de la Universidad de Colorado, señala que la obesidad en los niños norteamericanos aumentó en un 40% en los últimos 16 años. El país inventor de la comida ligera y chatarra, es el país con más gordos en el mundo. ¡Ese gran país, ladies and gentlemen, son los Estados Unidos de la Nueva Babilonia!

Su dependencia material se transforma en una vida mórfica (artificialidad, frivolidad, superficialidad) hasta cuando llegan a las drogas tratando de llenar el vacío espiritual. Experimentan con una y otra droga tratando de calmar su ansiedad, su depresión, su soledad… pero nada los detiene. Y así con otros tipos de personas de estas sociedades megalómanas y monomaníacas, en que su enfermedad de materialidad y crecimiento económico ilimitado no puede parar su sufrimiento. El neo-nazismo y los nacionalismos son las posmodernas expresiones de este desarrollo emocional ilimitado y descontrolado, en la que los jóvenes buscan culpables en el exterior y sus responsables en los extranjeros, en quienes descargan toda la frustración que la sociedad desarrollada no logra llenar sus vacíos existenciales.

La ciencia y la tecnología se han desarrollado al máximo, pero al mismo tiempo las enfermedades que alcanzan niveles insospechados de cobro de vidas: humanas, animales y plantas. "La biogenética promete una vida sin enfermedades y muerte; la tecnología nos permite superar cualquier deficiencia física; la cibernética nos independiza hasta de las relaciones sociales y emocionales (realidad virtual; cibersexo; chatting). Sin embargo, el "olvido" de la "naturalidad" primordial del hombre tiene un alto precio: Trastornos y enfermedades psíquicas; soledad y aislamiento; artificialidad de la vida; contaminación ambiental; instrumentalización del mismo hombre (clonación, eugenía)" (5).

Entonces, qué es el desarrollo. ¿Quiénes son los subdesarrollados? ¿Cómo medir el desarrollo? ¿Cuáles son los parámetros del desarrollo? Siguiendo las teorías del desarrollo y mirándolo los componentes sociales descritos anteriormente, tendríamos que los países subdesarrollados[3] son realmente los hoy llamados desarrollados. Tercermundistas serían los países más contaminadores y destructores de la naturaleza. Cuartomundistas los países con mayor índice de enfermedades, de más muerte por malas prácticas médicas, de mayor dependencia a las drogas legales e ilegales, etc.

---

[3] Palabra introducida en 1949 por un gran defensor del parasitismo del capital, el presidente Harry S. Truman de los EEUU.

Pero esto sería caer en el mismo juego, pero a la inversa. El problema está en los conceptos, valores y fines del desarrollo, el cual gira la balanza de un lado a otro. Ante ello, la alternativa está en la armonía y equilibrio entre lo material y espiritual, entre la cantidad y la calidad, entre la racionalidad y la percepción (armonía de complementarios), etc.

9. El desarrollo tiende a la concentración:

El desarrollo tiende a concentrarlo todo. Así como concentra capital en pocas manos también concentra la riqueza y la población en inmensas metrópolis. Ciudades enmarañadas y desaforadas como New York, Londres, Pekín, Nueva Delhi, Sao Paulo, México D.F., París, Tokio... convertidas en símbolo y estandarte del triunfo de la civilización (civilis y polis) sobre la naturaleza (cultura campesina). Lo citadino como estereotipo de civilizado y desarrollado. Llegar a vivir en estas ciudades, aunque sea en forma miserable, es signo de triunfo y adelanto. Quedarse en el campo aunque se viva muy cómodamente, es símbolo de atraso, inferioridad, falta de prosperidad. Los citadinos de las grandes ciudades se creen mejores y minimizan a los pobladores de ciudades pequeñas, y aún más de los campesinos con los cuales hacen burlas y mofas. Y mucho más si encima son mujeres, indígenas, pobres. Igual sucede entre países.

Hasta hace 50 años, la mayoría de la población del mundo vivía en el campo, hoy casi el 80% de la población del mundo vive en ciudades. La población mundial se ha duplicado en el último medio siglo. En 1950 vivían en las ciudades 730 millones de personas, para el 2009 eran casi 3.500 millones y en cuatro décadas alcanzará los 6.300 millones, según el Departamento de Asuntos Sociales y Económicos de la ONU, de un informe de marzo del 2010. Para el 2025, de las 21 mega-ciudades que había hace dos años a nivel global, habrá 29 con 10 millones de habitantes o más, según el mismo informe, ubicadas la mayoría en países en vías de desarrollo.

"Yang Weimin, viceministro de la Oficina del Grupo Principal de Finanzas y Asuntos Económicos, aseveró que las decenas de millones de inmigrantes rurales de China que agrandan las poblaciones urbanas podrían tener "consecuencias negativas para el desarrollo". Las grandes ciudades se encuentran bajo grandes presiones, mientras que las ciudades más pequeñas y medianas carecen de suficientes industrias para proveer suficiente empleo" (Tomado de El Comercio).

Según estimaciones de la ONU, cerca de dos bebés nacen cada segundo, por lo que la cifra de los 7.000 millones (octubre 2011) seguirá aumentando en la próxima década hasta alcanzar 10.000 millones hacia 2100. Naciones Unidas prevé que India se convertirá en el país más poblado del mundo hacia 2025, cuando sus habitantes sumen alrededor de 1.500 millones, superando así a China. Mientras tanto, los expertos están de acuerdo en que el mundo enfrentará enormes desafíos para combatir la pobreza y proteger el medio ambiente.

En apenas 100 años, el urbanismo ha terminado con siete mil años de vida humana centrada en la agricultura, como dice el historiador Eric Hobsbawn. Todos atraídos por el sueño del progreso, del confort, de la comodidad, del lujo, del placer, que supuestamente brindan la ciudad. Pero todo ha sido un cuento truculento, atraídos por la leyenda de que la ciudad es como el Rey Midas que todo lo que toca lo transforma en oro, abundancia, gloria, fama, poder. Algunos están despertando y están regresando al campo, en primera instancia lo están haciendo los ricos aunque huyendo de los delincuentes que los acechan y de la violencia en general que provocan las grandes ciudades.

Los sistemas más frágiles y de mayor susceptibilidad en caso de terremotos o efectos naturales son las ciudades. La debacle y degeneración de las ciudades es la derrota del paradigma civilizatorio (civilis y polis) que creía que la ciudad es el prototipo de una sociedad culta y avanzada, diferente a lo salvaje y primitivo que representa el campo y la naturaleza. La ciudad que fuera levantada como centro de unificación y de protección: de la naturaleza, de los "dioses exiliados", de los invasores, de los piratas, hoy es el centro de concentración de la decadencia y la putrefacción social. En el mismo Occidente ya han hecho referencia a ello, en su crítica a la modernidad: Martin Heidegger en sus clases acerca de la poesía de Holderlin, y Nietzsche cuando hablaba de las bases del nihilismo en la modernidad burguesa.

10. El desarrollo crea irrealidades:

Las teorías del desarrollo nos hacen creer que todo tiempo futuro será mejor. Nos hacen soñar en que todo lo lograremos mañana. Desde Platón, pasando por Darwin hasta los científicos racionalistas posmodernos, nos hacen creer que la vida y nosotros estamos evolucionando, que estamos mejorando, que todo está progresando. Ese gran mito ilusorio y fetichista del paraíso en el futuro está matando la conciencia de millones de personas que no pueden vivir y disfrutar del presente, porque tienen que pagar el pecado de Adán y Eva y deben desarrollarse más. Esa idea del crecimiento ilimitado de la vida es engañoso y falso, cuando sabemos que como organismos que son, todos los elementos de la vida tienen su tiempo de vida, cumplen sus ciclos y mutan a una nueva forma.

El "crecimiento" y el "desarrollo personal" solo puede ser en el presente, en el aquí y ahora. Por lo tanto el desarrollo no es ilimitado hacia el futuro, el desarrollo no es mejoramiento o progreso o cambio; en realidad, el desarrollo es una "bella" ilusión. Esa la gran trampa de las teorías del desarrollo: creer que estamos cambiando, creciendo y que algún día alcanzaremos nuestros sueños, pero como nuestra vida es limitada no encontraremos nunca el tan anhelado desarrollo, porque lo que se alcanza se vuelve insuficiente y se ansía más. Entonces lo que sí crece y se desarrolla es la ansiedad, la ambición, la desesperación, la codicia, el estrés; y no la serenidad, la alegría, el amor, que eso se logra armonizando la conciencia y no desarrollándola. El desarrollo es solo un espejismo que nos hace dar la vuelta en el mismo círculo vicioso, como el perro que cree haber triunfado o es exitoso porque logró morderse la cola, hasta que termina loco.

11. El desarrollo conduce al extremismo:

El desarrollo y su crecimiento económico ilimitado generan crecimiento de enfermedades como el cáncer, que es un crecimiento ilimitado de células cancerígenas. Genera crecimiento poblacional, urbano, embotellamientos, contaminación, ruido. Genera más destrucción de la capa de ozono, devastación de los bosques, empobrecimiento de los suelos fértiles, contaminación y escasez del agua dulce, desaparición de miles de especies. Genera más estrés, obesidad, infartos, sida, anorexia, etc. como lo demuestran las estadísticas. Genera más banalidad, frivolidad, superficialidad, confort, placer, hedonismo, nihilismo, es decir, la superposición de la estetización de la vida sobre todo lo demás, la estética sobre la ética (sociedad hikikomori-anoréxica). Genera más racismo, xenofobia, individualismo, egoísmo, dependencia, aislamiento, guerra, violencia, especialmente en los países desarrollados (países en vitalización). Genera más ansiedad, desesperación, locura, suicidio. Genera más despilfarro, ostentación, envidia, egolatría, prepotencia.

Según Serge Latouche, autor de La décroissance, publicada en 2006 en Francia, cuatro toneladas de CO_2 por habitante es la media anual de emisiones, en algunos países africanos la media es de dos toneladas, mientras que un quinto de la población ubicada al norte de la Tierra emite 11,5 toneladas. Un litro de gasolina utilizada demanda 5 m^2 de bosque para absorber el CO_2. Se estima que a causa del cambio climático, 350.000 personas mueren al año y hay alrededor de 50 millones de desplazados/refugiados por las transformaciones ambientales y atmosféricas. Escribe Latouche: "Los habitantes de los países más pobres tienen 78 veces más probabilidades que los de las naciones ricas de resultar afectados por el cambio climático". La hipótesis, que se convierte en evidencia y sensatez, la formulamos de nuestra parte como conclusión inicial: no puede haber ecología sin otra economía, o, dicho de otro modo, la relación entre capitalismo-socialismo y ecología es irreconciliable.

12. El desarrollo hace más ricos a los ricos:

El paradigma civilizatorio del desarrollo ha buscado maquillarnos con múltiples cosméticos, ablandándonos con teorías como el desarrollo sustentable y sostenible, que en la práctica han resultados ser sustentables y sostenibles para los detentadores del poder económico monárquico esclavista, como por ejemplo, con los agro-combustibles que no es para reducir el problema del clima sino para reproducir el capital. Los ricos de los países ricos y de los países pobres son cada vez más ricos, y los pobres cada vez más paupérrimos.

Ante ello, han surgido las teorías del decrecimiento económico, del decrecimiento sostenible, de la democracia ecológica, del capitalismo verde, la teoría de la dependencia, el mal desarrollo, el mal vivir, el pos-desarrollo, etc. Dice Ana Agostino: "El post desarrollo, por su parte, no presenta un discurso alternativo sino una nueva sensibilidad que valoriza la diversidad, que cuestiona la centralidad de la economía –en particular del mercado–, que promueve la sustentabilidad de la vida y la naturaleza, no del desarrollo –¡mucho menos del crecimiento!–, que reconoce múltiples definiciones e intereses en torno al sustento, las relaciones sociales y las prácticas económicas, que prioriza la suficiencia frente a la eficiencia, entre otros conceptos" (Tomado de 3).

Todas posturas muy interesantes y loables con las que intentan oponerse al desarrollo –y con las que estamos de acuerdo para aplicarlas en la etapa de transición–, pero el inconveniente es que se quedan en el tronco y no van a la raíz, que es todo el paradigma civilizatorio y todos sus presupuestos fundacionales: ontológicos, epistemológicos, políticos, ideológicos y religiosos. La idea no es buscar una nueva forma de desarrollo alternativo o salidas al desarrollo capitalista-socialista, sino alternativas alter-mundialistas a la civilización y al sistema monárquico-monoteísta (mono-república) en su totalidad. El enigma de fondo no es el pos-desarrollo y el pos-capitalismo sino la pos-civilización y el pos-patriarcalismo.

No se trata solamente de luchar contra los excesos y abusos del desarrollo, sino contra todos los fundamentos, principios y falacias del sistema civilizatorio o régimen monoico en su conjunto, pero no para reemplazarlo por un nuevo paradigma civilizatorio o darle un apellido para aplacarlo o para suavizarlo, como ahora gustan hacer los "alternativos new age" (capitalismo salvaje, capitalismo cristiano, capitalismo humanista, capitalismo verde), sino para retomar el milenario sistema cultural integrativo practicado por todos los pueblos de la Gran Matria, en una nueva etapa y en otro nivel. No se trata solamente de descolonizar al colonizado sino también al colonizador, el cual tiene como marcapasos de su accionar el civilizamiento de la vida. En Occidente, casa adentro, también se sigue colonizando a su pueblo; una élite que durante 2.000 años viene asfixiando el sistema cultural ancestral europeo y que ya casi lo termina completamente. Sin embargo, desde las cenizas que quedan hay algunos que están empeñados en recuperar el fuego de la sabiduría natural y repotenciarlo en un nuevo estadio de vida.

Los pueblos naturales y culturales europeos (celtas, normandos, germanos) también sobreviven en ciertas familias y en el inconsciente colectivo de todos ellos, pues en el fondo son naturaleza aunque sus teorías les digan que la naturaleza está separada de ellos. Por más que quieran dominarla están atravesados por la naturaleza, así renieguen y dediquen toda su vida a distanciarse de ella. En este sentido, no cabe aquella idea de humanizar el mercado sino la de terminar con el mercado epifánico, acumulador y explotador, y remplazarlo por un sistema de reciprocidad, de complementariedad, de compensación, de reposición equitable y mutual entre naturaleza y sociedad. No se trata de cambiar la hegemonía del capital (capitalismo) a la hegemonía del Estado (socialismo) sino de terminar con todo tipo de hegemonía. No se trata solamente de la supremacía del trabajo humano sobre el capital, del individuo sobre la competencia, del valor de uso sobre el valor de cambio, de poner límite al egoísmo del consumidor, de la no mercantilización de todas las manifestaciones de la vida humana, sino de cambiar las nociones y relaciones con y desde la naturaleza. Diríamos, con Michel Serres, que es necesario un "contrato natural" para relevar dos mil años de maniqueísmo esclavista.

13. El desarrollo no conduce a la estabilidad:

Para los evolucionistas, progresistas y desarrollistas, la materia está evolucionando, progresando, desarrollando, cada vez a formas superiores (del latín super: más que, por encima de). Lo que no entienden, es que la materia y la vida en general están manifestándose en sus infinitas formas y presentaciones, pero su esencia es siempre la misma ya que están regidas por las mismas leyes naturales estables, dinámicas e infinitas. Por ejemplo, una planta de maíz o un grano de maíz es maíz en diferente estado y presentación, no porque sea un grano es menor a la planta o viceversa. En un espermatozoide y en un óvulo fecundado está toda la información de lo que será un ser humano, y no porque el espermatozoide y el óvulo sean pequeñas células, son menos inteligentes o menos evolucionados, que un ser humano ya formado como tal. En un momento del infinito, la vida se presentó en forma de aminoácidos, luego se presentó en formas más grandes y complejas, no por ello significa que ha evolucionado o desarrollado o mejorado, sino que simplemente ha tomado otra forma, dentro de las infinitas formas que guarda dentro de su constitución. El monoteísmo cree en la evolución, el vitalismo en la complejidad. Son dos concepciones muy diferentes.

No porque algo ha cambiado de forma, significa que ha evolucionado o ha mejorado, simplemente ha cambiado a otra manera de expresión, de la cantidad de memorias que están registradas en sus infinitos programas, y de los cuales seguirá tomando nuevas y diferentes formas, pero su naturaleza siempre será la misma. Llámese ser humano, piedra, animal, planeta, estrella, cosmos, para todos ellos la esencia constitutiva es la misma fuente de vida (ciencia quántica) y están regidos por las mismas leyes, las cuales son constantes y no evolucionan ni cambiarán hasta que se produzca un nuevo big bang, o un gran Pachakutik como dirían los pueblos andinos. Todo es un sistema de interrelaciones en ciclos pequeños y grandes, tal como se forman las ondas de agua cuando se lanza una piedra sobre un estanque. La onda más pequeña no es menos evolucionada que la más grande, solo diferente en su forma, pero la constitución es la misma.

No porque el ser humano moderno haya desarrollado armas más sofisticadas de extermino, es más desarrollado que el ser humano antiguo que se defendía con flechas, simplemente ha cambiado la tecnología, pero la conciencia puede haberse contraído o congestionado. No porque el hombre moderno mate más y mejor, es más desarrollado, simplemente es más inconsciente. No porque ahora haya más tecnología, el ser humano de ahora es más feliz o consciente que el ser humano antiguo. Ahora hay tecnologías y sistemas tan complicados, que han enajenado y despersonalizado al ser humano, provocando gran cantidad de suicidios, violencia y conflictos.

No porque los países industrializados contaminen más el planeta son más desarrollados que los que menos contaminan, y más bien, siguiendo otros parámetros serían los menos desarrollados. No porque los ricos tengan más posibilidades económicas son más felices que los pobres, la riqueza ha generado placer y confort, y como consecuencia mayor dependencia y esta dependencia mayor sufrimiento, como se puede ver en las sociedades industrializadas donde los índices de depresión, violencia, suicidios, guerra (primera y segunda guerra mundial) son más altos que en aquellas comunidades que no están tan atrapadas dentro del juego del sistema del libre mercado. Y mucho menos en aquellos pueblos con una forma de vida natural, los mal llamados primitivos o salvajes, como ciertos pueblos que sobreviven en la Amazonía y en ciertos lugares del planeta completamente alejados y distantes de la civilización del monólogo. Todo lo cual solo ha conducido a la mercadolatría, la morfidad y la banalización de la vida, que es en última instancia la cúspide máxima a la que ha llegado la civilización.

Resumiendo y sistematizando:

El desarrollo es un sistema que –como su nombre lo indica–está desarrollándose perennemente, que crece indefinidamente, que evoluciona perpetuamente. Este desarrollo es ilimitado pero que no desarrolla por igual a todos sus componentes o ingredientes que constituyen la vida natural y social. Mientras unos segmentos se desarrollan, otros degeneran o se estancan. El sistema de desarrollo principaliza y centraliza todo en el desarrollo económico y material, pero que a la larga se convierte en subdesarrollo para la mayoría de miembros del sistema.

Esto se traduce en desarrollo material y subdesarrollo vital. El desarrollo es un sistema bumerán, su efecto trae como resultado una acción que se vuelve en contra de todos, principalmente de la naturaleza y de aquellos que sostienen el desarrollo de una pequeña minoría. Como dice André Gunder Frank, en "América Latina" lo único que se desarrolla son las propias condiciones del subdesarrollo.

Es decir, a mayor materialización y artificialidad, mayor alejamiento de la naturaleza y de sus ciclos vitales (vitalismo) y por ende mayor sublimación y virtualidad (mecanicismo). Las sociedades se vuelven más mecánicas y superficiales, germinando pueblos ansiosos de matar, a través del dominio de la naturaleza y el sometimiento de otros pueblos y personas. Seres humanos que deben estar al servicio de la megalomanía de los dueños y detentadores del poder político, económico y religioso, sino, son reprimidos y obligados a servirles. Este materialismo mórfico termina desvalorizando y ridiculizando todo aquello que sea emocional, sensitivo, simbólico, ritualístico, femenino, subjetivo, etc., es decir, todo lo que es el cerebro derecho: lo matricial, el sentimiento, la relatividad, lo quántico, la holisticidad (vitalismo).

Todo esto implica la necesidad de un sistema diferente, que promueva el equilibrio y la armonía entre todas sus variables, para que no haya distorsiones que generen subidas en ciertas coordenadas y bajadas en otros parámetros, que conduce a crisis cíclicas en diferentes niveles, y que van minando paulatinamente al sistema en su conjunto. Crisis de las que se benefician los que están en mejores condiciones para aprovecharse de las debilidades o falencias de los otros. Los cuales –a su vez– establecen nuevas reglas de juego que reordenan el sistema momentáneamente, pero que luego se vuelve al caso anterior y así sucesivamente. Es decir, solo es un cambio de timonel pero los beneficiarios serán siempre quienes, con un nivel de poder, puedan sacar ventajas y provechos de las crisis. En resumen, esta es la historia patriarcal monárquico-monoteísta de estos 5.000 años por parte del norte-centrismo monocorde, perfeccionada en estos 2.000 años civilizatorios, y pulida en estos últimos 100 años a través del denominado desarrollo.

En vez del desarrollo ilimitado proponemos la estabilidad dinámica o estabilidad en movimiento. La estabilidad dinámica es un sistema que promueve la armonía y el equilibrio, el cual no busca desarrollar sino, el mantener equidad, guardar reciprocidad, controlar el crecimiento, generar movimiento multipolar paralelo, provocar un uso mesurado de la tecnología, inspirar una relación respetuosa y sagrada con la naturaleza, motivar la complementariedad entre vida artificial y natural, concienciar a la simetría equitativa entre posiciones masculinas y femeninas, etc. Es decir, un mundo que dé importancia a lo espiritual-ecológico-cultural (vitalismo) sobre lo material y económico (capitalismo/socialismo). Un modelo que no juegue solo al más sino también al menos, a reducir, a restar, es decir, jugando en la proporción natural o proporción sabia de la vida.

"Desde Aristóteles hasta Heidegger, las éticas dominantes de Occidente han sido éticas del soldado masculino (fortaleza, prudencia, valentía, perseverancia) y del sujeto antropológico conquistador (conquiro ergo sum), que tienen como objetivo someter a la alteridad (mujer, naturaleza, pueblos indígenas, homosexuales, etc.) a su criterio ético de responsabilidad varonil y autocracia patriarcal" (6).

Por tanto, no es rica la persona que más tiene sino la que menos necesita. No es más limpia una casa porque más se limpia sino porque menos se ensucia. No es más sano un pueblo porque más se cura sino porque menos se enferma. No es más puro un planeta porque se recicla más sino porque menos se contamina. No es más justo un pueblo porque sentencia a más personas a la cárcel sino porque hay menos personas que cometen delitos. No está en paz una sociedad porque ataca más a sus adversarios sino porque es menos detractora de la otra". No es más democrático un sistema porque las mayorías siempre ganan sino porque da espacio a la diversidad.

Mientras no se apunte a la estructura antropo-céntrica, patriarcal-céntrica, ego-céntrica, andro-céntrica, etno-céntrica, euro-céntrica, cristiano-céntrica del sistema llamado "civilización occidental" o paradigma piramidalista, todo será igual. Si siguen considerando a la naturaleza como un bien de intercambio, sujeta al ejercicio de derechos de propiedad, susceptible de uso, goce y libre disposición, todo estará en la misma fuente embrionaria. Mientras no se cambie el tipo de relación con la naturaleza, a una relación recíproca, a una relación sagrada, a una relación armónica, a una relación de guardianes, a una relación holística, a una relación de seres vivos, a una relación de órganos del gran organismo de la vida (vitalismo); no habrá ningún cambio que nos conduzca a una larga estabilidad social. Mientras no se cambie el tipo de visión, concepción y sentimiento (conciencia) sobre el ser humano, el mundo, la naturaleza, el cosmos, en resumen, la vida, todo seguirá siendo igual, solo con distinto maquillaje y ropaje.

Necesitamos un nuevo sistema y no nuevos paliativos de sustentabilidad, sostenibilidad, culturalidad y otros. Un sistema totalmente diferente desde su constitución y manifestación. Pero tampoco una nueva aventura sino la experiencia acumulada de la humanidad, especialmente, de su época matricial integrativa (vitalismo). Y ese cambio armónico, real y profundo, es el milenario vitalismo armónico y complementario, conocido en los andes como sumak kawsay. De esta manera, volvamos a "re-encantar" la vida, a recuperar la magia de vivir, a retomar el

embrujo de maravillarnos por la existencia. Simplemente, re-
aprendiendo a convivir, estando, siendo, nomás.

EL POSMODERNO BUEN VIVIR Y EL ANCESTRAL SUMAK KAWSAY

Los invasores españoles, de regreso en su territorio, contaron a los reyes y a la población en general, sus versiones de lo que habían visto de los pueblos ancestrales de Amerindia. Algunos escribieron libros con sus versiones particulares, fruto de sus propias pasiones o sus deseos de presentarse como grandes aventureros. Pero también aparecieron historiadores que nunca pisaron suelo amerindio y que se inventaron sus propias crónicas, en base a lo que contaban ciertos personajes, muchos de los cuales eran de pésima reputación (delincuentes), o simplemente hacían sus propias deducciones en base a sus propósitos más literarios que realmente históricos.

Las versiones eran tan disímiles que se acusaban mutuamente de mentirosos o de fantasiosos. Por ejemplo, los curas Ginés de Sepúlveda y Bartolomé de las Casas, cuando fueron invitados a dar clases en la Universidad de Salamanca, mutuamente se acusaban de fabuladores. Ginés de Sepúlveda, en su célebre libro "Tratado sobre las justas causas de la guerra contra los indios", se dio el lujo de escribir toda una serie de justificaciones y razones para perseguirlos y matarlos, al "haber descubierto a un indio salvaje, sin ley ni régimen político, errante por la selva y más próximo a las bestias y a los monos que a los hombres". Esto dio pie para que Bartolomé de las Casas le acusara de escribir "inmensas mentiras", en su obra Brevísima Relación de la Destrucción de las Indias. Es importante resaltar la palabra destrucción que emplea Las Casas, la cual ejemplifica cuál fue la acción de los autodenominados "conquistadores". Un hubo ningún descubrimiento ni encuentro sino la destrucción de Amerindia.

Esto que pasó hace 500 años se ha repetido durante todo este tiempo, incluso se fue acelerando y profundizando año tras año, haciéndose cada vez más devastador y al mismo tiempo más sutil la dominación colonial. Encontrándonos actualmente en la "segunda y definitiva" etapa de conquista, esta vez empujada por el neo-colonialismo interno. Un proceso repetitivo en estos cinco siglos, que a medida que pasó el tiempo se fue haciendo más fuerte y firme, sin que ninguna "Independencia de España" cambiara la situación de los pueblos primeros, tan solo la de los hijos de los conquistadores que pasaron a colonizar directamente, sin interferencias ni imposiciones de la realeza sino en base a sus propias aspiraciones y sueños.

Durante este tiempo, tan solo se renovaron y se multiplicaron las formas y mecanismos para profundizar el civilizalismo y consolidar la dependencia colonial, de etapa en etapa. "Pasamos de la caracterización de "pueblos sin escritura" del siglo xvi a la caracterización de "pueblos sin historia" en los siglos xviii y xix, a la de "pueblos sin desarrollo" en el siglo xx y más recientemente, a la de "pueblos sin democracia" a comienzos del siglo xxi. Pasamos del "cristianízate o te mato" del siglo xvi al "civilízate o te mato" del siglo xix, al "desarróllate o te mato" del siglo xx, al "neoliberalízate o te mato" de finales del mismo siglo y al "democratízate o te mato" de comienzos del xxi. Es una civilización de muerte. O se afirma el sistema y se acaba la vida, o se buscan las maneras de descolonizar la mente. La independencia no es suficiente si se mantienen las jerarquías de poder y de conocimiento, la descolonización de la mente está por hacerse. La colonialidad sigue presente, a pesar que el colonialismo como administración colonial ha desaparecido. Aún vivimos en un mundo colonial y necesitamos salir de las formas estrechas de pensamiento. Requiere una transformación más amplia de las jerarquías sexuales, de género, espirituales, epistémicas, económicas, políticas y raciales del sistema mundo moderno/colonial (11).

En otras palabras, no hubo ningún cambio entre los antiguos colonizadores y extirpadores de idolatrías, con los modernos políticos y teóricos de hoy en día. Lo que pensaba Ginés de Sepúlveda hace 500 años lo siguen pensando muchos actualmente. La visión del mundo, de la naturaleza, de los indios, que tenían hace 500 años los conquistadores, la siguen manteniendo los neo-colonizadores, pero con armas más sofisticadas y contundentes: el Estado, las universidades, los partidos políticos, el ejército, el sistema judicial, todos ellos estructurados y manejados desde el pensamiento colonial monoteísta o pensamiento único. Los posmodernos antropólogos, historiadores, economistas de la "sociedad civilizada, moderna y desarrollada" siguen interpretando y escribiendo, la cultura, historia, resistencia, vida, de Amerindia desde sus dogmas ideológicos y sus visiones civilizalistas. En definitiva, "Desde las palabras de Ginés de Sepúlveda hasta el día de hoy, el discurso principal no ha cambiado de fondo, sino solo gradualmente (6)".

Actualmente, ciertos ideólogos e intelectuales comienzan a hablar y escribir sobre el sistema andino de vida, desde sus preceptos antropocéntricos y sus teorías interpretativas logocráticas (monoteísmo). Todas ellas partiendo de códigos y variables colonial-civilizatorias en las cuales han sido educados y formados social y paradigmáticamente. Fenómeno denominado anatopismo, y que consiste en interpolar maniqueamente una realidad sobre otra y juzgar desde afuera asumiéndose como mejores o superiores. "El término "anatopismo", acuñado por Víctor Andrés Belaunde (1889-1966) en sus Meditaciones Peruanas, quiere resaltar el carácter sumamente alienado de un pensamiento, en especial del latinoamericano que "trasplanta" simplemente la filosofía occidental en suelo (topos) americano, sin tomar en cuenta la propia realidad. Las élites latinoamericanas son en gran medida "anatópicas", no solo con respecto a su pensamiento, sino también a las formas culturales y el modo de vivir en general" (5).

Los intelectuales, economistas, políticos de Latinoamérica, de Derecha o de Izquierda[4], se han dedicado en estos 500 años a reproducir los esquemas del civilizalismo liberal/maxista y las leyes del economicismo privado/ estatista, que dictan las "Academias y Universidades del Ilustrismo", antiguas y posmodernas. Raigambre epistemológica que no es evaluada ni analizada, y solo se la introduce como verdad universal sin ninguna objeción ni cuestionamiento.

Cuando lo mínimo y adecuado para un investigador responsable y serio, es internarse en la conciencia de un pueblo para desde ahí atreverse a recrear teorías o sistematizar filosofías, pero si quiere evitar errores grasos, lo fundamental es interiorizar en su sangre una cultura para hablar con propiedad y claridad. Si una forma de vida o de pensamiento no se la enraíza viviéndola en

---

4 División o dicotomía creada por el civilizalismo

carne propia, se vuelve manipulable y deformable. Así, por más buenas intenciones que animen a algunos, incluso pudiendo ser descendientes de los pueblos originarios, sus posiciones pueden terminar siendo parte del adoctrinamiento y de la catequización que ha hecho del civilizalismo su forma de existencia natural.

El común denominador de las investigaciones y de los diagnósticos, incluso de aquellos que se sostienen en metodologías participativas, ha sido "hablar por" o "hablar sobre" […] (diferente al) "hablar desde y con" los propios actores sociales […] Otra diferencia importante con relación a trabajos realizados "sobre" las y los sabios indígenas andinos es que, generalmente, son los investigadores los que hacen escuchar su palabra y, a través de este acto colonial, silencian la palabra de los actores culturales y sus perspectivas vitales […] No se trata de evidenciar la mirada del antropólogo que habla desde su conocimiento académico, que reduce a los actores sociales a simples informantes, sino de insertarse con humildad en la sabiduría de las y los yachaks (sabios), en calidad de interlocutores, dialogando y mutuamente aprendiendo (16).

En este sentido, en hogaño muchas personas –consciente o inconscientemente–se han convertido en reforzadores de los antiguos colonizadores de antaño, deviniendo en continuadores de los atropellos que se han sucedido desde hace más de 500 años en Amerindia. "Los representantes filosóficos de América Latina y África se han vuelto más "papistas que el Papa" y han interiorizado como buenos alumnos la concepción monocultural europea de "filosofía" de tal manera que ni se dan cuenta de su profunda alienación e inautenticidad cultural" (5).

Por lo tanto, el sistema o modo de vida andino solo puede ser observado y entendido desde la "conciencia andina" y no desde la "cosmovisión occidental". Igual de absurdo sería tratar de conceptualizar a la civilización española desde la cultura andina. Dentro de este contexto, y en primer lugar, no estamos de acuerdo con la palabra "cosmovisión" en referencia a lo andino ("cosmovisión andina"), por cuanto "visión" entraña una posición básicamente intelectual, racional, lógica, interpretativa (pensamiento-cerebro masculino); que se desliga de lo sensitivo, perceptivo, emocional, ritual, artístico, mágico, vivencial (sentimiento-cerebro femenino), que es el otro componente básico complementario de la vida. En otras palabras, el conocimiento objetivo superponiéndose y anulando al conocimiento subjetivo, para auto-considerarse científico y por ende, único y válido (monoteísmo).

El alemán Wilhelm Dilthey fue el primero que utilizó el término "cosmovisión", en su obra Teoría de las Concepciones del Mundo. Término que ha tenido cierta valía, pero consideramos que debemos reajustar o reactualizar las palabras para que guarden coherencia y claridad con su etimología. En este sentido, se podría hablar de "cosmovisión occidental", respondiendo en concordancia con la expresión única del logos en "occidente" y, por su parte, de "conciencia andina", que hace referencia a la integración y complementariedad del pensamiento-razón y del sentimiento-corazón (co-razonamiento), que representan la conjunción de la expresión de la paridad desdoblada (o filosofía tetrádica) del mundo andino. Conciencia, asimilada como forma de sabiduría, de entendimiento, de comprensión y de asimilación desde lo intelectivo-perceptivo-espiritual-vivencial, en la cual no hay separación ni preeminencia de una sobre otra.

Así mismo, la palabra "cosmos" no se compagina con el arquetipo andino pues está concebida en la idea de un universo mecánico, esquemático, rígido. De hecho, la palabra "cosmos" viene de Kronos (dios griego del tiempo) en contraposición de Caos (En el Caos está el origen de las cosas…). De hecho, la física quántica ha demostrado para el mundo moderno que el multiverso es un "caos organizado", tal como lo comprendían los pueblos ancestrales de toda la humanidad. En kichwa existe la palabra Pacha, que sintetiza la complementariedad de: organizado (masculino) y caótico (femenino), elementos fundamentales para la existencia de esta vida.

En esta comprensión, concienciamos (pensamos y sentimos) que en las falencias y tergiversaciones sobre lo que se viene diciendo oficialmente del "sumak kawsay o buen-vivir", hay cuestiones de forma y de fondo. En primer lugar, no se sabe con exactitud, cómo y cuándo surgen las palabras "sumak kawsay" para referirse al sistema andino de vida. Lo cierto es que existió y existe el sistema de vida milenario de los pueblos andinos, con sus principios, modelos, instituciones, etc. No sabríamos decir con precisión si las palabras "sumak kawsay" resumen el espíritu del arquetipo andino de vida. De lo que tenemos más seguridad es sobre la Conciencia Andina (Tawantin) que envuelve el sistema de vida de los pueblos originarios habitantes en los Andes desde hace más de 10.000 años.

Durante 500 años los investigadores oficiales nunca se preocuparon en darle un nombre a este sistema, hasta que últimamente algunos investigadores indios buscaron identificarle, de la misma manera como lo ha hecho Occidente cuando habla de capitalismo, socialismo, desarrollo, progreso. Y cuando ellos auscultaron a los abuelos indios como definirían a este sentido de vida ancestral, muchos de ellos coincidieron en sintetizarlo como sumak kawsay/suma qamaña, que traducido al castellano podría ser: vida en plenitud, buen vivir, vivir en armonía. Nosotros preferimos quedarnos con el nombre de "Vida en Complemento" o "Vitalismo Andino".

Sin embargo, vamos a tomar una posición con las palabras "sumak kawsay" y que han sido enarboladas oficialmente como "buen vivir" en Ecuador y "vivir bien" en Bolivia. La traducción de sumak kawsay al castellano como buen vivir puede ser válido, lo que no significa que sean lo mismo los contenidos o principios y parámetros que la sustentan, entre lo que entiende el mundo indígena: vitalismo y otros, y de otra parte, el mundo occidental: capitalismo y socialismo. Es decir, hay dos fuentes ontológicas que las caracterizan, o tienen diferente acepción de esta idea: Buen Vivir, y lo que resulta claro e inobjetable es que el vivir bien para los pueblos andinos y del sur-vital en general, no es lo mismo que para las sociedades norte-centristas o del norte-global.

De acuerdo al principio madre de la Conciencia Andina conocido como polaridad complementaria, el cual parte de la comprensión de que todo en la vida se desenvuelve rítmicamente entre fuerzas opuestas y de cuya interrelación se reproduce la vida, en ese mismo sentido funciona el sistema andino de vida, esto es, en el encuentro de dos fuerzas que se interrelacionan y se compaginan la una con la otra. Esta paridad desdoblada (tetrádica) se conjuga y se transmuta al momento de encontrar el equilibrio y la armonía entre ellas, caso contrario se sigue imponiendo una sobre la otra y no se logra encontrar la estabilidad dinámica que reproduce y mantiene la vida. Cuando no hay estabilidad en movimiento, que es el propósito de la vida, se genera -o más bien dicho- se degenera en crisis: desarticulación, estancamiento, desorden, enfermedad; lo cual, tarde o temprano, tiene que armonizarse para que se prolongue la vida.

Por tanto, solo cuando se da el cruce simbiótico se reproduce la vida, a través de su continuidad recreativa y de su dinámica estabilización. Y cuando la vida encuentra resistencia a ella, dentro de su propia ley hará todo lo necesario para re-armonizarse y re-equilibrarse, y así reproducirse y prolongar su existencia. En este sentido, es importante comprender que "[…] la estabilidad, más que el cambio, es el rasgo esencial del mundo vivo y de las sociedades amerindias. Así, pues, los sistemas naturales no tienden hacia el cambio sino a evitar el cambio. El cambio acontece no porque sea deseable por sí mismo, sino porque, en ciertas condiciones, se le juzga necesario como medio de preservación de alteraciones probablemente mayores y más destructivas" (1).

En esta condición natural, si en la vida humana se establece un lado y no se determina su opuesto complementario para ubicar su punto de equilibrio y de reproducción armónica, se cae en el extremo, que lleva al desbalance, la perspectiva, el extremismo, el fundamentalismo, el dogma. Para evitar aquello, los abuelos andinos –y en general todos los pueblos solares y lunares (vitalistas) de toda la Allpamama (Madre Tierra)– entendieron que la ley fundamental de la vida es la "armonización de los complementarios" (tinkuntin). En ese propósito, su desenvolvimiento de vida fue conjugado a partir de referentes solares y lunares, entre arriba (hanan/janaj) y abajo (urin), entre el exterior (hawa) y el interior (chawpi), entre masculino (cari) y femenino (warmi). Concepción totalmente diferente a la versión dicotómica occidental de lucha de contrarios entre Derecha e Izquierda o Materialista e Idealista, etc.

Los abuelos andinos dicen que una persona está completa cuando recrea su vida en pareja, caso contrario, está incompleta. El runa o jaqi (ser humano) existe realmente en la medida que se expresa complementariamente. Por eso, en el mundo andino llaman la atención las personas solteras, entendiéndose que no están en sincronía con ellos mismos por lo que no pueden o les es difícil convivir en complemento. "Ningún "ente" y ninguna acción existe "monádicamente" sino siempre en co-existencia con su complemento específico. Este "complemento" (con + plenus) es el elemento que recién "hace pleno" o "completo" al elemento correspondiente" (5).

Solo dentro de esta conjunción es posible encontrar el consenso, el acuerdo, la sinergia, la empatía, el respeto y la posibilidad de re-crear un sistema homeostático de convivencia orgánica y social entre todos los elementos de la vida (vitalismo complementario). Para entender mejor la diferencia entre el Buen Vivir/Vivir Bien de tipo civilizatorio y el Convivir en complemento/Vitalismo de estado matricial, tomemos como ejemplo lo que dice el diccionario de la lengua española de la palabra armonía: "Conveniente proporción y correspondencia de unas cosas con otras". Esto quiere decir que la armonía solo es posible entre dos o más elementos o situaciones. Entonces, cuando se habla de Vivir Bien hay que establecer su recíproco, de cuya relación proporcional surge la armonía. En la tradición andina, la complementariedad del Alli Kawsay (Buen Vivir) es el Mana Alli Kawsay (Vivir Menos Bien), que no es igual al concepto de Vivir Mal en la visión norte-centrista o sub-vitalizada.

Aquí tenemos otra rupturidad: entre el arquetipo cultural-vital (bien-menos bien) y el paradigma civilizatorio-mecanicista (bien-mal), que determinan dos mundos-sistemas excluyentes y no complementarios, uno del otro. En este sentido, si se determina sumak kawsay como vivir bien, cuál es el complemento para conjugar la polaridad que permita la búsqueda del equilibrio entre fuerzas opositoras. Por lo tanto, el buen vivir oficial no es el sumak kawsay ancestral sino otra categoría, que en este caso es el buen vivir civilizatorio que no genera ni provoca deliberadamente su complemento contradictorio, de ahí su visión mono-cultural y su pensamiento único. En el mundo andino, la comunidad está organizada dentro de esta ley de vida, entre los de arriba o aquellos que viven en las partes o tierras altas (hanan), y los de abajo o que viven en las partes bajas (hurin).

La Conciencia Andina siempre juega con la paridad integrativa complementaria, que es diferente a la dialéctica hegeliana, cartesiana, marxista, que juega con la lucha de dos fuerzas (clases sociales, competencia, evolución, desarrollo), y de la cual una tiene que ganar o imponerse necesariamente sobre la otra, es decir, que no acepta la convivencia de contradictores. Para el sistema de vida civilizatorio platónico-cristiano la antinomia del bien es el mal, de cuya contradicción uno de ellos debe sobreponerse sobre el otro. Pero el problema, es que para el pensamiento monoteísta el malo siempre es el otro y cada cual se cree el bien o el bueno, al que todos los demás deben aprobar y seguir. De ahí que en el mundo andino, para evitar la imposición de una sobre la otra, se practica el consenso como modelo de vida. Así se evita, todo tipo de dictadura o de superposición de las mayorías sobre las minorías, que conducen a disputas interminables.

En este sentido, la definición de "armonía" para la Conciencia Andina, a diferencia de lo que dice el diccionario de la Real Academia Española, sería: "Relación equitativa en la proporción complementaria de unos seres con otros". Por otro lado, también hay que aclarar que en la tradición andina no existe la idea de cosas, ni objetos, ni elementos, ni seres inanimados, pues considera que todo tiene vida, algo que lo ha venido a demostrar para el mundo moderno la física quántica, al señalar que todo es energía viva en distinta manifestación (vitalismo). De ahí, que para los andinos todo cuanto existe son seres vivos y no son cosas u objetos; lo que marca otra radical incompatibilidad de visiones entre la cultura de conciencias y la concepción materialista. Por lo tanto, Vivir Bien no es necesariamente igual a Convivir en Armonía.

Algo parecido sucede con la palabra "equilibrio", de la que el diccionario de la Real Academia Española señala lo siguiente: "Estado de un cuerpo cuando fuerzas encontradas que obran en él se compensan destruyéndose mutuamente". De igual manera, el equilibrio implica una relación entre "fuerzas encontradas", dos o más fuerzas que hagan contrapeso la una a la otra. Para la Con-ciencia Andina el concepto de "equilibrio", podría ser:

"Estado de un ser cuando dos fuerzas complementarias que obran en él, se compensan proporcionalmente y se acompañan mutuamente".

Entonces, si se habla de Vivir Bien se debe establecer su contrapeso para encontrar el equilibrio. No es lo mismo Vivir Bien (teoría del ser) y Convivir en Equilibrio (teoría del estar), pues con el Vivir Bien estamos en una sola perspectiva, de la cual surge un extremismo y por ende el desequilibrio. Es importante comprender que "El estar ocurre en el mundo, en la naturaleza; el ser se distancia, objetiva el mundo, para mejor manipularlo, calcula. En el estar todo lo que ocurre en la naturaleza, le ocurre al hombre. En el ser todo ocurre afuera, separado del hombre. Si todo le ocurre al hombre, entonces éste deseará mantener el equilibrio y buscará el balance: no destruirá ni manipulará para sacar ventaja personal. Su conducta es ética ya que desea el equilibrio de la dualidad. No hay aquí dicotomía es decir, separación. La dualidad del pensamiento del indígena prehispánico busca el equilibrio, no la eliminación de uno de los términos, como sí ocurre en las dicotomías que funda el pensamiento europeo. Positivo y negativo son necesarios. No se trata de destruir el mal, sino de mantener el equilibrio" (18).

La Conciencia Andina no concibe la dicotomía maniqueista entre "bien y mal" (justicia-injusticia, paz-guerra, desarrollado-subdesarrollado); primero, porque no acepta la existencia del mal y después porque no valora a los elementos por buenos o malos, sino porque todo cuanto hay: existe nomás, está siendo y conviviendo, nada más. No le interesa la valoración de bueno-malo, positivo-negativo, pues considera que no hay experiencias buenas ni malas o positivas y negativas, solo experiencias, nada más, sin ninguna calificación y, menos, sentencia. Por tanto, el Alli Kawsay es algo superfluo y mínimo para el mundo andino, en relación a otras polaridades que le son más importantes. De allí, que confundir Buen Vivir-Vivir Bien con Alli Kawsay es "peligroso", y más aún con Sumak kawsay, que resulta grosero y prepotente, como la posición de los primeros invasores que confundieron y calificaron a todos los saberes andinos como bárbaros e idolátricos. Y los actuales herederos del paradigma anti-vitalista prácticamente siguen haciendo lo mismo, aunque en teoría digan lo opuesto. Han creado el un andarivel (monismo) pero no han establecido el otro para conjugar la paridad desdoblada (tetrádica), como ley fundamental de vida huma y natural, integrada e interrelacionada. Para el vitalismo – sumak kawsay su complementario actual es la izquierda, su espejo para encontrar el equilibrio y no caer en un extremismo. Ojalá la izquierda también lo entienda así -algún día- y podamos hablar de un cambio estructural y no de puras reformas o paliativos como hasta ahora ha empujado la izquierda mundial.

Esto es importante comprender, sino, todo lo demás sigue la misma deformación. La armonía y el equilibrio para los pueblos andinos son siempre el punto de encuentro (tinku) entre dos oposiciones recíprocas o polaridades proporcionales complementarias. En cualquier sistema organizativo, educativo, económico, familiar, es necesario siempre establecer y configurar la paridad complementaria que permite jugar en la "dualidad de pares"; caso contrario, es otro sistema, mas no el sistema andino de convivir en complemento. Sino, lo único que conseguiríamos es seguir viviendo las mismas deformaciones de aquellas epistemes del Vivir Mejor-Buen Vivir en sus versiones de Derecha (capitalismo) y de Izquierda (socialismo), y por ende, en la lucha continua como "motor de la historia", o de la competencia como "modelo de desarrollo". Experimentos sociales de estas dos tendencias "científicas" en varios partes del mundo que han fracasado (epistemicidio), con sus graves consecuencias ambientales, sociales, sanitarias, alimentarias, que amenazan la existencia misma de la vida humana. "Esta "violencia epistemológica" que se plasma en el monopolio tecnocrático de la ciencia en manos de Occidente, amenaza destruir las bases de la vida en este planeta y la vida misma. La filosofía andina, por su parte, insiste en una epistemología integral que trasciende el género humano como sujeto cognoscitivo" (6).

Ante el fracaso del capitalismo de Estado Republicano y de Estado Socialista, algunas izquierdas han comenzado a hablar del buen vivir como categoría andina e introduciéndola dentro del paradigma civilizatorio occidental y confundiendo la una con la otra: el buen vivir amerindio con el buen vivir occidental. El argumento es de que hay algunas similitudes y de que podría buscarse la convergencia de los dos, lo cual, nos parece peligroso pues el buen vivir indígena puede terminar cooptado y asimilado al buen vivir occidental y por ende quedar neutralizado en su proyección alternativa y transformadora. Lo que significaría otro acto de conquista por parte del pensamiento civilizalista, como ha sucedido hasta ahora con todo lo indígena y a lo cual ahora lo llaman: danza folclórica, música con instrumentos andinos, medicina étnica, agricultura andina. De ahí, que es importante a este momento histórico señalar con claridad y contundencia, que el Sumak kawsay no es el Buen Vivir de los posmodernos "biosocialistas republicanos" del siglo xxi (progresismo), ni el puente para construir el socialismo según así lo concibe la izquierda radical.

Lo que no necesariamente quiere decir que rechazamos al Buen Vivir como propuesta teórica posmoderna desde la alteridad de occidente. Son dos caminos, pero que pueden ser la oposición complementaria el uno del otro, para encontrar el equilibrio y la armonía.

Este Buen Vivir posmoderno tiene como fuente al Buen Vivir de los griegos clásicos, de la Buena Vida de los romanos, del Vivir para el Bien de los cristianos, de la tesis liberal del Public Welfare o Bienestar Común, etc., pero muy poco del Vitalismo Complementario Andino o Sumak kawsay. Recordemos que "La tradición occidental de la Buena Vida bebe de dos fuentes: una, el mito bíblico del Jardín del Edén, y la otra, la visión aristotélica que liga la Buena Vida a la vida en la ciudad. En ambos casos hay una coincidencia: la separación respecto de la naturaleza" (1). Todo lo contrario al sumak kawsay, cuya configuración viene desde los modelos de la naturaleza. Es decir, este Buen Vivir como Sumak Kawsay es tan solo una usurpación del nombre y del concepto general del Vitalismo Complementario, para manipularlo y adaptarlo por ciertas Izquierdas a sus intereses de poder, ante la decadencia, desgaste y pérdida de solidez del discurso desarrollista de Derecha e Izquierda. "Nacionalistas, Izquierda nacional, Izquierda colonial y lumpen-burguesía comparten el imaginario desarrollista, todos son modernistas, todos creen en la evolución al estilo de Herbert Spencer, en la linealidad de la historia y en la fatalidad del capitalismo" (20).

En esencia, los "biosocialistas republicanos" no han reactivado el Vitalismo Complementario sino el Buen Vivir de los constructores y padres del paradigma civilizatorio: Sócrates, Platón, Aristóteles y de las escuelas post-aristotélicas. El tema del "buen vivir" no es nuevo, viene desde el siglo V a.n.e., allí constan las primeras formulaciones de una "teoría" del buen vivir, para luego aparecer más definido en el primer corpus completo, no fragmentario, de los Diálogos de Platón. Los presocráticos, que todavía practicaban la filosofía endémica o no-logocrática, estaban más preocupados en dilucidar la naturaleza de la naturaleza: de la materia y del espíritu, de su estabilidad y sus armonizaciones; que en pensar qué es la "buena vida".

El vocablo griego favorito de Aristóteles para el buen vivir, era "eudaimonía": "eu" "daimon", buena suerte, buen destino (numen tutelar), buen ángel, buen hacer. Aristóteles dice revelar las opiniones de sus contemporáneos, y anota que todos parecen estar de acuerdo en que el objetivo supremo del hombre es vivir bien y ser feliz, aunque dice que hay muchos desacuerdos en establecer qué consiste la felicidad y el buen vivir. Según él, la vida feliz es la que permite realizar la actividad superior (contemplación), con una suficiente autonomía (bienes materiales, salud), y en compañía de un número suficiente de amigos. Es un, buen vivir o vivir bien, donde la dicha no sólo dimana de la virtud[5] y la ética, sino que consiste en ella, se confunde con ella.

Y para el biosocialista neo-aristotélico René Ramírez (ideólogo de la "revolución ciudadana" del Ecuador) es similar. Así se

---

[5] La palabra virtud, vir viene de viril

evidencia cuando da su concepto de qué es el Buen Vivir o Sumak kawsay: " [..] la satisfacción de las necesidades, la consecución de una calidad de vida y muerte dignas, el amar y ser amado, y el florecimiento saludable de todos, en paz y armonía con la naturaleza, para la prolongación de las culturas humanas y de la biodiversidad. El Buen Vivir o sumak kawsay supone tener tiempo libre para la contemplación y la emancipación, y que las libertades, oportunidades, capacidades y potencialidades reales de los individuos/colectivos se amplíen y florezcan de modo que permitan lograr simultáneamente aquello que la sociedad, los territorios, las diversas identidades colectivas y cada uno –visto como un ser humano/colectivo, universal y particular a la vez– valora como objetivo de vida deseable (tanto material como subjetivamente, sin producir ningún tipo de dominación a otro). Nuestro concepto de Buen Vivir nos obliga a reconstruir lo público y lo común para reconocernos, comprendernos y valorarnos unos a otros –y a la naturaleza–, entre diversos pero iguales, a fin de que prospere la posibilidad de reciprocidad y mutuo reconocimiento, y con ello viabilizar la autorrealización y la construcción de un porvenir social compartido (4).

De este concepto, claramente se puede vislumbrar que el Buen Vivir posmoderno de los socialistas del siglo xxi, es solo una variación del aristotélico pero que no tiene casi nada del Sumak kawsay ancestral andino. Y como este caso, la mayoría de lo que hemos leído hasta ahora sobre Sumak Kawsay o Suma Qamaña, como Buen Vivir-Vivir Bien, tiene muy poco, o casi nada de los principios y postulados de la Conciencia Andina (polaridad, complementariedad, correspondencia, reciprocidad, ciclicidad, proporcionalidad, espiralidad, alternabilidad, estabilidad), que es la única fuente desde la que se puede entender a este paradigma.

El Buen Vivir/Vivir Bien en la Constitución Política de Ecuador y Bolivia, son una mezcla o un"champú" –como le gusta actualmente a la posmodernidad–, haciendo un menjunje "de todo un poco". Es una combinación del Buen Vivir platónico, con ciertos postulados cristianos y humanistas, algunos conceptos de los paradigmas ecologistas, étnicos, socialistas, y finalmente añadiendo ciertos principios generales del Vitalismo Armónico. Comprendemos que era normal que surja así desde el neo-colonialismo de izquierda, no se podía esperar de otra manera, pero ahora debe entenderse que no fue el punto de llegada sino el punto de partida, lo que implica su ampliación y profundización. Más por el contrario, el progresismo se ha arrepentido y ahora se encuentra readaptándolo a sus necesidades y beneficios políticos particulares: socialismo del buen vivir, socialismo comunitario.

La teorización del Buen Vivir después de los post-aristotélicos, fue paulatinamente quedando relegada en el discurso oficial por unos 2.000 años, hasta que los modernos aristotélicos (socialistas posmodernos) presos de "amor platónico", lo han sacado nueva-mente a la palestra pero haciéndolo aparecer con el término andino de Sumak Kawsay, para intentar presentarlo como novedoso, aunque es en esencia: platónico-cristiano.

También valga precisar, que si bien el Sumak kawsay no es el Buen Vivir post-socrático, se asemeja bastante a la "Sabiduría del Amor" o "Amor a la Sabiduría" (Filosofía) de los pre-socráticos, y más precisamente de los pueblos Jonios, con quienes hay similitud en los preceptos y principios modulares básicos, especialmente en relación con los modelos de la naturaleza y del cosmos. Conceptos que con los socráticos desaparecieron, por lo que la filosofía post-socrática no es la misma a como la entendían los pueblos solares y lunares de la antigua Grecia hasta hace 3.000 años. La misma que luego desaparecería casi completamente en la modernidad, quedando solo el nombre de filosofía pero vaciado de su contenido originario. Algo muy característico en las acciones empujadas por el pensamiento anti-vitalista en todo su proceso de existencia, y ahora pretenden hacerlo con el sistema comunitario andino: sumak kawsay. "La definición etimológica revela dos aspectos que en la concepción moderna (pos-renacentista) casi desaparecieron totalmente: "filosofía" tiene que ver con "amor" y "sabiduría". El primer aspecto enfatiza una pasión, un compromiso, un sentimiento profundo, una conmoción existencial, o hasta podríamos decir una fe (aunque no en sentido religioso común). Y el segundo aspecto subraya el nexo necesario con la experiencia vivencial (Erlebnis), la madurez personal, la riqueza experimental, la meditación profunda e incondicional" (5).

Llegando a su cúspide en la posmodernidad actual, en la que todo se ha convertido en una mercancía, donde todo es válido en la "bolsa de valores de la política". "Hoy día, ingresan culturas y filosofías cada vez más exóticas al mercado (político y) espiritual de Occidente, para ser devoradas sin ser digeridas, para ser incorporadas como trofeos de una caza interminable (5)". El estado actual de las cosas, como dice Masanobu Fukuoka, es como un farol giratorio, donde "todas las cosas son dinero, y el dinero es la luz. Los miembros del mundo del gobierno, la academia y la industria corren alrededor de este farol en una carrera de adquisición. Mientras corren, la Derecha y la Izquierda desaparecen. La gente ya no puede distinguir entre Oriente y Occidente, desaparece el problema norte-sur […] Quienes están pensando el destino de la economía burbuja son los parias sociales de esta época".

Otra cosa hubiera sido decir: presentamos el paradigma del Buen Vivir como un sincretismo de varias tradiciones y de ciertas corrientes del pensamiento moderno, como un nuevo aporte al pensamiento crítico multicultural. Pero no presentarlo como "Buen Vivir Andino". Hubiera sido más honesto y adecuado, y desde ahí comenzar a debatir diferentes visiones y concepciones para establecer acuerdos y respetar diversidades. Y así aprender a convivir entre diferentes complementarios, tomando el equilibrio y la armonía como eje modular de vida. En todo caso, debemos apuntar a eso, ahora más que nunca en que el progresismo se encuentra empeñado en imponerlo a su medida y soberbia.

En la Conciencia Andina no existe la noción de libertad-autonomía-soberanía, sino la de interdependencia-interrelación-simbiosis. Sin embargo, como para algunas visiones es importante la idea de libertad, aplicando el principio de inclusividad andina, se respeta esa creencia y su manifestación propia, dentro de una convivencia de opuestos incluyentes. Lo que no significa que se pueda aceptar la creación de un "sumak kawsay libre o un sumak kawsay socialista", y utilizando la inclusividad civilizatoria –que niega la diferencia–, proceder a absorber el Sumak Kawsay en otro proyecto y terminar desnaturalizándolo. De esta manera, el Sumak kawsay terminaría como un Buen Vivir folclórico, o tan solo como una partícula indigenista del socialismo, es decir, los indios una vez más a la cola de la izquierda.

Lo que vamos a ver con toda esta mescolanza que ha hecho el progresismo, es que la mercadolatría va a convertir al Buen Vivir en una nueva mercancía intelectual para consumo de los ilustrados de la excelencia política y la meritocracia académica. Siendo ese el camino que se puede vislumbrar para este Buen Vivir posmodernista, como todo lo que ha sucedido en estos dos mil años de civilizalismo, donde la civilización monocular termina cautivándolo todo a sus intereses hegemónicos y re-adaptándolo a sus intenciones de perpetuidad. De ahí la urgencia y la necesidad de establecer distancia y "rupturidad" entre el posmoderno Buen Vivir y el ancestral vitalismo, para marcar diferencias y posibles reciprocidades y correspondencias, entre dos caminos que no son lo mismo, aun cuando pudieran ser complementarios y hasta integrativos en algún momento, pero no ahora, sino cuando la Izquierda aprenda a respetar la diferencia y enraíce la armonización de complementarios en su actividad diaria.

Valga precisar que no estamos en contra de la Izquierda pero tampoco somos Izquierda, sino que nos sentimos complementarios. Se trata de aprender a caminar en posiciones paralelas, en respeto mutuo, con los principios de cada uno, y dentro de un proyecto común o comunitario en la que el uno es el opuesto del otro para buscar el consenso y el punto de equilibrio. Este es el gran desafío para Indianistas e Izquierdistas: recrear un mundo de complementarios o una dualidad entre Vitalismo(s) y Socialismo(s), y no una dicotomía, entre Derecha e Izquierda, o entre Capitalistas y

Socialistas. Éste ha sido el gran dilema de la humanidad en su etapa civilizatoria, en la que solo han cambiado los nombres y las situaciones, de ahí que no ha habido cambios fundamentales hasta ahora.

En este sentido, para la trans-modernidad se puede recrear una nueva dualidad mundial entre lo occidental y lo no-occidental, entre los pueblos en vitalización y los pueblos vitales, para recrear un nuevo orden mundial complementario: El Vivir Mejor–Buen Vivir – Vivir Bien – Buena Vida – Vivir para el Bien (Socialismo o sociedad del bienestar), y su oposición complementaria: el Convivir en Armonía Consciente – Cultura de la Vida – Cosmocimiento de la Vida – Filosofía de la Vida – Convivir Sagrado – Sabiduría del Amor – Filosofía del Estar – Sabiduría del No Hacer – Arte de Vivir en Complemento (Vitalismo o comunidades de la vida en plenitud).

No olvidemos que el proyecto civilizatorio no tiene mucho tiempo de existencia, pues la humanidad en la mayor parte de su existencia se ha dejado guiar por la Filosofía (Saber Amar) de la Naturaleza, como ley fundamental de la vida y por ende, de los seres humanos. Así se desenvolvió su vida por miles de años, hasta que entró a experimentar con el Tener Más – Ser Más – Hacer Más – Ser Mejor – Ser Alguien – Vivir Mejor – Vivir Bien, que condujo a la desaparición o la enajenación de muchas culturas del Estar, como nos cuenta la historia de distintas regiones del mundo (incluso en Amerindia, con el clímax y decadencia de grandes culturas, como los Mayas, Aztekas, Tiawanakus, Inkas). Esto nos deja en claro, que es fundamental en la vida humana el tipo y nivel de conciencia que tiene un pueblo, en relación con el tener, el ser, el estar, el hacer, el sentir. Ahí el gran "misterio" de la vida.

En este sentido, es fundamental salir del paradigma dualista del patriarcalismo civilizatorio entre el bien y el mal, y que viene desde Abraham hace unos cinco mil años hasta nuestros días. Dicotomía, de la que todo lo demás se desenvuelve dentro de la misma fuente, para terminar siendo moralista y prejuiciosa: bueno-malo, mejor-peor, civilizado-incivilizado, inteligente-atrasado, culto-salvaje, desarrollado-subdesarrollado, etc. Una serie de calificativos que tienen precio, importe, valía; pero que para el arquetipo de conciencia vital, estos valores tienen una mínima importancia y sus parámetros de marcación son muy diferentes. A la Conciencia Vitalista no le interesa calificar o juzgar, y menos sentenciar en favor de uno u otro: como bueno o malo. Las culturas indígenas no se manejan por parámetros valorativistas, discriminatorios, sancionadores, sino por arquetipos pragmáticos, sensibles, relativos, respetuosos de la diversidad complementaria.

Anotemos un ejemplo sencillo y cotidiano: En el mundo civilizado del tener más o vivir mejor, cuando hay lluvia, dicen: "está haciendo mal tiempo". Siempre tienden a calificar entre mejor y peor, entre superior e inferior, entre vivir bien y vivir mal; en cambio, en las culturas del Estar Armónico (vitalismo), la lluvia es un regalo precioso, y no es sinónimo de mal tiempo ni de buen tiempo, solo es tiempo necesario y sagrado, que hay que agradecerlo y valorarlo. En este sentido, honran y respetan cada época con sus diferentes variantes: sol-lluvia, calor-frío, verano-invierno, como dualidades complementarias. Aquí podemos ver el gran quiebre entre el paradigma civilizatorio mecanicista y el arquetipo de conciencia vital, que contrasta dos sistemas de vida muy diferentes.

En el mundo del Vivir Mejor–Buen Vivir se practica el estereotipo de la censura (reproche, condena, desaprobación, estigmatización, veto), y en el mundo del Convivir Sagrado se interioriza la cultura del respeto (atención, cautela, prudencia, recato, aceptación). Mientras para el paradigma civilizatorio, es importante y trascendental la "lucha del bien contra el mal" (avanzados-atrasados, ricos-pobres, primermundistas-tercermundistas), que se expresa en su forma de vida familiar, educativa, literaria, religiosa, política; para el arquetipo de conciencia vital, su sello de funcionamiento es la complementariedad entre lo masculino y lo femenino, que se expresa en cada posición y actitud frente a cualquier situación de la vida; no solo como categoría humana sino para todos los sistemas de vida: naturaleza, cosmos, divinidades, comunidades (campo interrelacionado o fractalidad).

En el Sumak kawsay las categorías de acercamiento a la vida se juegan en las variables: arriba (los que viven en las montañas) – abajo (los que viven en los valles-mar), grande (los que tienen mayor presencia física) –pequeño (los que tienen una consistencia delicada), derecha (los que tienen carga masculina) –izquierda (los que tienen carga femenina), ligero (energías sutiles) –pesado (energías densas). Es decir, básicamente entre apreciaciones físicas y energéticas, más no morales o éticas o religiosas o conceptuales. Es muy raro –hasta hoy día– que en comunidades que mantienen su cultura ancestral se expresen y asuman posiciones de "bien o mal" en sus formas de vida cotidiana, eso es muy poco casual, aunque queden muy pocas comunidades de ese tipo, mas sobrevive en familias o personas en particular. Los padres no educan a sus hijos entre si algo está bien o mal, sino en buscar: el acuerdo, la conciliación, la convergencia entre diferentes verdades, posiciones, creencias. Les enseñan a tomar una posición de equilibrio entre el amor-miedo, respeto-inflexibilidad, cuidado-destrucción, responsabilidad-descoordinación, etc., que son dualidades complementarias de la vida y no dicotomías del intelecto del hombre.

Rupturas primordiales

Las teorías posmodernas ponen como centro al mercado y la economía (capitalismo), a su vez la teoría del Buen Vivir "reconoce al ser humano como sujeto y fin" según el artículo 283 de la Constitución de Ecuador (socialismo); y la teoría del Sumak kawsay tiene como eje transversal a toda la vida en su conjunto: naturaleza, sociedad, ser humano, economía, etc. (Vitalismo).

Para el vitalismo andino no son ni el capital ni el ser humano los ejes de la vida, sino el Todo Interrelacionado, fundamentado en el equilibrio complementario entre todos los ingredientes de la vida. Partes constitutivas en las que ninguno es el principal o mejor, sino cada uno importante en una dimensión proporcional, en la que todos juegan un rol diferente pero cada uno necesario e imprescindible para el reciclaje, encadenamiento y estabilidad de la vida.

Por lo tanto, para el mundo andino el asunto central tampoco es la política y la economía, sino que es la conciencia (totalidad). Y cuando se habla de economía, ésta "no es ni antropocéntrica, ni mercadocéntrica, sino biocéntrica, es decir: centrada en la vida y su conservación. Como en la cosmovisión andina no hay sector o nivel que esté totalmente inerte (no-vivo), la economía indígena es a la vez cosmocéntrica (o pachacéntrica)" (6)".

El Sumak kawsay – Vitalismo no acepta que la economía ni la política genere dependencia o dirección de unos sobre otros, como promueve la ley de la competencia del capitalismo, o de la clase más avanzada como suscita el socialismo. Hechos claramente vislumbrados entre los denominados países desarrollados (países en vitalización) y los subdesarrollados (comunidades en desvitalización), que son producto del sistema reduccionista y del dios mercado, a la que en última instancia juegan tanto socialistas como capitalistas (naturaleza: medio de producción y valor agregado, respectivamente). De ahí, que siempre hablen de éxito, excelencia, triunfo, rentabilidad, lucro, eficacia, prestigio, meritocracia, que son sus parangones económicos máximos y consecuentemente sus mandamientos divinos de vida.

También es claro definir que el Vitalismo es la compaginación en el centro de dos fuerzas primarias y co-creadoras. Pero cuando hablamos de centro no nos referimos al punto medio, o justo medio, o igualdad, o mestizaje, o hibridación, sino que estamos hablando del punto proporcional y dinámico, conocido en algunas culturas como la proporción sagrada, y que en fórmula matemática se expresa en la denominada proporción natural, la cual ha sido encontrada en los elementos de la naturaleza y cuya relación "equitable" y mutual (o proporcional), según Carlos Milla Villena, es de 58-42, y en otras tradiciones 62-38.

En el Sumak kawsay tampoco existe el concepto de igualdad de la revolución francesa (1789), ni la "igualdad ante la ley" (capitalismo), ni "la igualdad entre las clases sociales" (socialismo), ni de los "Consejos por la Igualdad" (art. 156, Constitución Política del Ecuador)", como modelos de vida; sino que más bien promueve un principio más o menos así: "a cada cual según sus potencialidades y necesidades, y en procura de la armonización complementaria". Es decir, el Sumak kawsay siempre está fomentando la práctica del equilibrio y la armonía, y no la ventaja o la caridad de quienes tienen más. Es opuesto a toda forma de dependencia, llámese solidaridad o sobreexplotación del trabajo, ya sea por el "creador de las fuentes de trabajo" o por el papá Estado-iglesia-damasdelacaridad, porque al final todas ellas generan paternalismo, es decir, esclavismo.

La Cultura Complementaria de la Vida (vitalismo) es un sistema en el que los puntos en común, los acuerdos, las sinergias, los acoplamientos, las empatías, los consensos, son los que van articulando la vida social con la natural (comunidad), y lo natural con lo humano (individuo). Siendo el propósito fundamental del Sumak kawsay, el profundizar o afinar cada vez más la armonía en movimiento y el equilibrio dinámico, tanto al interior humano-social y con la naturaleza exterior. Especialmente a nivel espiritual-conciencial para que se manifieste en forma material y económica, y no al revés. Ese es el gran desafío para el vitalismo andino, y no el de ir mejorando o desarrollando lo económico, y a su vez, principalizando lo material sobre todo lo demás, como es la concepción y experiencia de la "dolce vida".

La misión del vitalismo es la de acentuar la comunión, la aproximación, la coparticipación, el emparejamiento; y la del capitalismo/socialismo: la separación, la exclusión, la división, la competencia, el éxito, tal cual dice la máxima romana civilizatoria que ha gobernado desde hace más de dos mil años hasta el día de hoy: "divide y vencerás". Desde ahí dividen deliberadamente a los pueblos para que sean menos conscientes, los separan para mantenerlos en la ignorancia, y a cambio, les ofrecen otros alicientes: el espectáculo, el fútbol, las telenovelas, para que desahoguen por ahí sus frustraciones. Así se han pasado todo este tiempo civilizatorio, buscando sistemas y formas de cómo establecer más separación, más autonomía, más independencia, más libertad, más soberanía, más democracia, más justicia, más paz, y en la que son unos los que establecen y lo delimitan, y los otros las que lo cumplen. Unos son los que imponen sus reglas y valores, y los demás deben convencerse que ese es el modelo de funcionamiento normal y natural para todos. Pero lo que han logrado instaurar, es un sistema confrontativo, triunfalista y discriminatorio, que es lo que ha padecido la mayoría de la humanidad en provecho de las élites.

En otras palabras, para el paradigma anti-vitalista o desvitalizador el papel del hombre es el de desarrollar y progresar a la vida en general, para el arquetipo de conciencias la misión del ser humano es de proteger y de mantener a la vida en estabilidad dinámica. Los primeros quieren crecer y mejorar la vida pero en ese propósito han obtenido lo inverso, pues solo unos pocos han mejorado y progresado económicamente mientras las inmensas mayorías (seres humanos y naturaleza) son los que se encargan de trabajar para que se siga concentrando el poder político, militar, tecnológico y social. Para el arquetipo vitalista su "visión" es laborar para conservar y guardar la vida para las futuras generaciones, a través de la secuencia y estabilidad de todas las especies y entre las cuales está la humana; y su "misión" es reaprender a convivir con todas las formas de vida en complementariedad para despertar la sabiduría del equilibrio. Paradójicamente, actualmente está en juego la sobrevivencia de la raza humana o la libertad de las centrales nucleares y de las bolsas de valores. Como dice Heinar Kipphardt: "Hay gente dispuesta a defender la libertad hasta que no quede de ella el menor vestigio."

La libertad es el mito de este tiempo, cada época ha tenido su moda y la libertad es el anzuelo que muchos quieren probar y en ese intento lo que logran es morder la dependencia a cada vez formas complejas y más duras que los llevan al delirio existencial. Cada individuo tiene su idea de libertad y en esa discusión de cuál es la "verdadera libertad" lo que se ha conseguido es que advenga como su controlador, el absolutismo monárquico o la dictadura fascista o la democracia representativa, donde se impone la verdad de los reyes o de los dictadores o de las mayorías contra las minorías. El Vitalismo tampoco funciona con la democracia sino en la sinergia consensual o biocracia. Asimilar la democracia civilizatoria (capitalista o socialista) para el sumak kawsay-vitalismo, sería seguir en lo mismo que hemos vivido con los dogmas "del bien y el mal", ahora trasladados al Vivir Bien y el Vivir Mal, entre las mayorías que dicen ser el Vivir Bien contra las minorías del Vivir Mal, las mismas que posteriormente serán minorías y los otros mayorías, y así sucesivamente con el cuento de nunca acabar.

Mirar desde el bien y el mal, es una actitud adjetivista y sancionadora que únicamente ha conducido a la disgregación: machismo, fundamentalismo, etnocidio, genocidio, femicidio (asesinato de mujeres), ecocidio (asesinato de la naturaleza), deicidio (asesinato de dioses y espiritualidades); es decir, todas las formas que propenden a la eliminación y subyugación de lo opuesto y diferente (alteridad). Por ejemplo: en agosto del 2011 hubo un gran estallido social en Londres, con varios edificios quemados, y según el presidente Cameron: "los actos de violencia fueron de pura criminalidad, no tienen nada que ver con el racismo... Estos disturbios no tienen nada que ver con las medidas de ahorro del Gobierno... El vandalismo no estalló debido a la pobreza en la que viven determinados sectores sociales, sino por la pura indiferencia hacia lo correcto y lo incorrecto. Quienes participaron en esos actos tienen normas morales distorsionadas. Hay que actuar en contra de ello con resolución (Tomado de El Comercio)".

Así mismo, para el Sumak kawsay tampoco existe lo justo o la "justicia cósmica". En la justicia occidental, ésta es para una de las dos partes, lo que significa que el sentenciado se siente perjudicado, pues generalmente cada uno tiene su verdad. Consecuentemente no hay equilibrio sino la imposición del juez que de acuerdo a las habilidades de los abogados determina una justicia, que en muchos casos puede resultar injusta. Como decía el escritor romano Cicerón: "No hay nada más injusto que buscar premio en la justicia". Para evitar aquello, el vitalismo promueve la reconciliación armónica entre dos posiciones en conflicto. A través de la mediación, las partes tienen que llegar a un acuerdo, siendo necesario buscar el consenso hasta que las partes en conflicto alcancen algún compromiso común y que sea relativamente satisfactorio para ambas. Es decir, no hay una autoridad que desde afuera impone una verdad ni hay un sistema castigador, sino que son las propias partes las que deciden con la observancia de toda la comunidad que se presenta como garante del restablecimiento del equilibrio integral de todos. De ahí que en el mundo andino, el Qhapaq Ñan no es el "camino de los justos, correctos, nobles", sino el camino motivador que lleva al equilibrio y la armonía total.

En el sistema "del bien y el mal", es imposible practicar el consenso, el acuerdo, la reconciliación... pues al momento de establecer qué es el bien y qué es el mal, se está creando la confrontación anulatoria del otro y no la búsqueda del respeto y aceptación de lo diferente, a través del consenso o el punto de equilibrio. Por cierto, "no hay que pensar en el modelo de la virtud aristotélica como el medio (mesotes) entre dos extremos (akhrotes), sino más bien en la figura heraclitana de la entidad (unidad) como unión dinámica de los opuestos (5)". Por ejemplo, el ecuador o línea ecuatorial no separa los dos hemisferios del planeta (visión civilizatoria), sino que los une e integra complementariamente. La energía en el hemisferio norte circula en el sentido de las manecillas del reloj y en el hemisferio sur al contrario, estas son las dos fuerzas antagónicas pero complementarias que se integran en el ecuador geográfico, magnético y energético.

De ahí la importancia de no establecer ni delimitar qué es: el bien, lo justo, lo positivo, etc., sino simplemente, como dicen los abuelos y maestros andinos, el establecer el punto de encuentro o centro de unión (chaupi o taypi) entre dos elementos, fuerzas, poderes, o posiciones contradictorias. Siendo ése el desafío de la actual humanidad para retomar el camino brillante, como punto de unión armónica entre la luz y la obscuridad, que en el caso andino se conoce como Kapak Ñan o Qhapaq Ñan (Camino de los Seres Espirituales) cuyo complementario opuesto es el Yachak Ñan (Camino de los Seres Sabios). Literalmente Kapak Ñan suele ser traducido como Gran Vía, Camino Poderoso, Rico Camino. (Aunque lo rico no hay que entenderlo en sentido económico sino en riqueza conciencial o integral)

El Kapak Ñan y el Yachak Ñan son las enseñanzas que dejaran las abuelas y abuelos andinos para las nuevas generaciones, para que seamos capaces de enrumbar el camino y podamos seguir el sagrado sendero hacia el gran océano de la conciencia total. Siendo ése el sentido de la vida, la capacidad que tiene un ser humano y una sociedad para redescubrir los secretos y misterios de las leyes y modelos de la vida, es decir, de la naturaleza, para poder transitar en todos sus poderes, talentos y destrezas en armonía y equilibrio pleno. Es la conciencia de estar lúcidos para despertarse o reactivarse complementarios con cada uno de los elementos y manifestaciones de la vida en su conjunto.

Y lo mismo sucede con los otros postulados civilizatorios, como: paz, autonomía, soberanía, independencia, autodeterminación, libertad, política. Nunca se llegaría a un acuerdo porque siempre alguien creería estar en la verdad y el otro se sentiría perjudicado, pues cada cual tiene su concepto de justicia, libertad, paz, democracia... por lo que jamás se acabarían las peleas y guerras. Siendo justamente ésa la experiencia vivida en estos cinco mil años, la discusión de quién o cuál "pueblo elegido" tiene la razón, y en ese debate lo que se ha conseguido es lo inverso: injusticia, opresión, guerra, dictadura, que han sido la constante. Incluso, en muchos casos, se ha producido el endiosamiento de la guerra del bien contra el mal, como expresión necesaria de la vida.

Por el contrario, cuando todos toman una posición relativa (relativismo quántico) y nadie se adscribe el bien, lo bueno, lo mejor, lo desarrollado, lo adelantado, lo científico, ahí está abierto y dispuesto a encontrar el consenso, la mediación, la flexibilidad, la coordinación, para llegar a coparticipaciones mutuas, que son el fundamento básico del accionar en la naturaleza y por ende el desafío de los seres humanos para reaprender a convivir en relativa calma. W.E.H. Stanner, en The dreaming, dice: "Las características del pueblo aborigen parecen ser la continuidad, la constancia, el equilibrio, la simetría, la regularidad. No hay grandes conflictos de poder. No compiten por la tierra. No esclavizan a otros... El valor dado a la continuidad es tan elevado que no se les puede considerar un pueblo sin historia, sino un pueblo que en cierto sentido ha logrado vencer la historia, para convertirse en vitalmente ahistórico" (Tomado de 1).

Entonces, cuando el hombre se salió de las leyes de la naturaleza para entrar a experimentar con las leyes de su ego, comenzó a crear una serie de modelos sociales. Modelos que, mientras más intelectualizados, eran más contradictorios y devastadores de la naturaleza y de los seres humanos (que al final son lo mismo). Los modelos, llamados: aristocracia, monarquía, esclavismo, feudalismo, mercantilismo, capitalismo, fascismo, socialismo, han sido los diferentes experimentos sociales antinaturales o antivitales que han ido contra la biosfera y el ser humano. O dicho de otra manera, ha sido el camino por el que han progresado y desarrollado hasta llegar al clímax actual, a través del esclavismo del dios dinero y de la tecnolatría impuesta al tercer mundo para veneración del primer mundo. Las élites del tercer mundo que se ponen de siervos del primer mundo y hacen del pueblo, siervos que les sirven a ellos y al primer mundo. "Es una "colonización de las almas" (Fernando Mires) mucho más sutil y perduradera que la que inventó la evangelización colonial. En su "complejo de inferioridad" y el afán de pensar y actuar "como europeo", el poblador tercermundista reafirma y consolida el "complejo de superioridad" occidental, como el "esclavo" reafirma por su identificación la propia naturaleza de su "amo" (Hegel)" (6).

El hombre libre es esclavo de su libertad, la cual es infinita, por lo que nunca se siente realmente libre. Y principalmente porque su libertad individual no se sintoniza con la de los demás, lo que hace que se vuelva esclavo de la soledad, del aislamiento, del individualismo, de la incomunicación. "La civilización moderna trata de individualizarnos y decirnos: usted es un individuo, usted es el rey de la creación, usted elija, usted tiene derecho, usted tiene libertad (José Luis Sampedro)".

La libertad es la falacia más grande de la sociedad civilizatoria posmoderna. Como decía alguien: "Nuestra libertad consiste en escoger de quién ser esclavo." El esclavismo del individualismo, del egoísmo, del miedo, de la soledad, del stress, de la ambición, es el que más muertes viene cobrando con sus innumerables enfermedades modernas. Incluso, esta idea de la libertad absoluta empieza a adquirir rasgos patológicos, pues cualquier freno o control, es interpretado como un atentado contra la libertad, y cualquier reglamentación es "liberticida". Cualquier control para los individuos, es una forma de represión y autoritarismo, excepto para el mercado, que como Dios Supremo, hay que guardarle temor y obediencia ciega a su divina ley mercantil. Es impensable e imponderable el osar un mínimo de control; sería suicida querer regular al Dios Mercado, ante quien solo hay que guardar una fe divina. Así, el individuo libre, del mercado libre, ha pasado a comportarse como "el león libre dentro del corral libre".

De otra parte, sigue subsistiendo la monarquía; hoy se la conoce con el nombre de presidentes de la república, pero en última instancia sigue siendo el sistema en el cual una sola persona (mono-república) juega con la vida de millones de seres humanos y de seres de la naturaleza, de quienes dice representar y que gobierna para ellos. Todos estos experimentos sociales, de estos cinco mil años, han sido promovidos por diferentes reyes, pensadores, elegidos, líderes –todos ellos hombres– que han creído encontrar cada cual el modelo perfecto. Sistemas y medios nacidos de su delirio mental egocéntrico, y no de la comprensión y compaginación con la vida misma, es decir, con las leyes de funcionamiento natural creados por el mismo convivir: infinito y cíclico. Como dice la Ética de Kant: "El hombre no es medio sino fin de todas nuestras acciones, pero todo lo demás (tierra, aire, animales, en suma la naturaleza) es medio para la acción del hombre". En otras palabras, el dominio de la naturaleza implicó el dominio del hombre, al extremo de ser reducido a objeto, objeto de producción y de consumo, en la ilimitada dimensión del hacer. "Heidegger lo explica en la relación de sujeto-objeto, que es lo que determinó el nacimiento de la Modernidad cuando se configuró el vínculo de dominación sobre las cosas. De esta manera, "la Tierra ha sido dominada, como pidió el mito fundador del Génesis (1)".

El convivir sagrado

La debacle del ser humano se dio principalmente en el acto de desacralización de la naturaleza, de separar a dios de la naturaleza y de la vida corriente y normal, por considerarlo idolatría y fetichismo. La desacralización de la naturaleza por la cosificación de la vida, ha sido la mayor hecatombe en toda la historia humana, al desprender a dios de la vida cotidiana y de su entorno, haciéndolo sobrenatural y trascendente, llevándolo a otro mundo y a otra dimensión, por ende dios no es la vida como tal. Como señala Edgar Lander: "Dios creó el mundo, de manera que el mundo mismo no es Dios, y no se considera sagrado. Esto está asociado a la idea de que Dios creó al hombre a su propia imagen y lo elevó sobre todas las otras criaturas en la tierra, dándole el derecho a intervenir en el curso de los acontecimientos en la tierra. A diferencia de la mayor parte de los otros sistemas religiosos, las creencias judeo-cristianas no contienen inhibiciones al control de la naturaleza por el hombre."

Y se ahondó aún más, cuando se le dio solamente características humanas "masculinas", con lo cual lo abandonaron en un patíbulo y lo condenaron a un aislamiento en un cielo castrado. Convirtieron a dios en un ermitaño que vigila desde lo alto los actos del "vivir bien y el vivir mal", actuando como un portero que abre la puerta del cielo o del infierno a los santos y a los pecadores, respectivamente. Y desde esa arrogancia y patriarcalismo divino se han dedicado a adorar exclusivamente a los hombres (androlatría), tal como decía Erasmo de Rotterdam: "La mujer, reconózcamelo, es un ser inepto y estúpido pero es un adorno gracioso y necesario". Esa vanidad del varón le ha llevado a rendirse culto exclusivamente a sí mismo, desde los profetas, hijos "enviados" de dios (Jesús-Mahoma-Krishna), pasando por los representantes de dios en la tierra (reyes), con los papas y sacerdotes de las iglesias de Abraham (religión) hasta los hombres "ricos y famosos", y las estrellas del espectáculo y el deporte, de nuestros días.

Desde la religión semita y la griega, las mujeres han tenido un papel secundario. Religiones que reflejaban una plétora de deidades, pero dentro de una concepción patriarcal y androcéntrica. La religión de los griegos está muy presente en la construcción del paradigma civilizatorio y en la psique[6] de cada miembro adoctrinado y domesticado. La religión cristiana basada en la religión del dios único de los judíos, se basa de hecho en textos escritos en griego y son los que se leen cuando se consultan los Evangelios. De modo que la civilización, que deriva de los griegos, judíos y primeros cristianos, se ha mantenido vigente y potente con las ideas que proceden desde

---

[6] Psique en griego significa "alma".

aquel momento en que se consolida la declinación de la humanidad.

Cabe precisar que [...] "la mayoría de las grandes religiones a nivel mundial son "sincréticas"; el islam es una síntesis de elementos arábigos, judíos y cristianos; el cristianismo una mixtura (más o menos consistente) de judaísmo, filosofía griega, ideología romana y elementos indígenas europeos. Ni hablar de las religiones orientales, del hinduismo y budismo; hasta el judaísmo, considerado como una religión de "alta pureza", contiene elementos "exógenos" de las culturas antiguas del Medio Oriente (5). Muy diferente a los pueblos amerindios y africanos que no manejaban dioses antropocéntricos ni antropomorfos sino que eran pueblos animistas y vitalistas, es decir, que no eran pueblos religiosos sino espirituales.

Recientemente (año 2010) el físico inglés Stephen Hawkins señalaba que "dios no existía", y que la creación se explicaba por las leyes propias de funcionamiento de la naturaleza. Es decir, tanto para los idealistas como para los materialistas, el problema es de creación: los creacionistas dicen que dios creó al mundo y los evolucionistas que la creación y todo, es evolución de la materia. Pero si la vida es creación: ¿quién creó a dios? Y si la materia evoluciona por sí misma, ¿quién creó esa inteligencia evolucionadora? Para el Vitalismo, no es nadie afuera ni separado de sí mismo. La vida no necesita de un creador omnipotente, autárquico, suelto y abstracto sino de un criador y recreador adentro (inter-transconciencial). De ahí, que "Los "rishis" (sabios) creían que el conocimiento no era externo a quien conoce, sino que estaba tejido en el interior de la conciencia. Por lo tanto, ellos no tenían necesidad de un Dios exterior para resolver el acertijo de la vida y la muerte. Los rishis se tenían a sí mismos, lo cual resulta muy afortunado porque lo mismo ocurre con nosotros. Cada persona es consciente" (15).

Por eso, para los pueblos vitales y sagrados de toda la Madre Tierra no hay creador, ni materia absoluta, solo el eterno infinito (Dios-Cosmos-Vida: Campo Interrelacionado) que se cría y se recrea a sí mismo. Pensar que un Dios Absoluto creó la vida es creer que existe la Nada y que de la Nada salió todo. Cuando hoy, dice la física quántica que no existe la Nada sino la "Vacuidad Caótica" que es la vibración donde está el punto de arranque de todo cuanto existe (bosón). Por lo tanto, no hay creador afuera sino adentro e inmanente, vida continúa en movimiento y dinámicamente estable que cada cierto tiempo se transforma cuando se hace necesario el Gran Cambio (Big Bang o Jatun Pachakutik) para prolongar la vida (complejidad).

De ahí que para los positivistas o materialistas, su pensamiento y accionar social sea el de "crear", y que concomitantemente también sea: hacer, crecer, avanzar, desarrollar, progresar, evolucionar, tanto a la sociedad, el individuo, como a la naturaleza. En cambio, en la conciencia de las culturas primordiales vitalistas, ni la vida ni ser alguno necesitan de creadores en el más allá sobrenatural, sino inter-transcreadores para recrear la vida, y consecuentemente su accionar de vida es un acto y proceso de criar, de engendrar, de cultivar, de labrar, de parir, de concienciar. Esto es, el ser humano como un criador, un mediador, un guardián, de todas las formas de vida, de la Pachamama, y que al mismo tiempo es criado, cuidado, sanado, por ella.

Mientras unos, buscan crear todo (Vivir Mejor-Buen Vivir) al creerse dioses omnipotentes, otros, quieren criar y recrear lo que ya está creado (Convivir Complementario). Por eso, cuando se habla de vivir no se trata solamente de habitar un espacio físico, sino hace referencia al conjunto de relaciones que se dan dentro de un espacio concreto y al cosmos en su totalidad (integralidad). Espacio en íntima relación con el tiempo espiralado, y no el tiempo lineal y separado del espacio, como lo es para el logos unidireccional-progresista-evolutivo, con su dualismo de un tiempo separado del espacio (historia). Por lo tanto, no solo se trata de vivir sino de aprender a convivir (vivir en compañía de otros), que significa el acto de cuidar y criar la vida, como algo que se hace juntos, en la familia humana y con toda la familia cósmica. En aymara, esta diferencia es muy clara: el verbo jakaña hace referencia a los sentidos más básicos del vivir, y el verbo qamaña se usa para formas más complejas, lo que implica el convivir.

La ciencia y religión antropocentristas, no pueden comprender que dios son todas las leyes, energías, poderes, conciencias, de la naturaleza y del cosmos. Hawkins y demás, no ven a dios en todo ello, de que está vivo en cada acto y elemento de la creación. Que dios es la vida misma, la existencia en su conjunto, o como decía Tales —uno de los últimos filósofos o "sabios del amor"–: "Todo está lleno de dioses". Es decir, que dios está en todo el cosmos como fuente relacional de vida y no como "persona o substancia" especial o trascendente, sino como presencia energética consciente en cada una de las expresiones de la relacionalidad del orden cósmico, a través de cada una de las relaciones particulares (vitalismo).

Sólo podría ser "substancia" o "sujeto supremo" en cuanto es Todo en el todo, y por eso el Todo es sagrado y no existe la idea de profano. No es aquella idea de que dios es "el bien" y el diablo es "el mal", sino que es la armonía y equilibrio entre fuerzas diferentes que se complementan y que se necesitan la una con la otra (el poder constructor y destructor de Dios). "La primordialidad ontológica y temporal de la sustancialidad con respecto a la relacionalidad forma parte de los axiomas inconscientes de la filosofía occidental: primero "existe algo" que después se relaciona con "algo igualmente existente" con anterioridad. Muy distinto del axioma fundante de la filosofía andina" (6).

El gran físico Albert Einstein, fue uno de los pocos que lo entendió como los andinos y los pueblos vitalistas en general, cuando dijo: "Creo en un dios que se revela en la armonía de todo lo que existe". Y cuando señaló que "dios no juega a los dados", indicando que en el multiverso todo tiene sus reglas y ninguna está librada al azar o al capricho de alguien (libertad), llamado dios omnipotente, autárquico y soberano, o cualquier otro nombre que se le quiera dar a esa fuerza exterior y suelta en el más allá. Como dice Deepak Chopra, "En occidente, el más allá ha sido considerado como un lugar similar al mundo material. El Paraíso, el Infierno y el Purgatorio se encuentran en alguna región distante, más allá del cielo, o bajo la tierra. En la India de mi infancia, el más allá no era un lugar, sino un estado de conciencia" (15).

E igual es para los pueblos andinos, y en general, para todos los pueblos de consciencia vital de la Gran Matria. Por tanto, el Kawsay (Convivir) no es un vivir superfluo, banal, trivial, sino que implica una dimensión sagrada y holística. El Kawsay no es un acto mundano y desarticulado sino, un convivir integral-integrativo y sagrado de la vida. El Cosmocimiento de la Vida (vitalismo) no es un vivir vacuo, sino un Convivir Sagrado con la materia y el espíritu en comunión, en complementación y totalidad, del uno con el otro. Este Kawsay, también hace referencia e incluye a ese estado sutil de la energía viva (elan vital), que ha sido categorizado en muchas culturas del mundo como la fuerza sustancial de la vida: prana (hindúes), éter (europeos), chi (chinos), ki (japoneses), ushai (kichwas ecuatoriales), sama (aymaras), kawsay (quechuas). "Para nosotros [...] los sacerdotes andinos, el mundo está formado por una variedad de energías vivas, a las que le damos el nombre colectivo de kausay" (11).

En lengua aymara se explica claramente a través del verbo Qamaña, en donde Qama significa Fuerza Espiritual. De ahí viene también la definición de dios en su lado masculino, Pachaqamaq: la Fuerza Espiritual del Multiverso; y de su lado femenino, Pacha-mama: la Fuerza Material del Cosmos. (La palabra materia viene del latín mater: madre). Siempre la paridad complementaria entre masculino y femenino, espíritu y materia, visible e invisible, y todo es sagrado. El dualismo entre sagrado y profano, no existe en el mundo de las conciencias (vitalismo), sino la paridad complementaria de las relaciones entre el espíritu sagrado y la materia sagrada. En consecuencia, la Conciencia Andina "no es animista en sentido estricto, más bien se podría hablar de un "sacralismo", una omnipresencia de lo numinoso y divino... En sentido amplio, todo el universo es sagrado porque representa en cada una de sus partes el orden divino a través de un sistema de relaciones (6)". En otras palabras, la conciencia andina es vitalista donde todo tiene vida.

El Sumak kawsay, más precisamente, es el Convivir Armónico Sagrado y en Equilibrio Holístico Complementario. Este Kawsay que es la Energía Viva que difumina y reproduce la vida, es el Con-vivir en el Espíritu Total (Gran Espíritu) que se manifiesta Materialmente generando la Vida. Es por eso que no existe diferencia entre Vida y Espíritu, entre Vida y Dios, entre Vida y Naturaleza, entre Vida y Materia, todas ellas son diferentes palabras para expresar lo mismo pero en diferentes estados o formas (inmanencia). Y a su vez, cada ser de la vida es dios, fuerza, energía, poder, inteligencia, conciencia, de toda la existencia en su conjunto. Todas las leyes de la vida o de la naturaleza se encuentran en el Campo Interrelacionado, y el Kawsay es la energía sagrada que impregna e inunda a toda la existencia.

Este Kawsay que tiene una dimensión Sagrada y Cósmica, implica la capacidad de los seres humanos por recrear una sociedad, un sistema, una cultura, que reproduce al multiverso a escala humana, en todas sus creaciones y manifestaciones sociales. Un acto de bajar el cielo a la tierra o de descender la energía masculina del cosmos al suelo, y paralelamente de atraer del vientre de la tierra el poder femenino hacia la superficie, donde habitan los humanos para interrelacionar en complementariedad, reciprocidad y correspondencia. Es el talento de cómo responder a la vida como hijos respetuosos del cosmos y de la tierra, ajustándose a sus modelos propios de existencia.

Sumak kawsay es el Cosmocimiento (Conocimiento del pensamiento-sentimiento) de la Vida o más precisamente, es la Vida Consciente o Convivir Consciente o Conciencia de la Vida o Convivir Sagrado o Crianza de la Vida o Administración de la Vida o Cultura de la Vida o Filosofía de la Vida (Saber Amar la Vida) o Arte de Vivir en Complemento. Por eso, debería escribirse en una sola palabra este concepto: Sumakawsay, para expresar también que nada está separado y porque en el kichwa las palabras son aglutinantes, especialmente para expresar modelos de vida. Lo mismo con Sumaqamaña en aymara.

La palabra sumak/suma es muy especial en el mundo andino, pues entraña varios significados: armonía, equilibrio, plenitud, pleno, consciente, cultura, calidad, hermoso, sano, límpido, arte, equidad, sabiduría, totalidad, sublime, sagrado, recíproco, complementario, correspondiente, integral, holístico, simbiótico, sinérgico, homeostático. De todo esto, queda claro que Vivir Bien/ Buen Vivir es el paradigma de la lucha de contrarios, y el Convivir en Complemento o Vitalismo es el arquetipo de la oposición armónica. Esa la gran exclusión y "rupturidad" entre dos sistemas y conceptos de vida.

A todo esto, los abuelos andinos lo enraizaron en dos elementos fundamentales: el pensamiento (saber) y el sentimiento (amar), de cuya comunión se manifiestan actividades o labores (llankay) de sabiduría (yachay) y de amor (kuyay/ munay). Es decir, para Convivir Complementariamente recreando Armonía y Equilibrio en cada manifestación de la vida, es necesario Convivir Amorosamente (Kuyay Kawsay) y Convivir Sabiamente (Yachay Kawsay). De ahí que "Sumak kawsay" también es: "Saber Convivir y Apoyarse los Unos a los Otros", como señalaba un líder aymara. Visión similar a la de los filósofos primordiales griegos que lo definían de la misma manera, con la palabra Filosofía: Sabiduría del Amor o Amor a la Sabiduría, (fhilos: amor, sophos: sabiduría). Por lo que desde esta óptica, sí podemos hablar de Filosofía Andina y de Filosofía de la Vida (Saber Amar la Vida) o Vitalismo.

Estos son los dos principios o "mandamientos" andinos, que fueron deformados y tergiversados por los conquistadores, especialmente por el Inca Garcilaso de la Vega, en su trinidad del "ama shua, ama quella, ama llulla". Sus 10 mandamientos, de no robar, no matarás, no desearás a la mujer del prójimo, etc., lo sintetizaron en 3 mandamientos (trinidad) para que sean repetidos por los pueblos andinos: no me robarás, no me serás ocioso, no me mentirás. Hábilmente tergiversaron el Convivir Amorosamente con su visión pecaminosa de no me robarás y no desearás a mi mujer, ni mis cosas. El Convivir Sabiamente con su creencia dogmática de no me mentirás y no pensarás más que en mi dios y en mi civilización monárquica. Y el Convivir Laboriosamente con su actitud explotadora de no serás vago ni perezoso, para que trabajes bien mis campos y me hagas rico. Ese fue su afán domesticador, evangelizador, civilizador, con el que siguen instruyendo hasta nuestros días, pues no ha cambiado nada en esencia en estos 500 años.

Incluso ya han logrado incorporarlos a las constituciones de Ecuador y de Bolivia, lamentablemente, bajo el argumento de que son principios andinos. En este sentido, también se hace necesario retomar los ancestrales principios andinos y reemplazarlos por los impuestos por los colonizadores. Los dos principios andinos de cuya intercomunicación surge el tercero incluido son: en el mismo amor (shuklla kuyay), en la misma sabiduría (shuklla yachay), y en la misma labor (shuklla llankay). O también expresado: con el mismo pensamiento (shuk yuyaylla), con el mismo corazón (shuk shunkulla), y con las mismas manos (shuk makilla).

Vitalismo: alternativa al antropocentrismo de derecha e izquierda

El Vitalismo o el Arte de Vivir Conscientemente tiene muchos siglos de experiencia, ha sido conocido (y es todavía vivido) en los Andes profundos y demás pueblos indígenas del mundo entero que han sido poco colonizados. Aunque no han sido perfectos ni ideales, pues han habido muchas insuficiencias y en algunos casos trágicos, sin embargo, en la mayoría de su proceso han sido mayores las etapas de convivencia respetuosa que de guerras de dominación, pero lo que es innegable, es que estos pueblos vitalistas lograron mantener una comunión plena con la naturaleza (armonía) y sus leyes de funcionamiento. Se les puede criticar o señalar sus deficiencias, pero si hacemos una comparación con la época civilizatoria, no hay parangón entre una y otra. En todo caso, sus principios son plausibles y eso es lo que más importa en este momento de la vida, debiendo aprenderse de los dos procesos (vital y civilizatorio), en sus falencias y sus fortalezas. Pero es obvio, que solo un pueblo compenetrado con la conciencia cósmica puede despertar principios integrales, naturistas, sustentables, biocéntricos, para una nueva vida, más allá del civilizalismo y sus proyectos antropocentristas, mecanicistas, colonialistas, genocidas, ecocidas, que tanto daño han hecho.

La época matricial es más rescatable y alentadora que la patriarcal que nos gobierna actualmente. Se la practicó a todo nivel: en las relaciones familiares no era el hombre el bien (Adán) y la mujer el mal (Eva), ni existió la dictadura androcéntrica del padre sobre la esposa y los hijos, ni la democracia de unas comunidades sobre otras en desacuerdo. Los propios cronistas españoles también contaron de este sistema andino de vida, el caso más interesante es el que relata Pedro Cieza de León quien, en sus obras Crónicas del Perú y El Señorío de los Incas, detalla el alto nivel de organización social y económica logrado en casi todos sus ámbitos de vida, fruto de una comprensión e interrelación íntima con el sistema de la naturaleza. Ahí cuenta de un sistema muy elaborado y armónico de vida, el cual admiró a los europeos que leyeron este libro y que sirvió de inspiración a otros intelectuales para proponer un sistema parecido para Europa, como sostiene el francés Louis Baoudin en su libro El Imperio Socialista de los Incas. Otro escritor que influenció mucho en Europa fue el Inca Garcilazo de la Vega con sus obras La Florida y Los Comentarios Reales de los Inkas. La primera obra llegó a tener 20 ediciones, y la segunda, fue un suceso dentro de la intelectualidad de aquella época y que motivó a soñar un mundo parecido para Europa. Los socialistas utópicos como Owen y otros, se inspiraron en los Incas para lanzar sus teorías socialistas, y también Carlos Marx con sus teorías comunistas, pues en sus escritos hace referencias a estas sociedades comunitarias ancestrales en todo el mundo.

El Convivir en Armonía Complementaria tampoco fue desconocido por los antiguos europeos, sus culturas indígenas también funcionaron en sistemas vitales, especialmente en la época de las comunidades solares y lunares (también llamada por Marx el comunismo primitivo), hasta cuando fueron conquistados a la fuerza por el patriarcalismo monoteísta y convertidos también en esclavos. Dice Marija Gimbutas en referencia a Europa: "Todavía vivimos bajo la influencia de esa agresiva invasión masculina, y sólo estamos iniciando el descubrimiento de la larga alineación de nuestra auténtica Herencia Europea –la cultura gilánica, no violenta y centrada en la tierra–(13)".

Asimismo, hay una serie de libros que relatan los saberes de esos mundos antiguos y de cómo proponían retomarlos o recuperarlos: Se señala a La República de Platón, como el primer planteamiento literario-filosófico de una comunidad ideal. En la Biblia Cristiana, se habla de la concepción del paraíso perdido hasta la Edad de Oro en la mitología griega y romana. Ya en el Renacimiento, Tomás Moro escribe su famosa novela Utopía (1516), en la que inventa el término con el que más tarde se nombraría a la corriente del socialismo utópico. Otras utopías literarias con influencia amerindia son La Ciudad del Sol (1602) de Tommaso Campanella, Código de la Naturaleza (1755) de Morelly, Juan Jacobo Rousseau y su Contrato Social (1762), Foción (1763) de Gabriel Bonnot de Mably, Chateaubriand con su libro Átala (1803).

Todos ellos intentado recrear otro mundo, como de igual manera otros desde otras corrientes, pues nadie se sentía contento con la vida que llevaban y cuando se hablaba de que habían otros mundos que se asemejaban al paraíso bíblico. Así, se han experimentado con cantidad de modelos sociales pero todos ellos dentro de la misma lógica patriarcal reduccionista (antropocentrismo), por lo que todos han fracasado. De ahí, que se hace necesario volver a la sencillez y simplicidad humana-natural (vitalidad) para generar un nuevo mundo que respeta y convive armónicamente con todas las formas de vida, y en la que el ser humano se integra como una especie más de la creación, tal como se logró en otras épocas y que señalan que si es posible otro mundo. "Es habitual describir a nuestros ancestros remotos (que vivieron de esa riqueza sin saquearla, como hoy hacemos) como pobres y desdichados. Se los describe sufriendo malnutrición crónica, viviendo al borde del hambre. Nada más lejos a la realidad. Al respecto, ahora, la literatura científica es abundante y contundente. M. Sahlins, en La economía de la edad de piedra, ha llegado a hablar de la edad de piedra como una era de abundancia y afluencia" (1).

Es momento de terminar con los experimentos sociales del ego humano y retomar el Sistema Armónico y Orgánico Complementario (Vitalismo), en una nueva dimensión y profundidad. "Interesa aquí comprender que las filosofías del ser, impuestas por las instituciones de occidente a lo largo y ancho del planeta en que vivimos, han cumplido con su tiempo y que ya es hora de repensar los nichos culturales, emocionales, y racionales desde los cuales nos levantamos. Las Américas han traído a la mano muchas racionalidades, muchas lógicas, muchas maneras de vivir, de sentir y de emocionarnos (18).

Para ello es primordial e imprescindible comprender qué es la Conciencia Natural o Filosofía Vital, para intentar definir qué es el Sumak kawsay o cualquier otro sistema vital existente en el planeta. Acercarse desde las corrientes civilizatorias antropocentristas, de Derecha o de Izquierda, es caer nuevamente en el error de siempre, pretender adaptar o categorizar ideas de un mundo dentro de otro y calificar a estos conocimientos como inferiores, tal como lo hace Bruno Latour: "Así, la Gran División Interna da cuenta de la Gran División Externa: nosotros somos los únicos que diferenciamos absolutamente entre Naturaleza y Cultura, entre Ciencia y Sociedad, mientras que a nuestros ojos todos los demás, sean chinos, amerindios, azande o barouya, no pueden realmente separar lo que es conocimiento de lo que es sociedad, lo que es signo de lo que es cosa, lo que viene de la Naturaleza de lo que su cultura requiere. Hagan lo que hagan, no importa si es adaptado, regulado o funcional, ellos siempre permanecen ciegos al interior de esta confusión. Ellos son prisioneros tanto de lo social como del lenguaje. Nosotros, hagamos lo que hagamos, no importa cuán criminal o imperialista podamos ser, escapamos a la prisión de lo social y del lenguaje para lograr acceso a las cosas mismas a través de un portón de salida providencial, el del "conocimiento científico.""

El maestro Masanobu Fukuoka podría responderle a Latour de la siguiente manera: "El ser humano cree que tiene la habilidad de saber conocer; eso no es cierto. El ser humano tiene dos ojos, los perros dos ojos, nosotros tendemos a pensar que vemos las mismas cosas. Los perros y los gatos ven una cosa a través de los ojos, y no hacen discriminación entre si es buena o mala. Los gatos no ven, es propio de los humanos. El ser humano cree que ha conseguido atrapar el color azul. El ser humano mira la montaña, el valle y ve cada uno de una forma separada. Piensa que conoce a cada uno por separado. Los gatos y perros ven estos elementos, pero no separados. El ser humano ha dividido la naturaleza en 4 partes, los perros la ven como una unidad. El ser humano cree que conoce la naturaleza, lo único que ha hecho es dividirla. El hombre ha cortado la naturaleza en 4 partes, piensa que realmente la conoce, pero no es verdad. Los perros y los gatos conocen la naturaleza verdadera, los hombres la dividen en partes. Es como si tienes un vaso y lo rompes en 4 trozos. El ser humano coge un trozo y piensa que es la totalidad y además piensa que es más inteligente que los perros y los gatos que ven la totalidad. Cree que conoce un punto, la línea, en realidad no conoce ni el punto ni la línea. Hay unas palabras de Sócrates: solo sé que no sé nada. Los seres humanos ni siquiera se conocen a sí mismos, lo único que sabemos es que el ser humano es distinto a los perros y a los gatos, y tienden a pensar que lo conocen todo.

"Por eso resulta inadecuado y hasta absurdo tratar de acercarse a la cultura y filosofía andina desde la ideología de una "ciencia materialista"; el reduccionismo occidental no es capaz de "entender" la riqueza sapiencial y "científica" del hombre andino" (5). Siendo esto lo que hemos vivido en estos 500 años: los conquistadores, antiguos y modernos, analizando e interpretando a sus antojos el mundo amerindio siguiendo los maniqueísmos del "bien y el mal", y en la que llegan a la conclusión de que ellos son el bien y los indios (y los otros) son el mal. Y eso lo repiten insistentemente en la escuela y por los medios de comunicación, instrumentos modernos que se asemejan a las formas antiguas. Si bien las formas posmodernas "ya no llevan a la extinción física, la esclavitud forzada o la exclusión formal de los derechos humanos, las estrategias de la filosofía académica contra la irrupción de lo indígena en el área del pensamiento filosófico no difieren principalmente de las argumentaciones de los primeros conquistadores" (6).

Pretender hablar del Sumak kawsay sin conocer la Conciencia o Filosofía Andina, es la práctica arribista, enajenante y estereotipada del colonizador perenne. Es continuar con el atropello y el abuso por parte de los nuevos "extirpadores de idolatrías". Es la prepotencia intelectual de quienes desconocen la tradición andina, y más que todo de quienes no la han vivido para interiorizarla en su vientre y enraizarla en su corazón. ¿Cuántos de los que hoy hablan de sumak kawsay conocen de Conciencia o Filosofía Andina? Lo que casi todos conocen es de Filosofía Occidental, liberal o marxista, y pueden decir todo lo que quieran con el Buen Vivir/Vivir Bien, pero el Sumak kawsay solo puede ser expresado desde su propia matriz fundacional. "Uno no puede conocer realmente el pensamiento filosófico de un pueblo si nunca se ha sentado a su mesa, si no ha bailado sus danzas, si no ha sufrido con él (5)".

Riesgos para el sumak kawsay - vitalismo

Si bien es muy importante que el sumak kawsay esté nuevamente en el ambiente social a nivel oficial y académico, generando ciertas inquietudes y esperanzas, no es menos cierto que puede terminar como otra moda más de las tantas que ha habido en la izquierda. Existen algunos riesgos y es muy importante tenerlos muy claros, al menos para quienes tenemos un inmenso respeto por las tradiciones milenarias, y de alguna manera para que seamos su voz y su corazón.

Si bien apoyamos el haber incluido este concepto ancestral en las Constituciones Políticas de Bolivia y Ecuador, éste debe ser un instrumento o mecanismo para seguir profundizando el diálogo, el análisis, y sobre todo para la re-educación y toma de conciencia de toda la población. No solo desde la teoría, sino a partir de la convivencia y tomando como eje la experiencia acumulada de las comunidades ancestrales que "sobreviven" en el tercer mundo y que están en proceso de desvitalización, pero principalmente de las que "viven" en el cuarto mundo o en las comunidades vitales.

Para ello, es muy importante saber: por dónde se camina, con qué se camina, y con quienes se camina. Esto quiere decir, que no hay camino que nos lleve al sumak kawsay sino que el sumak kawsay es el camino. (Al igual que no hay camino al amor sino que el amor es el camino). Y este camino ya tiene un recorrido de por lo menos 10.000 años, por lo que no se trata de comenzar a especular con nuevas teorías sino de atizar dónde está encendido. Como asimismo el de activarlo en nuestro inconsciente colectivo, ahí en nuestra memoria ancestral está el diseño, el cual debemos recuperarlo después de habernos extraviado del camino natural y consciente.

El período de transición es importantísimo, pero no debe ser convertido inconscientemente en un fin en sí mismo, o que termine desviándose en el intento de reencauzar el camino. Para que ello no suceda, la guía fundamental son todos los principios y leyes de la Conciencia Andina. Así todo esto pueda ser real y factible, y no quede como una nueva aventura ilusoria o fantasía idealista, de las muchas que hemos vivido, especialmente estos cien últimos años. He aquí algunos riesgos:

1. Caer nuevamente en el maniqueísmo del "bien y el mal". Seguir reproduciendo –de una nueva forma– la dicotomía: bien y mal, y consecuentemente creando nuevas formas de bien y de

mal, ultra-modernos, y así seguir categorizando para continuar en la lucha de los que se creen que son el bien contra los del mal. Entre los que ahora comienzan a hablar del Vivir Bien y le oponen el Vivir Mal, o que se establezca que el adversario del Buen Vivir es el Mal Vivir. O los que comienzan a hablar de Mal-desarrollo, como que pudiera existir un Buen-desarrollo. Todo lo cual, a la final, tienen más una fuerte carga moralista que una connotación cultural o epistemológica.

2. Hacer sincretismos que desnaturalizan la esencia de cada tradición. A pretexto de relativismo o de inclusión, hacer mezclas que hagan perder la belleza a la diversidad, para crear híbridos que más parezcan monstruos que nuevas entidades (bio-socialismo del sumak kawsay). Mixturas que en última instancia se vuelven "ligth" para tan solo consumo del mercado "new age" (en su versión más simplista) de hoy en día. La hibridación solo puede darse entre elementos del mismo paradigma, lo demás es anacronismo y degenerativo. Siendo al parecer ése el propósito de los socialistas del Buen Vivir, de envolver al Sumak kawsay para que quede solo como un apéndice folclórico del socialismo posmoderno. De ahí la importancia de marcar la estructura de ambos, aunque luego se planteen alianzas, las cuales deben ser en similares condiciones y no que el sumak kawsay-vitalismo sea solo una "costilla" del socialismo o instrumento para construir el socialismo/comunismo.

3. Pretender unificar a las diferentes visiones del Buen Vivir en uno solo. Que quienes promueven ahora el Buen Vivir, cojan algunos tópicos de los diferentes "Buen Vivir", desde los socráticos, pasando por los cristianos, hasta lo andino, y en ese

propósito hagan una mazamorra "única" que nos intoxique a todos. Que en el afán civilizatorio de propender a la uniformización, en vez de estimular la variedad terminemos en un nuevo esclavismo reduccionista (Globalización del Buen Vivir).

4. Dogmatizar a través de teorías y retóricas ideológicas, y que no venga desde el corazonamiento (sentimiento-pensamiento) vivo y experiencial. Que el análisis se simplifique a una cuestión simplemente mental, intelectual, subjetivista, para nuevamente quererlo resolver, en, y a partir de ideas políticas partidistas. Esto sería no entender que es la vivencia y solo ella la que enseña e instruye. Es la vivencia anclada en la realidad y no en las ilusiones o utopías personales, que reproducen nuevos delirios civilizatorios para seguir en los mismos sueños falaces. No se puede racionalizar mecánicamente algo que es vivencial, y que surgió para los pueblos ancestrales en su estrecha vinculación con la realidad de la naturaleza, para hoy convertirlo en un simple modo de producción o un sistema social o una teoría socio-económica. Si bien es todo ello, es mucho más. Siendo ése el otro riesgo: convertirlo en algo fatuo y llevarlo superficialmente al debate social como otra teoría o dogma social.

5. Caer en visiones individualistas cuando esto es un proceso milenario comunitario. Sería no valorar el proceso histórico y experiencial de quienes la configuraron en un larguísimo período de vida. Comenzar a construir su Buen Vivir, muy particular e individual, y desde ahí lanzar sus teorías nuevas del Buen Vivir, que en muchos casos contradigan a los procesos milenarios de los pueblos y las presenten como verdades

propias, fruto o a pretexto, de libertad de pensamiento y libertad de expresión. Así sucedió en un encuentro organizado por el PYDLOS de la ciudad de Cuenca-Ecuador (2011), en la que cada cual hablaba de lo que entendía como buen vivir o que es vivir bien desde su visión muy personal. Después de mi intervención, otra ponente se me acercó y me dijo que lo primero que debían haber hecho es explicar qué es el sumak kawsay –así como lo había hecho yo-, pues ella había preparado su ponencia según lo que para ella era el vivir bien. Me pidió mi ponencia para entender el sumak kawsay y ajustarlo a la suya, que debía exponerla al día siguiente.

6. Que se apliquen paradigmas civilizatorios reduccionistas a un arquetipo multiversal y vitalista. Que partiendo de lineamientos anversos se hagan adaptaciones sutiles y se construya un Sumak Kawsay que contradiga las bases y fundamentos de su esencia primordial. Que quede solo con ropaje andino y que el condumio sea antropocentrista de izquierda o de derecha, de la misma manera como se ha ido construyendo el folclorismo andino en estos 500 años, que no es más que souvenir para el etnoturismo civilizatorio.

7. Que se vayan creando apellidos para el Sumak kawsay y el Buen Vivir. Así como con el desarrollo, al que le han ido dándole la vuelta para pretender hacerlo a su medida, y luego surjan: sumak kawsay sustentable, sumak Kawsay identitario, sumak Kawsay revolucionario, sumak kawsay socialista, etc. Con el Buen Vivir, como una propuesta teórica desde los socráticos podría ser obvio, pero con algo tan profundo por su historicidad y vivencialidad milenaria, sería un insulto a todos sus pueblos, sus muertos y sus dolores de estos 500 años.

8. Establecer indicadores del sumak kawsay. Algunos académicos ya se han lanzado a delimitar indicadores, sin antes precisar y renacer la estructura fundamental del Sumak kawsay, lo que podría conducirlo a convertirse en algo mecánico o a ser parte de un nuevo tecnicismo desarrollista. Pretender ir de la técnica a la conciencia, de la teoría a la conciencia, de la economía a la conciencia, y no comprender que es al revés, que en primera instancia es comprender y enraizar la conciencia orgánica de un paradigma, la matriz, desde la cual paren las demás expresiones. De esta manera, cualquier proyecto o acción esté conectada a la fuente para evitar que cualquier iluminado comience a dispararse a su libre arbitrio y a la final termine yéndose en contra de quienes la construyeron en miles de años.

9. Caer en la idealización y romanticismo, al creer que con este sistema ya se llega el paraíso. Siempre han habido y habrán controversias y dificultades, y es muy difícil llevar a la práctica todo lo que conceptualmente se plantea. No somos ilusos en pensar que los pueblos indígenas antes de la invasión europea vivieron el sumak kawsay en toda su magnificencia y esplendor, como dice su teoría filosófica. El sumak kawsay es una utopía -en el buen sentido del término- por los ideales y principios que lo modulan y lo constituyen, sin embargo ese es el desafío o motivación para poder aplicarlo en su totalidad y profundidad. Y será mucho más complejo el de revitalizarlo en este tiempo luego de 500 años de colonialismo perpetuo, en la que muchos estamos influenciados por el proyecto civilizatorio y se podrían cometer muchos errores. De ahí, la importancia de dejarse guiar por las raíces filosóficas indígenas para caminar en el camino del sumak kawsay y no en uno paralelo pero que está en sentido inverso.

10. Que ciertos grupos o pueblos quieran apropiarse y decir que es suyo. En esto es importante dejar bien claro, que el sumak kawsay no tiene que ver con razas o etnias o geografías o grupos, que quieran utilizar o aprovechar para atribuirse ciertas potestades, en algún sentido o forma. Al fin de cuentas, el vitalismo ha sido conocido y practicado por toda la humanidad, en diferentes períodos de su existencia y en las diferentes regiones de la Madre Tierra, con diferentes nombres y variedades, pero dentro de la misma esencia del Convivir Natural Armónico o Filosofía de la Vida. Esto significa que el sumak kawsay "no es propiedad exclusiva de los aimara y quechua hablantes, ni de personas con tez oscura, sino de todos los pueblos de buena voluntad que quieren y trabajan por un cambio radical (paradigmático) en las relaciones humanas y con la naturaleza (6)".

ANTROPOCENTRISMO CAPITALISTA/SOCIALISTA Y VITALISMO

Caos de la civilización

Según unos, estamos viviendo una profunda crisis del sistema capitalista, pero para otros es algo más profundo, es una crisis de civilizaciones o "choque de civilizaciones" (como dice Samuel Huntington). Sin embargo, hasta hace 100 años estaba claro que la rupturidad era entre "Civilización y Barbarie", es decir, por más de 1.900 años se manejó claramente esta contraposición, en la que las sociedades más conservadoras del norte global querían "resolver" este antagonismo civilizándolo todo, es decir, globalizando el mundo. Por ejemplo Domingo F. Sarmiento, 1851, decía: "De eso se trata: de ser o no ser salvaje. (…) ¿Hemos de abandonar un suelo de los más privilegiados de la América a las devastaciones de la barbarie, mantener cien ríos navegables abandonados a las aves acuáticas…? ¿Hemos de cerrar voluntariamente la puerta a la inmigración que llama con golpes repetidos para poblar nuestros desiertos…? ¿Hemos de dejar, ilusorios y vanos, los sueños de desenvolvimiento, de poder y de gloria, con que nos han mecido desde la infancia, los pronósticos que con envidia nos dirigen los que en Europa estudian las necesidades de la humanidad? Después de Europa ¿hay otro mundo cristiano civilizable y desierto que la América?.

Fue en el siglo xviii, en el marco conceptual de la teoría del progreso en que se habló claramente de la ruptura entre civilización y barbarie. Los ilustristas comenzaron por contraponer "civilización" (epítome de la nueva forma de vida racional que ellos decían representar) con "feudalismo", y por extensión pasó a enfrentarse con barbarie, salvajismo, primitivismo, con atraso, en general. Durante todo el siglo siguiente formó parte de la visión progresiva unidireccional de la historia humana. Según la cual, la evolución social consistía en una constante elevación de los niveles morales y materiales de vida, gracias al avance de la ciencia y la tecnología: del feudalismo al capitalismo, este último considerado la más grande expresión del orgullo civilizatorio.

Todavía el actual Diccionario de la Real Academia Española define "civilizar" como "sacar del estado salvaje a pueblos o personas"; y en versiones no muy antiguas de esa misma obra, "civilización" era "aquel grado de cultura que adquieren pueblos o personas cuando de la rudeza natural pasan a la primera elegancia y dulzura de voces, usos y costumbres propios de gentes de cultura". O como define el Oxford Dictionary en coincidencia con el Diccionario de la Real Academia de la Lengua, que civilizar es sacar algo o alguien de un estado bárbaro o salvaje, instruyéndole en las artes de la vida de modo que pueda progresar en la escala humana.

Y algo parecido dice el diccionario Wikipedia: "La descripción tradicional de la evolución cultural de la humanidad incluía su paso por tres estadios: salvajismo, barbarie y civilización. Esta perspectiva implicaba la idea de progreso, por más que entre sus establecedores estuviera Rousseau, quien no veía mejora, sino degradación en el paso del estado de naturaleza del buen salvaje al estado de civilización, donde el hombre está pervertido y maleado por la sociedad. El pesimismo rousseauniano fue superado por los intelectuales posteriores, claramente optimistas (positivismo de Auguste Comte).

"El predominio europeo se dio desde la era de las guerras de conquista (siglo xv), pero sobre todo desde la revolución industrial (siglo xviii) y el reparto colonial del África (siglo xix), en la fase del capitalismo que se conoce como Imperialismo (definición de Lenin). Aparecía como evidente para los contemporáneos la supremacía de Europa con todas sus particulares formas de organización: fueran económicas, sociales, políticas, especialmente, sus creencias y su raza (misionerismo y racismo). Desde ese punto de vista, el concepto ilustrado de civilización universal pasó a imponerse como un modelo al que debían amoldarse todos los pueblos del mundo, voluntariamente o por la fuerza, y por su propio bien. Las potencias imperialistas occidentales debían afrontar, no por ser su interés, sino por ser su sagrada misión, ésa, la carga del hombre blanco" (Rudyard Kipling).

Otra variante para entender "civilización" es como término equivalente al de "modernidad". Una modernidad que se refiere, ante todo, al progreso científico y tecnológico (tecnocratismo), a un nivel de conocimientos que generan bienestar social (consumismo), y que en la fase de globalización quieren convertirlo en el paradigma de toda la humanidad (antropocentrismo). En nuestros días es la asociación con desarrollo, los desarrollados son los países civilizados y los pueblos en vía de desarrollo son los que están en vías de civilizarse. Es decir, el civilizado completo es el hombre del primer mundo, el salvaje es el que vive en el cuarto mundo, y el bárbaro es el del tercero mundo. Dicho de otra forma, los países subdesarrollados son los que han dejado de ser un poco salvajes, los países en vías de desarrollo son los que están en estado bárbaro, y los países emergentes son los que ya están cerca de civilizarse como los países del primer mundo.

Pero frente al fracaso de la civilización como tal y su proyecto civilizatorio mundial, hay quienes en occidente prefieren hablar de relativismo cultural y señalan que no solo ellos se han desarrollado como civilización sino que otros pueblos también tienen el nivel para ser calificados como una civilización, y que por lo tanto occidente no es la única ni la mejor civilización del mundo. Algo similar se dice de filosofía, cultura, religión, libertad, democracia, etc., por lo que han empezado a hablar de civilización andina, ciencia andina, racionalidad andina, modernidad andina, desarrollo socialista andino, ciudadanía del buen vivir, cultura mestiza, sincretismo, libertad espiritual, democracia con identidad, etc., etc.

Flaco favor de estas personas que sufren de anomia epistémica y les impide llamar a las cosas por su nombre, o, que a pretexto de multiculturalidad o relativismo cultural o interculturalidad, buscan hacer imitaciones y asimilaciones, desde y hacia, el paradigma logocéntrico, y así hablan de aculturización, transculturización, endoculturación, enculturación, etc.; cuando lo cultural solo puede existir dentro de un arquetipo de conciencias ya que el paradigma civilizatorio es anticultural o acultural (unkultur), es decir, empírico-dogmático (mórfico). La cultura europea ha ido desapareciendo paulatinamente en estos dos mil años civilizatorios y con el posmodernismo se ha decretado su desahucio, ya no hay prácticamente cultura en Occidente sino civilización pura. Lo que queda es arte civilizatorio que no necesariamente es lo mismo que cultura. En este sentido, es un anacronismo hablar de civilización andina, civilización maya, pues nunca en Amerindia, Africa y Oceanía se activó la civilis y la polis, la separación del ser humano de la naturaleza, la división social del trabajo, la lucha de clases, la objetividad, el reduccionismo, el mecanicismo y todas las categorías y axiologías que sustentaron y constituyeron el paradigma civilizatorio.

Actualmente la civilización anoréxica, a través del hedonismo y del esteticismo, están en proceso de dar la estocada final a la cultura como tal. La cultura milenaria ha devenido en frivolidad, en mercancía, en placer, en negocio, en fastuosidad, por lo que ha perdido su esencia cultora para ser solamente "homo faber" hombre-máquina que consume todo (homo consummus). En tiempos posmodernos, se pueden "Grabar todas las extravagancias y expresiones "irracionales" del mundo andino, sus costumbres, bailes, ritos, creencias, para poder apreciarlos después (en el penthouse postmoderno) junto con música tibetana, slides de Kenia y un CD_ROM sobre los aborígenes de Australia (5)".

El posmodernismo es la última etapa y el desarrollo máximo de la Ilustración por sacar completamente a la naturaleza de la historia, cual ha sido su máxima aspiración. Pero lo que han logrado, es sacar a la cultura de la vida común y cotidiana, para encerrarlo en los museos y en las salas de espectáculo. Han sacado a la cultura de la naturaleza, para convertirlo en objeto de clonación a través del dominio y manipulación de la materia y la antimateria, todo ello a nombre del progreso y de la ciencia. Pero como dice Masanobu Fukuoka en la revista Ecohabitar: "No se puede llamar progreso a lo que no sabemos cómo puede acabar. Podrían llegar a resultados con una fuerza superior a la bomba atómica. Si somos capaces de acabar con estos experimentos habría dinero para salvar África dos o tres veces. La investigación de la antimateria se puede convertir en la cosa más peligrosa que jamás haya existido. Es tan peligroso porque es solo antinatural. Hoy en día se pueden crear ratas más grandes que gatos. Te imaginas un ratón persiguiendo a un gato…"

El hombre civilizado en estado posmoderno, es el hombre robótico y cibernético del siglo xxi que ha devenido en "idiota" en palabras de Albert Einstein, al escaparse de la realidad de la naturaleza para vivir la realidad del ego y su estetecismo frívolo, a lo cual le denominan actos de libertad o de emancipación, de la naturaleza salvaje. El mito bíblico de "dominad a la naturaleza" ha terminado en "dominad la naturaleza humana" (el humanismo), lo que quiere decir, el homo idiota u hombre contra-natura. Recordemos que "El posmodernismo es un movimiento surgido de entre la clase media y alta de la sociedad industrializada y rica del hemisferio norte, un fenómeno típico de los yuppies (young urban professionals), los dinks (doublé, income, no kids), en fin de la nueva generación hedonística de la parte rica de la tierra… El hombre posmoderno es un recolector de "imágenes" electrónica e informáticamente manipuladas; la "realidad virtual" en el fondo es la consecuencia necrófila del "ver", llevado a su extremo… El mundo entonces se convierte en un espectáculo gigantesco en donde unos pocos (los espectadores posmodernos) disfrutan del estreno "lucha por la sobrevivencia" de la gran mayoría… El hombre posmoderno puede "consumir" todo, porque "todo vale" (5).

En todo caso, cumplieron una función valiosísima para la época los conceptos del relativismo cultural, especialmente el trabajo de Bronislaw Malinowski y su deseo de darle categoría o nivel a las culturas ancestrales, luego de que fueran catalogadas como: salvajes, bárbaras, atrasadas, anticuadas, arcaicas, etc. Luego del fin del colonialismo europeo, entre 1945 y 1960, y con las denuncias de etnocentrismo por parte de ciertos antropólogos, se puso de moda en el discurso, la imposibilidad de comprender y de valorar aquellas costumbres y hábitos que son ajenos al mundo en el que uno vive. En este sentido, no habían pueblos o razas superiores a otras, como tampoco podía establecerse una "superioridad" del pensamiento científico o racional de los pueblos occidentales sobre el pensamiento de los mal llamados pueblos bárbaros y salvajes. Cada cual, se dijo, tenía su propia racionalidad y no podía ser juzgado desde la racionalidad del otro. De ahí se derivó un generalizado relativismo cultural: cada cultura es un ámbito único e irrepetible, y la discrepancia entre culturas es tan profunda que no existen criterios comunes que permitan establecer jerarquías entre ellas. Los valores, considerados una vez más el meollo de las culturas, no podían ser sometidos a prueba o validación según unas escalas objetivas, exteriores o ajenas a la propia cultura enjuiciada.

Sin embargo de que éste fue un paso importantísimo que se dio, "por otro lado el relativismo cultural se ha vuelto tan radical que todas las culturas son éticamente 'indiferentes' y hasta inconmensurables (6)". Lo cual dio paso a un nuevo concepto, el de interculturalidad como una nueva forma de establecer equidistancia entre las culturas. Concepto que inicialmente pretendía ser un paso más en el proceso de equilibrio cultural o de complementariedad cultural, pero que ha terminado en integrismo cultural y que es el proceso en el que la alteridad es integrada al proyecto civilizatorio como minorías protegidas, como las mujeres, los niños, los ancianos, y ahora los indígenas. Dicho de otra forma, antaño, a través de la denominada culturización y progreso de los pueblos atrasados, hogaño, a través de la interculturalidad y el desarrollo. Concepto que surgió desde la Izquierda pero que ahora también ha sido integrada o cooptada por la Derecha ilustrada.

Entonces, no se trata de reconocer a los otros pueblos como civilizaciones bajo el relativismo cultural, ni de respetar a las otras culturas en base a la interculturalidad, pues en el fondo significa asimilarlos al gran paraguas del proyecto antropocentrista; sino, el de delimitar al sistema civilizatorio como un proyecto contra cultural y contra natural, lo que significa salir de la civilización como tal y no el de recrear otra civilización. Esto implica comprender que la civilización ha tenido varias etapas: la esclavista, la feudalista, hasta llegar a la capitalista. Y por ende, no se trata de salir solo del capitalismo sino de toda la raíz generadora, la misma que está en el proyecto civilizatorio y que fuera el proyecto creado por el patriarcalismo evangelizador y antropocentrista para imponerse total y plenamente en todo el mundo vitalista o matricial, y que para ellos es el mundo salvaje, pagano, primitivo, atrasado, subdesarrollado, tercermundista…

Dicho de otra forma, no se trata de integrar a los pueblos alteros al concepto del progreso y del desarrollo de quienes han provocado el cambio climático y la crisis global. Eso significaría remontarlos a ese nivel, lo que implicaría continuar y reforzar el proceso piramidalista empezado hace 5000 años, cuando de lo que se trata es de salir de esos presupuestos y de establecer otro sentido de vida. Por lo tanto, el asunto no es solamente el pos-desarrollo ni el pos-capitalismo, sino la pos-civilización con todos sus tentáculos y fuentes: pos-patriarcalismo, pos-materialismo, pos-economicismo, pos-historicismo, pos-antropocentrismo, pos-racionalismo, pos-politicismo, pos-cientificismo, pos-cosificación, pos-secularización, y todos los reduccionismos y separatismos creados y sub-creados por el paradigma civilizador del "divide y vencerás".

Hay que preguntarse si el colonialismo ya se terminó o sigue su proceso. Si el colonialismo es una etapa rebasada o continúa por otras formas y medios, y cuyo objetivo es la patriarcalización de todos los pueblos del mundo. Si solo vemos el proceso de la modernidad capitalista y no entendemos que ésta es solo una etapa o nuevo nivel que ha alcanzado el patriarcalismo en su proceso antropocéntrico de dominad a la naturaleza y al ser humano, no tendremos una reacción integral y estructural sino solo acciones parciales y que a la final serán engullidas por el paradigma en auge. Entonces, cuál es el propósito del colonizador de hace 5.000 años, 2.000 años, 500 años, y el de ahora? Pues, el mismo. Solo han ido cambiando las situaciones y los instrumentos, pero cada nuevo colonizador sigue los pasos de su predecesor, consciente o inconscientemente, y quiere cumplir con el proyecto civilizatorio. Solo cambian los nombres pero el propósito es el mismo: la patriarquización por los patriarcas, la dogmatización religiosa por los fundamentalistas, la antropocentrización por los ecocidas, la cientifización por los racionalistas, el consumismo por los desarrollistas, etc., etc.

Entonces, una descolonización implica descivilización, tanto del colonizador como del colonizado, caso contrario seguirá subsistiendo la disfunción humana total. No se puede pensar solo en el colonizado sino en los pliegues y repliegues del colonizador, que no puede aceptar y valorar la alteridad por que las considera: bárbara, animista, salvaje, subdesarrollada, retrógrada, tercermundista, lenta. Caso contrario, si seguimos creyendo que el problema es de civilización y de que nos falta civilizarnos más, o de que hay que generar nuevas civilizaciones, sería continuar con lo mismo. Y evidentemente, los neo-salvajes y bárbaros serán todos los pueblos que no quieran vivir como los nuevos civilizados y su ultra-moderno desarrollado y supra-libertad individual. Surgirán otros nombres y situaciones pero a la final serán lo mismo, en una nueva etapa y en un nuevo nivel.

En ese caso, seguiríamos con nuevas clasificaciones pero siempre en el mismo esquema: de los mejores y los peores, de los buenos y los malos, de los superiores y los inferiores. Así como se ha hecho en cada etapa anterior, por ejemplo Arnold J. Toynbee tipificó 23 civilizaciones universales. MacNeill habló nueve, y según Melko existen razonablemente al menos doce grandes civilizaciones, de las cuales siete ya no existen: la mesopotámica, la egipcia, la cretense, la clásica bizantina, la mesoamericana y la andina. En cambio, para Philip Bagby, las civilizaciones mejor definidas y más aceptadas como tales son la egipcia, la babilónica, la china, la india, la greco-romana, la andina, la centroamericana y la cristiano-occidental. Por su parte, Samuel Huntington en su obra Choque de civilizaciones, y basándose en Toynbee, propone un número más amplio de civilizaciones existentes en la actualidad: la occidental (en la que distingue como subcivilizaciones a la latinoamericana y a la ortodoxa de Europa oriental), la musulmana, la judía, la hindú, la sínica, la japonesa, la africana sub-sahariana y la budista.

En este sentido y siguiendo esta dinámica, para nosotros los saberes andinos no son científicos en la dimensión del antropocentrismo, pues significaría creer que el ser humano andino (runa) consideró al mundo como un objeto independiente del ser humano, como una cosa separada de las otras cosas ("cosificación"). Concepción ésta, que es el fundamento básico del paradigma científico de la civilización y que permite estudiar autónomamente a cada cosa. Por tanto, es un absurdo la pretendida separación e independencia entre naturaleza y ser humano dentro del mundo andino y con ello hablar de civilización andina. Hecho que jamás ha sucedido en toda la existencia andina o tawantinsuyana propiamente dicha; solo existe para los "cientistas sociales andinos", quienes se esfuerzan por equiparar y amoldar a unos y otros.

Con lo que sí estamos de acuerdo con los defensores de la civilización y creemos que están en la "razón", es cuando mencionan que la humanidad debe decidir entre "Civilización o Barbarie". Dicho en palabras nuestras, los pueblos del mundo deben elegir entre "Civilización y Naturalización", entre "Civilización y Culturización", entre "Civilización y Vitalización" Si quieren profundizar más el paradigma civilizatorio y su sistema posmoderno del desarrollo, con sus últimas variables del Buen Vivir y otras que se inventen; o quieren retomar y reactivar el arquetipo de conciencias y su sistema matrístico milenario con sus variables vitalistas de cada región. En consecuencia, el asunto es de fondo, es de raíz epistemológica a nivel de la matriz fundacional.

Por tanto, cuando se habla de crisis, es la crisis del sistema civilizatorio y su dicotomía: Derecha e Izquierda, en su condición y cualidad propia, de racionalista, mecanicista, separatista, empírica. El mito fundacional de la civilización es uno solo (la civilis y la polis), y es el único que está en crisis: la "civilización antropocéntrica", extendida actualmente en el mundo entero. El sistema civilizatorio es el único paradigma humano en toda su historia, que se ha manejado por leyes, categorías, métodos y parámetros patrialco-androcéntricos (hombre-macho), por lo que solo hay una civilización: la occidental. El sistema cultural o de conciencia vital, ha sido manejado y asimilado por naciones y pueblos con una perspectiva holística, sagrada, horizontal, espiralada, sustitutiva, comunitaria. Pueblos que siguen resistiendo el civilizamiento antropomórfico, luego de que el patriarcalismo semita-griego lograra civilizar Europa y a su vez los europeos siguen con la misión de civilizar o domesticar todo el mundo. Lo que significa la instrumentalización y cosificación total de la vida y por ende la decadencia del ser humano y su posible desaparición a través de una crisis climática de envergadura.

La rupturidad primaria y fundamental no es entre capitalismo y socialismo, sino entre civilización y cultura, entre el paradigma de la civilización con su sistema monódico y de otra parte los arquetipos de las culturas animistas-vitalistas y su sistema tetrádico. La contradicción entre socialistas y capitalistas es al interior de su fuente constitutiva monoica, pues ambas son originarias y son el resultado de las contradicciones al interior del mismo paradigma que las sostiene: el racionalismo, la identidad, el materialismo, la anulación de la contradicción, el mecanicismo, el laicismo, el liberalismo. En este sentido, es también una crisis de la izquierda civilizatoria. ¿Acaso el fracaso de las experiencias socialistas en la Unión Soviética, Europa del Este, China, Corea del Norte, Cuba, no son un claro ejemplo de ello?

Hay quienes han argumentado que es muy difícil la instauración del socialismo en medio del capitalismo mundial, y otros han dicho que ninguna de esas experiencias fueron realmente socialistas. Podrán decir muchas cosas, cantidad de justificativos y argumentaciones, lo cierto es que ninguno de los socialistas han podido ir más al fondo, al menos teóricamente, y ver que el asunto es mucho más complejo y que tiene que ver con la fuente germinadora y estructural de su relacionalidad frente a la vida: materialismo-separatismo-desarrollo.

¿Dónde el socialismo histórico ha cuestionado a la civilización como tal, a la desacralización de la naturaleza, a la urbanidad, a la ciudadanía, al tecnomorfismo, a la mecanización e instrumentalización de la vida, etc.? Dónde ha planteado el humanismo de la naturaleza, la naturalización del ser humano, la inteligencia de la vida, la gnoseología de la naturaleza, la culturalidad de la naturaleza, etc.? Por ejemplo, habría que preguntarle a los socialistas Lula/Roussef y a sus agro-combustibles que destruyen miles de hectáreas de bosques, o a

Evo/Garcia Linera/Correa/Maduro/Krischner y sus proyectos extractivistas, que siguen manteniendo a los países sudamericanos como exportadores de materias primas para sostener el capitalismo corporativista mundial y con ello sustentar la crisis global y el cambio climático. No solamente es la propiedad y distribución de los "bienes naturales" y sociales, sino, la concepción y relación con la naturaleza, esto es, si la naturaleza es cosa productiva a distribuir o es el ser que sostiene y mantiene con vida a los seres humanos y con quién hay que buscar armonía y equilibrio mutuo.

Las "buenas intenciones" de las izquierdas tendrán que definirse en esas posiciones primordiales, si quieren efectivamente integrarse al proceso de cambio orgánico que necesita el mundo. Esto quiere decir, que es el hombre el que tiene que cambiar de posición y actitud, y no la naturaleza. Es el hombre que tiene que adaptarse a la naturaleza y no la naturaleza a los caprichos del hombre capitalista o socialista. Es el hombre el que tiene que amoldarse e imbricarse con la naturaleza, a través de apaciguar su ego, amaestrar sus ansias, y concienciar su espíritu. Y no al revés.

Por lo tanto, el meollo de todo está en el tipo de relación con la vida, entre, una de tipo utilitaria y objetivista de la realidad, y otra, de respeto y comunión. "El hombre (andino) no se apodera de la realidad para su posterior manipulación, sino la realidad se sirve del hombre para su presencia intensificada (6)". Entendiendo por "realidad", la realidad del cosmos, de la naturaleza, la cual, no solo es física sino también energético-espiritual, tal como lo ha venido a confirmar la ciencia relativista y quántica. La diferencia está: entre una relación mecanicista-laica y una relación integrativa-sagrada, entre una relación explotadora-extractivista y una relación sustitutiva-reposicionadora, entre una relación unipersonal familiar o una relación inter-transpersonal cósmica, entre un sistema antropocéntrico nacido del ego idealista del hombre o un sistema social que surge de la naturaleza misma. Esto significa, la comprensión de que "el planeta vivo, la Pachamama, es el símbolo vivo de la vincularidad presente, es parte del curso de la vida, del orden natural, del cosmos vivo y bio-ético (22)". Es el símbolo vivo que presenta en escena la relación fractal: todo-parte, individuo-comunidad, comunidad-mundo, mundo-cosmos. Se trata de otra racionalidad que conoce la realidad vitalmente y no representativamente (positivismo).

Segunda y definitiva conquista de Amerindia

Es importante tener en claro que hace 500 años se produjo la invasión de Amerindia, y que durante todo este período se ha ido produciendo paulatinamente su conquista, la misma que no ha parado y que por el contrario se ha ido acentuando mucho más, hasta llegar al clímax actual en que se pretende su conquista definitiva. Caso contrario, sería validar aquella idea oficial de que hubo la independencia de España y que consecuentemente se terminó la colonización. Todo lo contrario, la colonización se ha ido ampliando a medida que fue pasando el tiempo, encontrándonos actualmente en su mayor nivel y en la que ya no son los propios conquistadores españoles o sus descendientes los encargados de aquello, sino que son los propios indios los que llevan adelante la catequización, domesticación y dogmatización de sus propios hermanos de sangre, de aquellos que todavía no han recibido los "beneficios" de la modernidad, esto es, el acceso al adoctrinamiento en el pensamiento único antropocentrista. "El reto de la modernización sería el de lograr que los países de historia y cultura diferentes dejen de ser diferentes tanto por imposición como por decisión de las propias elites o clases gobernantes. Todo aquello que les es particular, específico, propio, diferente, tiene que ser negado, rechazado, reemplazado por ser un impedimento a la modernización, sea esto religión, cosmología, concepción y utilización del tiempo y el espacio, ética del trabajo o relaciones entre individuo y comunidad (3).

"El individualismo hedonista que se predica mediante la campaña neoliberal de abrir nuevos mercados, viene debilitando cada vez más el orden tradicional de solidaridad trans-generacional y comunitaria. En muchas familias, los hijos se resisten a hablar en su idioma nativo, quechua o aimara, porque lo consideran como atrasado y nocivo al progreso de tipo occidental (6). Los idiomas y culturas indígenas están desapareciendo o están en proceso de extinción. Según el censo de 1990, en Ecuador son mucho menos los que hablan idiomas originarios, pues se avergüenzan y prefieren "desarrollarse", aprendiendo especialmente inglés que es más "útil y provechoso", para el bolsillo. Y según el censo del 2010, ya casi todos son "mestizos" (mejoramiento racial), habiendo apenas 7% que se reconocen como "indios", incluso hay un poquito más de "negros" y de "montubios", y casi igual porcentaje de "blancos".

Y lo mismo sucede en el resto del continente: "México, Chile, Argentina y Brasil son algunos de los países con mayor riesgo en América Latina de desaparición de sus lenguas indígenas, revelaron especialistas en un seminario celebrado en la capital azteca. En el IV Encuentro de Lenguas en Peligro, los expertos dijeron que la marginación, la migración, la falta de transferencia a las nuevas generaciones y la imposición de idiomas dominantes son las causas." Noticias Ansa (25-09-11). Valga acotar el eufemismo de los "expertos" participantes en este mencionado Encuentro, quienes tampoco pueden identificar que todo ello obedece al proceso de neo-colonialismo, a través de las políticas de desarrollo y crecimiento. No se dan cuenta que la modernidad, el progreso y el desarrollo, son las principales armas del colonizador contemporáneo en el proceso de civilizamiento (no: aculturización o inculturación) de los pueblos ancestrales. La prueba es clara: los países más desarrollados o sea subvitalizados) de América Latina que se enumeran en el "Encuentro de Lenguas en Peligro" son los que más están extinguiendo las lenguas nativas, y los más subdesarrollados (es decir, en proceso de desvitalización: Bolivia, Perú y Ecuador) son los que todavía logran mantenerlas a cierta medida.

¿A alguien todavía le queda duda de lo que significa el desarrollo civilizatorio de Derecha o de Izquierda? Podríamos responder con Eduardo Galeano (1992): "Los indios de las Américas viven exiliados en su propia tierra. El lenguaje no es una señal de identidad, sino una marca de maldición. No los distingue, los delata. Cuando un indio renuncia a su lengua, empieza a civilizarse. ¿Empieza a civilizarse o empieza a suicidarse?".

El sistema indígena de tipo comunitario y de familias ampliadas, también está en proceso de desestructuración. Muchos de sus miembros han emigrado a EEUU o Europa, soñando con el desarrollo y el progreso que les traen las películas y las telenovelas civilizadoras. Algunos ya tienen internet, escuela, y otros servicios, pero para aprender a vivir dentro del mundo del mercado epifánico, no para fortalecer su cultura sino para irla olvidando, para ir botando sus casas de adobe llenas de vida por casas de cemento llenas de enfermedad, para ir cambiando su música tradicional por la tecno cumbia y otras músicas posmodernas, etc. ¡Viva la modernización y el desarrollo, ahora sí comienzan a desaparecer los "buenos salvajes"!

Ni las propias transnacionales, ni las iglesias, ni las centrales de inteligencia, ni los gobiernos imperiales, ni el fondo monetario internacional, ni los propios izquierdistas, pudieron imaginarse cómo los socialistas, los ecologistas, la teología de la liberación, el indigenismo culturalista, abrieran las puertas de los pueblos ancestrales para que penetrasen los ideales del "dios mercado" (consumismo), de la modernización, y de la integración al desarrollo antropocéntrico. Ahora ya no se conquistan territorios ni se toma nada a la fuerza, simplemente se entra con proyectos de desarrollo y fácilmente son integrados al mundo del mercado bajo el eufemismo de países en "vías de desarrollo", es decir, al proceso de desvitalización occidental. "La occidentalización del mundo entero ahora ya no se realiza mediante la exportación de ideas filosóficas y la evangelización cristiana, sino por la mercadería industrializada e informática que transporta, a la vez, ciertos valores, determinadas expresiones culturales y en general, un cierto way of life (modo de vivir)... ya no necesitan ningún tipo de legitimación "trascendente", sino se autofundamentan por la "justicia" ciega de la "mano invisible" del mercado ilimitado (5).

En un mundo globalizado, ésta es la colonización del siglo xxi. Es una conquista que no impone religión, que no busca necesariamente nuevas tierras para inmigrar y que no toma lo que no es suyo; simplemente lo compra a través de proyectos de desarrollo e integración. "En esta lógica cabe perfectamente la dicotomía desarrollo-subdesarrollo, pues quienes utilizan estas estrategias se autodefinen como desarrollados e imponen ese modo de sociedad a sociedades que operan bajo otras dinámicas a las que denominan subdesarrolladas, es decir, por debajo de aquellas sociedades también caracterizadas como modernas (3)".

Todos estos organismos deben estar muy agradecidos con la Izquierda socialista e indigenista, cómplice del famoso cuento del desarrollo, de la integración, del progreso, de la inclusión, de la modernidad, que surgió con las tendencias neoliberales del crecimiento económico, pero que después fue fácilmente adoptado también por la Izquierda, solo con nuevos nombres pero siendo lo mismo: desarrollo sustentable, desarrollo sostenible, desarrollo limpio, desarrollo comunitario, desarrollo con identidad... No necesitaron nuevas conquistas territoriales, nuevas formas de colonialismo beligerante, simplemente necesitaron de una Izquierda idealista y de una dirigencia indígena civilizada y desarrollada, para que el sistema económico capitalista penetre y se consolide fácilmente en los pueblos y comunidades indias.

Las palabras mágicas de hoy en día son: integración, participación, desarrollo, progreso, ciencia; quien hable diferente, es atrasado, romántico, infantil, idealista... Obviamente el desarrollo solo está pensando en la rentabilidad, y en la que lo importante son esas palabras "divinas" que ahora todo lo pueden: productividad, competitividad, eficiencia, eficacia, emprendimiento e innovación. "Se pueden cuestionar las asimétricas relaciones de poder que genera el desarrollo, e incluso las derivas antiecológicas del crecimiento económico, pero no está permitido cuestionar los supuestos civilizatorios del desarrollo. Se pueden proponer visiones culturalistas del desarrollo, como aquellas que hacen referencia al carácter, al ethos, o a las anacrónicas tradiciones de una cultura determinada, pero no se permite el debate y el cuestionamiento al marco que estructura esa forma de ver al mundo y a las sociedades desde el desarrollo, la modernización y el progreso (21).

La excelencia para el desarrollo y el progreso se la obtiene en las universidades norteamericanas y europeas, a donde se van a educar nuestros meritocráticos economistas de mercado. Generaciones enteras de estudiantes provenientes de todos los lugares del mundo se forman (léase: adoctrinan) en las universidades de la excelencia competitiva, y hoy dirigen muchos gabinetes ministeriales, proyectos de desarrollo, planes de integración. Como dice el Dr. Rodrigo Borja, ex presidente socialdemócrata del Ecuador: "El imperialismo de hoy es, sobre todo, dominio de la ciencia y la tecnología. En la era digital el imperialismo es mucho más que cañones, tanques y aviones: es innovación científica y conocimiento tecnológico, o sea patentes de invención, descubrimientos, universidades de excelencia, producción masiva de científicos, profesores y tecnólogos, manejo de la información, dominio del lenguaje binario y de las fórmulas genéticas, comunicación planetaria y aplicación de todos estos conocimientos a los afanes de dominación global (Tomado de El Comercio).

"La misión del desarrollo es transformar a los subdesarrollados en "sociedades modernas y dinámicas" capaces de insertarse competitivamente en mercados dinámicos globales… La visión del desarrollo es la de un mundo homogéneo y universal, donde el modo de vida de personas y sociedades está articulado por relaciones generadas en el contexto de mercados dinámicos y, desde ahí, la existencia de una ciudadanía universal conformada por productores y consumidores que en perenne innovación y competencia, se conviertan en el motor de la nueva historia de la humanidad" (3).

¿Hacia allá queremos avanzar? ¿Así se construye el socialismo? Paradójicamente los terratenientes mantenían a los indios como esclavos en sus haciendas pero su cultura milenaria sobrevivía. Ahora salieron de las haciendas pero pasaron a ser parte de las grandes haciendas de las transnacionales, en la que ya no son esclavos de los gamonales sino del mercado teleológico y su cultura en proceso de desaparición. Todas "buenas intenciones", pero en los resultados la debacle de las cultura vitales, que ahora juegan entre la vida y la muerte, como es el caso de la desaparición de algunos pueblos, culturas, idiomas; a la par, con la extinción de especies de animales y de plantas en el mundo entero.

No solo lo dicen organismos propios, la misma Naciones Unidas señala en un informe del año 2010 que más de 200 lenguas indígenas ya han desaparecido y más de la mitad de las 6.000 lenguas que se hablan en el mundo están en proceso de extinción. "Los pueblos indígenas sufren las injusticias históricas, incluida la colonización, la expropiación de sus tierras, recursos, la opresión, la discriminación y el excesivo control sobre sus formas de vida. Su derecho al desarrollo ha sido negado durante mucho tiempo por los estados coloniales y modernos en pro del crecimiento económico", señala uno de los autores del estudio para las Naciones Unidas. El informe acota que los pueblos indígenas, que suman unos 370 millones de personas, constituyen el 5 por ciento de la población mundial, el 15 por ciento de los pobres del mundo y la tercera parte de los 900 millones de indigentes en las zonas rurales. Estas comunidades ocupan un 20 por ciento de la superficie terrestre y representan la mayor diversidad cultural del planeta. Sin embargo, su riesgo de extinción es cada vez mayor debido a la pérdida de sus tierras y de los recursos naturales que les sirven de sustento, lo que supondría la desaparición de entre 6.000 y 7.000 lenguas. El estudio calcula que el 90% de las lenguas del mundo podrían desaparecer durante el próximo siglo, y con ellas conocimientos relevantes sobre la naturaleza.

¿Les queda alguna duda a las izquierdas? ¿El problema es económico? ¿Está en la pobreza la miseria de la humanidad? ¿El asunto es solo salir del capitalismo?

La Izquierda posmoderna

Nos han vendido la idea posmoderna de que solo existe la posibilidad de elegir entre dos sistemas sociales: el capitalismo o el socialismo, con sus diferentes ramificaciones y sus intermedios. Nos han hecho creer que solo existe la Derecha y la Izquierda, con sus diferentes presentaciones desde la extrema Derecha a la extrema Izquierda. Nos han dicho que la civilización, la democracia, la justicia, la autonomía, la libertad, el desarrollo, el dominio sobre la naturaleza, la razón instrumental, el perdón incondicional, son los únicos modelos posibles y viables para la humanidad.

Todo tiene su impronta en occidente, desde ahí nace y muere el mundo, los demás pueblos son pre-historia o periferias o exotismo. Incluso, "Los Derechos Humanos (en la Declaración Universal de 1948) de las Naciones Unidas, tienen una "partida de nacimiento" occidental (Revolución Francesa; valores cristianos; Ilustración) y reflejan presupuestos culturales no universalizables: el valor de la individualidad y autonomía; la propiedad privada; la libertad personal; etc. La predominancia de los derechos individuales sobre los sociales refleja este hecho monocultural (5).

Pero ante el fracaso de estas concepciones y prácticas monoicas en el mundo entero, las Izquierdas han comenzado a buscar otros modelos sociales y en esa búsqueda han llegado también a los Pueblos de Tradición, lo cual es plausible y reconfortante pues nunca antes habían echado la mirada hacia las epistemologías ancestrales, a las cuales minimizaban y descalificaban ("atrasadas"). Dándose actualmente un fenómeno mundial, en que algunos están regresando a las fuentes, a los orígenes, a las matrices, a las raíces primordiales. Están comenzando a comprender que todos venimos del mismo gen cósmico, ya sea una bacteria, una piedra, o una persona, todos tenemos el mismo padre y madre, como lo ha venido a confirmar la ciencia moderna. Por tanto, cada ser es un multiverso en miniatura, por lo que todos somos naturaleza, todos estamos unidos e interdependientes unos de otros. De esta manera, destronando al Ilustrismo europeo que creyó haber dominado a la naturaleza.

Irónicamente algunos científicos de occidente andan buscando información y retomando ciertos conocimientos de los pueblos ancestrales, para ajustarlos a sus ciencias modernas y a sus intereses geopolíticos y económicos. A su vez, políticos de Izquierda de Latinoamérica y siguiendo sus pasos, han despertado su interés por el modo de vida de los pueblos originarios andinos: Sumak kawsay (Kichwa), o Suma qamaña (Aymara), o Kymemogen en Mapudungun (Mapuche), o Tekokavi en Guaraní... Quienes lo han despertado, política y constitucionalmente, han sido los socialistas del siglo xxi de Bolivia y de Ecuador, pero el mismo puede resultar peligroso o ambiguo, por lo que es necesario ser prudentes con estas posiciones que podrían terminar convirtiéndose en actitudes maniqueas o novelescas, como sucede entre los "izquierdistas revolucionarios" y los "socialistas del siglo xxi", que mutuamente se tildan de derechistas. Hecho éste, que ha sido histórico y mundial dentro de la Izquierda de acusarse de haberse "derechizado" o de ser una "Izquierda disfrazada", y evidentemente, cada uno de ellos reivindica ser los "verdaderos socialistas y los auténticos revolucionarios". En todo caso, nosotros estamos de acuerdo con ellos y pensamos que ambos tienen la razón: son derechistas, unos más que otros. A la final, izquierdas y derechas son los dos lados de la misma moneda, son los extremos que se atraen y se anulan mutuamente, pues, en última instancia ambas visiones se asientan en la misma "patriz" que les ha dado nacimiento: la occidentalidad patriarcal. En su ley de contrarios, ellos son los opositores de los derechistas pero que terminan simplemente siendo el otro extremo del mismo paradigma ontológico. En su visión de "lucha de antagónicos", su accionar ha estado enmarcado en cómo ganar al otro, en cómo sobreponerse a su adversario, y en esa contradicción monoica han terminado creando capitalismos: privado o de Estado, como ha sido la práctica vivida y sin que haya hasta ahora un cambio profundo y real empujado por ellos.

Al vitalismo, si bien le preocupa el ser humano éste no es su único ni mayor interés, primero antepone la vida en su totalidad, y luego a los seres de la vida en particular. Su relación con la naturaleza en su conjunto es primaria y fundamental, pues entiende que el destino del ser humano depende de la Madre Naturaleza, y no al revés como plantean las corrientes antropocentristas, las cuales no pueden entender que "La naturaleza es la curandera del hombre porque ella es el hombre. La naturaleza confeccionó los cuerpos que habitamos bañándonos en la luna, el sol y el mar. Estos ingredientes nos han dado a cada uno de nosotros nuestra porción de naturaleza; un albergue, un sistema para mantener la vida, un compañero íntimo y un hogar que habrá de durar siete décadas o más (14).

Por otro lado, su dimensión espiritual con la naturaleza, dentro de un carácter sagrado y una relación energética consciente, le configura al vitalismo como otra actitud frente al ser humano, la comunidad y la vida en su conjunto (sacralidad). Es una relación de hermanos y hermanas de la vida, una interrelación entre seres inteligentes dentro de una conciencia holística (fractalidad). Todo lo cual está muy lejos de los postulados de los socialistas, de cualquiera de las múltiples vertientes y tendencias, que están más cerca de los religiosos, empresarios, militares, y demás liberales y conservadores, pre-modernos, modernos y pos-modernos.

Sin embargo, el vitalismo complementario andino se aproxima –de alguna manera– a los primeros socialistas, en particular a los socialistas utópicos, cuyos postulados centrales estaban basados en las sociedades ancestrales del mundo entero, incluida la misma Europa. Y también guarda cierta congruencia con las anotaciones que hiciera Marx del comunismo primitivo, como la referente a aquellas sociedades comunitarias y colectivistas en todo el planeta tierra. Marx parte de estas sociedades primigenias para pronunciar y consolidar su teoría comunista, principalmente cuando hace referencia a la parte final del sistema comunista como tal, y plantea la desaparición del Estado, de la democracia, y del partido comunista. Pero en relación al socialismo histórico, desde Lenin hasta los posmodernos socialistas, sus concepciones son, en su gran mayoría, contrapuestas con el sumak kawsay y el vitalismo milenario.

La Izquierda en América Latina ha pasado en estos últimos 80 años por las líneas: Soviética, China, Albanesa, Cubana, etc. y ahora aterriza en los Andes. Es importante valorar el hecho de que ya comienzan a mirar hacia adentro, antes solo miraban hacia afuera. De que ahora ya intentan mirar, por sí mismos y para sí mismos, pero, todavía siguen pensando y actuando desde los conceptos y parámetros de afuera: el paradigma antropocentrista civilizatorio. Por lo que esta mirada andina con pensamiento patriarcal monódico, puede llevar a deformar y tergiversar la esencia del sumak kawsay–vitalismo Andino. De hecho ya ha sucedido, según lo que señalan los artículos referentes al Buen Vivir (Sumak Kawsay) o Vivir Bien (Suma Qamaña) en las Constituciones Políticas de Ecuador y Bolivia, respectivamente. Y también por una serie de artículos y textos que comienzan a circular, escritos principalmente por diferentes pensadores que se alinean o se identifican con tendencias de Izquierda, los cuales tienen una visión pos-capitalista mas no pos-patriarcal y peor pos-civilizatoria, de ahí sus fracasos en el mundo entero.

Ciertos izquierdistas se vienen auto-abanderado del sumak kawsay/suma qamaña, queriendo apropiarse del mismo y pretendiendo definirlo a su medida e interés, pero de lo único que se han apropiado es de las palabras kichwa/aymara y de sus conceptos generales, pero desconocen los principios, fundamentos y leyes que la sustentan (tawantin), que es lo básico y fundamental para entender a este Sistema de Convivencia Complementaria. Sino, todo ello queda en bellos postulados pero su esencia se desnaturaliza, al punto de atentar e irse en contra de su real cualidad y condición propia.

La prueba más clara, es que la mayoría de quienes hablan de sumak kawsay desconocen los principios y leyes andinas del tawantin o conciencia tetrádica andina (algunos ni siquiera habrán escuchado estas palabras). Lo que hacen es hablar de sumak kawsay como buen vivir pero con categorías y parámetros civilizatorios (soberanía, autodeterminación, democracia, libertad, desarrollo, excelencia, emprendimiento), que se asemejan más al buen vivir de la Grecia logocrática pero desconocen las categorías de interdependencia, consenso, estabilidad, alternabilidad, reposición, espiralidad, relacionalidad. Lo que quiere decir, que para poder hablar de sumak kawsay primero hay que conocer del tawantin, del tinkuntin, de la minka, del kapak ñan, de los yachay wasi, de la chakana, etc. Caso contrario, es la continua "colonialidad del poder y del saber" de los neo-conquistadores, los cuales no han desaparecido en estos 500 años y por el contrario hoy están más fuertes y contumaces. El colonialismo continúa.

Los discursos de Rafael Correa y de Evo Morales hablan de Buen Vivir o Sumak Kawsay como de raigambre andina, pero lo único que tiene de ancestral es el membrete pues cuando desovillan y materializan sus políticas, su práctica es antropocentrista desarrollista. El Buen Vivir de Correa y el Vivir Bien de Morales no son andinos, son parte del Buen Vivir griego clásico y del Vivir para el Bien cristiano (buen vivir platónico-cristiano), con tintes de ilustración y posmodernidad izquierdista e indigenista. Es decir, este buen vivir sigue desconectado de una interrelacionalidad holística y sagrada con la naturaleza o la vida en general, por lo que siguen viendo a las fuentes de vida tan solo como sustancialidad económica, productiva y distributiva, para el esencial progreso y desarrollo del hombre, y últimamente, también de las mujeres.

Su visión economicista les hace preocuparse básicamente de cosas materiales (carreteras, hospitales, escuelas, esto es, macroeconomía) y descuidan el asunto de fondo que es construir/reconstruir el sumak kawsay, lo que implica profundizar en las bases ya existentes y de ampliarlas a nivel nacional, con la participación directa y ejecutiva de los pueblos y comunidades herederas de este sistema. Pero hasta ahora es solo un proyecto caudillista y mesiánico, en la que ellos se creen los nuevos salvadores del pueblo. Todo viene desde arriba, desde las buenas intenciones de un solo hombre, quien decide de acuerdo a sus ideas y nociones (monarquía republicana). Ni siquiera es un proyecto partidista o grupal, son un proyecto: correísta, evista, chavista, castrista, etc. Si por alguna razón desaparecieran ellos, se cae todo, tal como está pasando en Venezuela después de la muerte de Chávez. No hay cimientos ni estructura que sostenga el proceso. No hay conciencia en la población para continuar el proceso. La Derecha vendrá con un nuevo discurso y la gente se irá tras de ellos. En cambio, un pueblo consciente, organizado, preparado, participativo, movilizado, podría empujar y continuar el proceso.

Siguen la típica línea verticalista, de arriba hacia abajo, y lo peor de todo es que quieren imponerlo por la fuerza, con arrogancia y prepotencia, sin generar el diálogo, el análisis, el debate, para que el pueblo actúe en sus lineamientos y configuraciones, y de esta manera estimular y provocar que los distintos sectores sean los propios generadores de sus cambios. El que gobierna actualmente es el EGO de cada uno de ellos, como dice Mujica, presidente de Uruguay: "El poder no cambia a las personas, solo revela quiénes verdaderamente son". Están desesperados por obras públicas pero no por generar participación, inclusión, estudio, organización. Es decir, no están interesados en construir en la conciencia de las masas y paralelamente materializar todo ello dentro de un proceso paulatino y de largo alcance. Para de esta manera asegurar que el proyecto y el proceso no fracasen, pero se está haciendo justamente todo lo contrario.

Su línea es la confrontación y la persecución, y lo único que están consiguiendo es más desmembración al interior de sus co-idearios y del pueblo en general. En vez de irse consolidando, poco a poco se van desgranando. Cada día tienen más detractores, aunque todavía haya una parte del pueblo que apoya sus obras materiales, pero todo esto, será un espejismo material de un tiempo y nada más, tal como lo demuestra la historia mundial en la que el capitalismo se recicla cada cierto tiempo. Como diría Einstein: "No podemos esperar que las cosas cambien si siempre hacemos lo mismo".

Lo cierto es, que los socialistas indigenistas hablan de cultura andina, de espiritualidad andina, de filosofía andina, pero viven como "occidentales", educan a sus hijos en escuelas "occidentales", asisten a iglesias "occidentales", luchan con políticas "occidentales", practican formas de organización "occidental", aplican proyectos con categorías "occidentales", etc., y ahora que han llegado al poder reproducen lo mismo (claramente el caso de Correa). Otros son cocaleros, indigenistas, hasta tienen la piel oscura y los rasgos andinos, pero su mente y su forma de vida es occidental. Lindas palabras las que dicen pero su vida íntima les delata. Dime cómo vives y te diré quién eres. El sueño de Correa es que el Ecuador sea similar al país de su esposa (Bélgica) o su modelo será EEUU donde estudió y aprendió del desarrollismo, (y algo parecido será para Evo Morales). Por eso no entienden que lo que importa es la cultura, la tradición, la sabiduría, la técnica, la metodología, la tecnología, el estilo, andino de caminar sobre la vida (Conciencia Andina). Ninguno de ellos ha promovido un tipo de vivienda, alimentación, educación, producción, economía, administración, salud, etc., de matrices, estructuras y categorías andinas, para que se diga que están atizando el sumak kawsay desde las comunidades vivientes.

Y algo parecido podemos decir de las izquierdas en general, que tan solo quieren salir de la pobreza para vivir la riqueza occidental, es decir, no quieren un sistema alternativo pos-antropocéntrico, sino solo un cambio en las relaciones económicas y las formas de producción. Por eso su propuesta es un sistema pos-capitalista más no: pos-civilizatorio, pos-patriarcalista, pos-mecanicista, pos-instrumentalista, etc. Tanto es así, que su vida cotidiana es la misma de la derecha, solo que con menos recursos, incluso algunos líderes indígenas han caído en lo mismo. No les interesa la alimentación orgánica, la bio-construcción, las medicinas alternativas, las espiritualidades animistas, la educación consciente, el trueque, etc., etc.

Para hablar de sumak kawsay hay que interiorizarlo y asimilarlo, para que sea verdadero y profundo. Lo que implica hablar desde la vivencia, y por ende el de recrear: otra arquitectura, otra educación, otro vestuario, otra agricultura, otras creencias, otras categorías, otras epistemologías, otras ontologías, etc.

Los socialistas e indigenistas del siglo xxi son incapaces de comprender esto, su careta es andina pero su condumio es colonial civilizatorio. Típico folclorismo izquierdista, disfrazar a lo occidental de andino y con eso hacer creer que es andino. Al igual que lo han hecho los curas en estos 500 años para marear al pueblo andino, introduciendo ciertos ribetes indígenas a sus cofradías, para luego paulatinamente ir desvistiendo lo andino hasta que aparezca plenamente lo occidental. A lo cual los antropólogos llaman sincretismo, cuando en esencia es un catolicismo indigenizado, pero ene se esencia es religiosidad occidental (teología de la liberación). Y así, con todas las tradiciones y sapiencias andinas.

Sin embargo, valoramos las intenciones y las creemos de "buen corazón", pero lo que vemos es que el "tiro les va a salir por la culata", como casi siempre le ha sucedido a la Izquierda marxista (idealismo, romanticismo, mesianismo, paternalismo). Tal cual es su origen: "Es un secreto abierto la fuerte injerencia del mesianismo judío en el pensamiento marxista y neo-marxista (6)". Lo vemos claramente con las denominadas políticas de inclusión o participación o integración social, que a primera vista parecen solidarias y aperturistas, pero que en el fondo son otra trampa para que los pobres y marginados se incluyan (léase: se diluyan) en el proyecto antropocentrista occidental de izquierda. A pretexto de inclusión y de participación: económica, educativa, política, racial, sexual, de género, etc., terminan absorbidos como minorías para terminar convertidos en nuevos actores del crecimiento económico y del desarrollo social, para beneficio de las élites: el capitalismo privado o el capitalismo de Estado. Esto se llama neo-colonialismo y neo- civilizamiento, siendo básicamente eso el Buen Vivir o Vivir Bien que pregonan los socialistas posmodernos. Hace 500 años se hablaba de extirpación de idolatrías, ahora se hace lo mismo, pero bajo el epíteto eufemístico de "políticas de participación para el desarrollo".

Los izquierdistas, socialistas, ecologistas, teólogos de la liberación, indigenistas (en todas sus variantes), a través de las diferentes fundaciones para el desarrollo y sus variadas políticas de crecimiento económico, inclusión política e integración social, se han convertido en los mejores ejecutores inconscientes del capital, del imperialismo, del eurocentrismo, del patriarcalismo. A pretexto de una mejor vida para el pueblo, han traído y abierto las puertas a los recursos económicos de las fundaciones e instituciones financieras de los países desarrollados (países subvitalizados), es decir, han dado paso a las teorías, modelos, estructuras, creencias del autodenominado primer mundo, que es la que justamente ha generado y provocado la crisis global y el cambio climático. Irónicamente, han terminado sacando a las comunidades y pueblos ancestrales de sus formas naturales y tradicionales de vida, a pretexto del "desarrollo de los pueblos oprimidos a través de la integración a los beneficios de la modernidad", con lo cual han avanzando a la segunda y definitiva colonización y conquista de Amerindia, que a la tan cacareada independencia que ellos pregonan.

Así, en ingenuidad (idealismo utópico) y connivencia con las políticas de desarrollo e integración, han desarticulado a los pueblos ancestrales de sus mecanismos milenarios de: economía "equitable" y mutual, de relaciones recíprocas, de consistencia familiar ampliada, de cultura natural, de epistemología holística, de conciencia macro-cósmica, etc. En su idea de que el problema es económico han caído en la trampa del desarrollo y del mercado. Y en la práctica no hay mayor diferencia en la concepción de la economía positivista de Derecha y de Izquierda como tal: "La economía se reduce a una visión muy particular, que tiene que ver con una herencia de la construcción de la sociedad de mercado de la tradición liberal, lamentablemente asumida en una forma relativamente acrítica también por la tradición marxista socialista en varios sentidos (3).

Entonces, el asunto no es incluir a los excluidos dentro del modelo impuesto, sino de construir un mundo nuevo donde los excluidos sean reconocidos por los excluidores en sus formas propias. Que sean capaces los socialistas de respetar (no: tolerar) las diferencias y de de reconocer las diversidades para reaprender a convivir complementariamente entre opuestos y contradictorios, y así recrear un mundo armónico y equilibrado (vitalismo). No se trata ya de "incluir" a las y los indígenas en un proyecto político moderno o posmoderno, sino al revés: la inclusión de lo moderno y posmoderno, de las minorías no-indígenas (negras, blancas, asiáticas, criollas, etc.) y sus cosmovisiones en un proyecto indígena incluyente (6).

Las izquierdas siguen repitiendo los mismos errores, y se siguen dando con la misma piedra y no aprenden. Ramón Grasfoguel señala que "de acuerdo a los paradigmas de la economía política se asume que lo más importante es el sistema interestatal global y la división internacional del trabajo, articulados ambos a la acumulación de capital a escala global, y se asume que si se resuelve eso, se resuelve lo demás. Ese es el paradigma que se usó en el socialismo del siglo xx y fracasó. Fracasó porque el problema es que no vivimos en un sistema económico, vivimos en una civilización que tiene como uno de sus componentes un sistema económico, pero ese sistema económico está atravesado por una multiplicidad de jerarquías de poder que no se agotan en la economía. Por ejemplo, hay jerarquías de poder globales que son raciales, que son de género, sexuales, epistémicas, pedagógicas, artísticas, estéticas, lingüísticas, espaciales, ecológicas, medicales, de medios de comunicación, y este entramado de jerarquías de poder globales forma parte de una civilización.

El socialismo del siglo xx entendía que resolviendo lo económico se resolvía lo demás, y no resolvieron lo demás ni lo económico, porque organizarse o luchar contra el capital reproduciendo racismo, sexismo, eurocentrismo, cristianocentrismo, cartesianismo y todos los problemas de esta civilización, es terminar corrompiendo la lucha contra el capital, y haciendo capitalismo de Estado. Incluso se produjo la construcción de un imperio, el imperio soviético, que practicó un imperialismo hacia su periferia y terminó al final con los obreros levantándose contra el supuesto Estado obrero. Si queremos ir más allá y plantearnos una lucha radical contra esta civilización o este sistema-mundo, tenemos que pensar en organizarnos de manera "interseccional", usando ahora el término de las feministas negras. "Interseccional" se refiere a que en el propio proceso de organización antisistémica contra las diferentes formas de opresión, debemos velar porque no se reproduzcan los ejes de poder múltiples que forman parte de esta civilización. Si estamos luchando contra el capital, nos tenemos que organizar de manera antisexista, antirracista, antieurocéntrica, anticristianocéntrica, anticolonial, etc. Si estamos luchando contra el patriarcado cristianocéntrico, que es el que se globaliza a través del mundo por medio de 400 años de expansión colonial europea, entonces es necesario organizarse de manera interseccional, para que en esa lucha no se reproduzcan las lógicas de dominación que forman parte de ese sistema. Por eso hablamos de la necesidad de descolonizar la economía política para tener un mapa movedizo que nos dé una articulación política y nos permita luchar de manera más eficiente contra este sistema civilizatorio. Yo rehúso seguir hablando de "capitalismo global", "sistema-mundo capitalista" o "modo de producción capitalista". Esto nos remite a la lógica economicista de que el problema sistémico es económico. A riesgo de sonar ridículo prefiero usar una frase larga que haga visible lo que la visión economicista encubre y nombrar esta civilización como el "sistema-mundo capitalista/patriarcal occidentalocéntrico/cristianocéntrico moderno-colonial" (11).

Y si somos más precisos aún, los socialistas son los que han consolidado y solidificado al capitalismo en algunas ocasiones. Por ejemplo, los llamados "capitalistas salvajes" o los especuladores financieros y los bursátiles han puesto muchas veces en vilo al capitalismo, provocando crisis traumáticas que podrían haber conducido a su debacle y desaparición, pero las políticas de fortalecimiento del Estado –que son tesis socialistas– han evitado su caída y más bien a la postre han terminado reavivando el capitalismo, para posteriormente ser recuperada la dirección del Estado por la Derecha en su beneficio exclusivo. Tal cual fue la experiencia de las izquierdas en distintos gobiernos de sufragio universal, o de los partidos comunistas de dictadura del proletariado. Y ahora estamos viviendo lo mismo con los gobiernos progresistas de Latinoamérica: Chávez, Lula, Kirchner, Correa, Morales, Mujica, Rousseff, Bachelet, Ortega.

Bajo el argumento de que para construir el socialismo hay que fortalecer el Estado, lo único que han conseguido es crear un "capitalismo de Estado" o un estatalismo burocrático, como fueron las experiencias "proletarias" en todo el mundo, con múltiples deformaciones y aberraciones: dictadura, burocracia, corrupción, explotación de la naturaleza, etc.; y lo mismo se ha repetido actualmente en las experiencias "progresistas", por lo que parece que no aprenden. En otras palabras, los extremistas de Derecha en sus afanes desaforados por poder (dictadores) y riqueza (empresarios), han puesto muchas veces en aprietos a todo el sistema, pero las políticas socialistas de fortalecimiento del Estado les han salvado de su caída estrepitosa. Ahora estamos viviendo un pos-neoliberalismo, como tantos pos... en toda la historia del capitalismo, pero de los que siempre ha salido más fortalecido, pues, mientras queden intactas las bases del sistema colonial y civilizatorio, no pasará mayor cosa. Eso no lo entiende la izquierda.

Otro ejemplo claro, es el famoso "Consenso de Washington" ejecutado por políticas derechistas o neoliberales del FMI. El mismo que fuera concebido a comienzos de los años 90 como el nuevo paradigma y como el mejor recetario para resolver los problemas de los países subdesarrollados (países en desvitalización). Consistía básicamente en privatizar casi todo y desmantelar al Estado, todo ello concebido como la mejor fórmula para salir de la pobreza y del tercermundismo. Esto trajo como consecuencia en América Latina y en Amerindia, mayor desigualdad, menor distribución de la riqueza, apropiación de los mercados internacionales desordenados y desregulados. Todo lo cual llevó a una aguda crisis que colocó a la economía capitalista en un punto de enorme gravedad, algo sin precedentes en los últimos sesenta años. Las mismas Naciones Unidas señalaban que los países en desarrollo enviaban a los países desarrollados, a través de las desiguales relaciones comerciales y financieras, diez veces más dinero que el dinero que recibían por ayuda externa.

Ante ello, la Izquierda reaccionó y empezó el proceso de restablecimiento del Estado, pero del Estado liberal-burgués, en el propósito de crear un Estado popular, lo que ha significado en la práctica la salvación del Estado capitalista que se encontraba en terapia intensiva y sin que éste se haya transformado en un Estado popular, más por el contrario se ha revitalizado el sistema y ahora la derecha se apresta a recuperar el timón del Estado. Ese el juego de la derecha y la izquierda: unos desmantelan al Estado, total o parcialmente, y otros, la asientan nuevamente, y así sucesivamente.

Según los socialistas del siglo xxi hay que pasar por un tipo de capitalismo (de Estado o popular) para llegar al socialismo. Al menos así lo anota uno de los estrategas de la "revolución ciudadana", el economista René Ramírez: "En el caso ecuatoriano, si pensamos en momentos históricos, podríamos especular que primero es necesario construir una sociedad post-neoliberal –primera etapa que están intentando vivir algunos países de América Latina–, luego un capitalismo popular o socialismo de mercado y finalmente un biosocialismo republicano (4). Y la ex presidenta de Argentina, Cristina Fernández, lo dijo claramente en la cumbre del G-20 (noviembre 2011): "Lo que propongo es regresar a un capitalismo en serio, porque lo que estamos viviendo, señores, no es capitalismo. Esto es un anarco capitalismo financiero total, donde nadie controla nada."

Según Marx y Engels, el primer paso hacia el comunismo y la desaparición del Estado es un período de transición con un Estado fuerte que asume la conducción de la economía para socializarla, pero las experiencias leninistas, estalinistas, maoístas, fidelistas, han tenido un resultado contrario. Ya el anarquista Bakunin, contemporáneo de Marx, preveía que el Estado de la dictadura del proletariado terminaría siendo un ente de represión y dominio, y anotaba que para construir una nueva sociedad más bien había que primero destruir el Estado. Por otro lado, cuando se prioriza el lado económico lo que se obtiene es un Estado oligopólico, explotador, verticalista y con una gran corrupción, como han sido el caso de los países con partidos comunistas en el poder.

Y los socialistas del siglo xxi siguen pensando lo mismo, quieren estructurar y consolidar el Estado capitalista, para que luego se convierta en un Estado de capitalismo popular, desde el cual surgirá el Estado socialista para finalmente llegar al comunismo donde se autodestruirá el Estado, el partido único y la democracia. Fortalecer al Estado para construir el socialismo y luego deshacer el Estado para construir la sociedad sin clases. Es decir, nunca. El Estado por su propia condición y dadas las circunstancias políticas siempre se convierte en un ente de dominación por el grupo en el poder, sea de derecha o izquierda. Tal como lo demuestra la experiencia mundial de aquellos que han pretendido hacer cambios estructurales desde el Estado, lo que quiere decir de arriba hacia abajo, pero lo único que han conseguido es recrear nuevos sistemas de dominación. Cuando de lo que se trata es de extinguir el Estado como tal, ahora, y no en cientos de años cuando teóricamente surja el comunismo. Los grupos vitalistas (alternativos, autogestionarios, autonomistas) lo han comprendido así y están recreando sistemas de vida paralelos al Estado o fuera del Estado, como medio y forma para la recreación de un nuevo sistema. Esto quiere decir, que jamás podría darse el que pueda haber un Estado revolucionario o un Estado democrático o un Estado popular, el Estado será utilizado en última instancia como órgano de represión por quienes quieren imponer una revolución o un modelo desde el Estado y de arriba hacia abajo.

Mientras los vitalistas ya están viviendo su utopía paso a paso, aquí y ahora, los socialistas están esperando que suceda su utopía algún día. Esa es la gran diferencia entre los que la viven y los que la añoran. Entre los que saben que es ahora y los que creen que es por etapas. Entre los que han tomado conciencia que para construir-reconstruir el vitalismo, el camino es el vitalismo; y los que creen que creen que primero es un pos-neoliberalismo, luego un capitalismo popular y finalmente el eco-socialismo. No han comprendido lo que dicen los maestros de todas las culturas sabias de todo el mundo: No hay camino a la felicidad, la felicidad es el camino.

Por tanto, el problema no es económico ni estrictamente político, se trata de salir del patriarcalismo, del nortecentrismo, de la colonialidad, del antropocentrismo... De saltar de una conciencia materialista reduccionista a una conciencia sistémica y relacional. De una economía que maneja al ser humano (capitalismo) o que está al servicio del hombre (socialismo), por una economía al servicio de la vida en su conjunto (vitalismo). Lo que necesitamos es reactivar una conciencia verde, una conciencia holística, una conciencia sagrada, una conciencia cultural, una conciencia complementaria, una conciencia compleja, para que lo demás sea consustancial y obvio.

Entonces, el dilema no está en la pobreza ni en el subdesarrollo, todo lo contrario, está en la riqueza y el desarrollo, que es la generadora del consumismo y de la concentración del capital en unos pocos y la desposesión para las mayorías. Como decía uno de los carteles de los indignados de España: "No falta el dinero, sobran ladrones". Hoy los ricos del mundo desperdician cinco veces del consumo general del planeta, mientras otros que mueren por desnutrición. Por tanto, la acción debe estar dirigida a la cabeza y no a los pies de este sistema, a los creadores y generadores del modelo que beneficia solo a unos pocos. El desorden está en los países subvitalizados y en la riqueza económica –que genera concentración y especulación en pocas manos–, ahí es dónde debe dirigirse toda la atención. Hacia allá hay que dirigir el cambio para que se armonice todo lo demás, y no al revés como han hecho hasta ahora.

Las fundaciones de desarrollo del primer mundo deben quedarse en sus países, ahí es donde deben hacer los cambios que necesita la humanidad. El trabajo está en los pobres de espíritu, pero como sabemos la mayoría de las fundaciones son instrumentos de penetración del antropocentrismo con sus modelos de vida para seguir colonizando el mundo. No se necesitan más fundaciones de la caridad, lo que es urgente es reconstruir ahora, individual y colectivamente, la nueva vida, es decir, vivir ya la nueva humanidad. Pregunto: ¿la Derecha, de quién se sentirá más alejada, de un izquierdista o de un vitalista?

Otra noción de la pobreza y la riqueza

El secretario general de la ONU, Ban Ki-moon, decía en octubre 2011 que el día que marca la existencia de 7 000 millones de seres humanos en el planeta Tierra no es motivo para alegrarse. Los recién nacidos llegan a un mundo absurdo, en el que hay a la vez "mucha comida y 1.000 millones de personas que se van a dormir hambrientas". "Mucha gente goza de lujosos estilos de vida, mientras muchos otros viven en la pobreza". Y la ONU subrayaba la necesidad de redistribuir la riqueza para combatir las crecientes desigualdades.

No creemos en el progresismo de la Izquierda, donde los pobres son un poco menos pobres y los ricos son cada vez más ricos, primero porque no soluciona el problema de fondo y luego porque seguimos en el consumismo. Tampoco creemos en la redistribución de la riqueza, pues ésta significa la redistribución de la dependencia; ni en reducir la brecha entre ricos y pobres, pues se sigue fomentando el economicismo y la destrucción de la naturaleza. Creemos en salir de la riqueza y del consumismo, lo que implica un decrecimiento y otro estilo de vida. Esto significa que los ricos decrecen hacia un nivel medio y los pobres hacia ese nivel pero dentro de un estilo de vida alternativo sino es más de lo mismo. Es decir, no se trata de consumir y de vivir como lo hacen actualmente las élites, sino como ya lo vienen haciendo los sectores ecologistas y espirituales, esto es, las bio-comunidades, las eco-aldeas, etc., que tienen un nivel de recursos dignos pero dentro de un modelo de reciclaje, sustentabilidad, sostenibilidad y de filiación cultural ancestral. De esta manera, no se vive para trabajar o solo para hacer dinero, ni tampoco se tiene un estilo de vida consumista, artificial y banal, sino que se consume lo estrictamente necesario y se guarda una relación sagrada, de respeto y de cuidado a cada ser de la vida, dentro de formas culturales naturales y propias de la ancestralidad de cada región.

Para ello es importante cambiar las nociones de pobreza y de riqueza. La pobreza, antes que económica, es espiritual (ecológica, ética, simbólica, ritual, conciencial), y por lo tanto, lo que se necesita no es más cantidad materialista de vida sino calidad y calidez de vida, que no viene de la cantidad sino de una conciencia armónica y complementaria. Y la calidad está en referencia a lo psicológico, biológico, espiritual, natural, cultural; lo cual no tiene que ver con una economía rica, raza, geografía, educación académica, ciencia objetiva, sino con conciencia holística, integral, sistémica, vital. Una vez más, demostramos que el problema humano no es económico ni material, sino de conciencia.

"Si no nos zafamos de la dictadura del "paradigma de la Pobreza" que nos han colocado, como un sambenito, el Pensamiento único de la Cooperación internacional y que nuestras élites políticas e intelectuales siguen a pie juntilla, no encontraremos soluciones reales a la debacle de la Primera República que estamos sufriendo ahora mismo. El rollo del "Alivio a la pobreza", finales de los ochenta, y el refrito actual, "Reducción de la pobreza" son, para nosotros, una verdadera cárcel de palabras, de la cual es menester salir si queremos vivir con abundancia, dignidad y sabiduría: un derecho al que no debiera renunciar ningún ser humano y, a fortiori, ningún pueblo. Más he aquí que los bolivianos estamos a punto de claudicar. Nos creemos pobres y, por consiguiente, nos comportamos como tales. Todo el mundo, en efecto, mendiga, empezando por la Iglesia y terminando por el Gobierno (1).

A este momento es importante recordar el nivel de vida de los pueblos andinos antes de la llegada de los conquistadores españoles. Ellos encontraron una gran riqueza (no hablamos solo de riqueza económica) para todos los habitantes, al nivel de ser uno de los pocos pueblos en el mundo que habían logrado eliminar la pobreza totalmente. Es más, había tanta riqueza económica que se la fueron llevando para Europa y que ahora presumen de ella, cuando todo eso proviene de Amerindia. Podrán criticar muchas cosas de los pueblos andinos pero lo cierto es que desconocieron la pobreza y todo ello en armonía con la Pachamama (Madre Tierra). Tanto es así, que los colonizadores sostuvieron y continuaron manteniendo las mismas instituciones económicas y productivas, dado los beneficios que ellas otorgaban. Entonces, por qué no retomar ese sistema comunitario con todas esas prácticas y principios económicos y productivos para generar un nuevo mundo, lleno de abundancia integral y con respeto a la Madre Naturaleza. Es posible y no una utopía ilusoria, como han sido las utopías capitalista y socialista.

Ninguna de las teorías económicas de Izquierda (marxista-leninista) ni las de Derecha (keynesiana-friedmaniana) han funcionado en ninguna parte. Después de la crisis y desaparición de la Europa comunista, ahora nos encontramos en la crisis de la Europa capitalista, pero preguntándonos si será también su desaparición. Y eso, en mucho depende de lo que haya aprendido la Izquierda, y rebase al Estado en cualquiera de sus manifestaciones experimentadas. Necesitamos un "mundosistema" diverso y complementario, al menos en la primera etapa una economía de micro mercado y de cooperativas: comunitarias, privadas y públicas –en ese orden–, con alta responsabilidad social para que eviten la concentración y monopolización. Una producción de "bienes, servicios y equipamientos" básicos y mínimos, para que se controle especialmente la explotación y contaminación de la naturaleza. Con un Estado que delimite lo privado-público y amplíe lo comunitario, especialmente de la "propiedad" (en el sentido de guardianía) sobre las fuentes de vida de uso colectivo: agua, energía, etc.

Esa es la gran rupturidad: mientras los capitalistas hablan de fortalecer al mercado, los socialistas al Estado, los vitalistas a las formas colectivas modernas y a las comunitarias ancestrales. Para el vitalismo no hay que salvar al mercado y hacer un cambio liberal-conservador, ni estatizar a la sociedad y hacer una "revolución ciudadana" o proletaria; sino dar el salto a una conciencia proporcional complementaria entre comunidad, individuo y Estado (en ese orden). Eso sería verdaderamente revolucionario.

Así mismo, los Socialistas del Buen Vivir hablan de economía popular y solidaria, que más es entendida como economía paternalista, protectorista, asistencialista (Bono de Desarrollo Humano en Ecuador; Bono Juancito Pinto, Bono Juana Azurduy, Bono Dignidad en Bolivia). Y por otro lado, la creación de servicios de salud y de educación gratuita, que ante todo consolidan la dependencia al papá Estado y la sumisión al gobernante salvador y caritativo (caudillismo), con lo que consecuentemente se refuerza el complejo de inferioridad respecto de los ricos, del Estado, de los blancos, de los extranjeros. En un sistema armónico y equilibrado (vitalismo) no es necesaria la solidaridad, ni la ayuda social, ni la misericordia, ni la limosna; pues la armonía integral y el equilibrio relacional en todos los niveles y aspectos de un sistema, impide todo tipo de exclusión socio-político-económica, pero también cultural y religiosa. Todos se auto-defienden a través de una economía mutual y "equitable", en la que el Estado regula que lo privado y lo comunitario guarden equilibrio proporcional en sus acciones para evitar la concentración y la monopolización. El Estado es más árbitro que ejecutivo, es más vigilante que accionista, es más redistribuidor que productor, pues el poder no debe estar en el Estado sino en las instituciones populares propias.

El vitalismo no es un sistema comunista, es un sistema que conjuga lo colectivo y lo individual, la economía comunitaria y la economía privada en forma proporcional, es decir, siempre dando prioridad a lo colectivo pero sin olvidar lo particular. De esta manera guardando la polaridad complementaria que balancea a todo sistema natural, así "para el jaqi o runa en los Andes, lo que se viene llamando 'economía', es ante todo un acto de establecer y restablecer el equilibrio y la armonía cósmicos (6)".

Así desaparece toda forma de caudillismo y clientelismo, para fundamentarse en principios diferentes, como son la cooperación, la coparticipación, la compaginación, la sincronía, el consenso, la estabilidad, etc. Para el sumak kawsay (vitalismo andino), toda forma de gratuidad o de benevolencia es peligrosa, pues pone en riesgo al sistema en sí mismo, al recrear otras formas de dependencia o de superposición de unos sobre otros. Cree en la reciprocidad o el compartir, y no solo en el dar o el recibir, aisladamente. Las fundaciones en general han hecho mucho daño porque han consolidado la civilización de la pleitesía, donde el pueblo siempre está ubicado en la posición pasiva de receptor o de siervo de los reyes de todo tipo, los cuales les ofrecen dádivas que les lanzan al suelo, dejando que se peleen entre ellos mientras ellos disfrutan tranquilamente de su banquete.

En el vitalismo el sistema es integral e integrado y no permite la existencia de clases o grupos separados, elitistas o excluidos, que compitan entre ellos, sino entre comunidades o colectivos que se armonizan mutual y mutuamente, y por otro lado, se complementan "equitablemente". El vitalismo no divide a la sociedad en grupos sociales ni concibe la idea de clases sociales o castas políticas o élites económicas, sino que las mira como comunidades orgánicas en su condición de: armonizadoras o desarmonizadoras, complementarias o excluyentes, integrales o reductivas, conscientes o inconscientes.

Los principios cristianos de solidaridad por el Estado "Papá Noel" y la de los samaritanos salvadores de la iglesia apostólica romana no cuajan dentro del vitalismo, pues éste no mira a los seres humanos como pobres y ricos económicamente, ni como desarrollados y subdesarrollados, ni como válidos y desvalidos, ni como bendecidos y maldecidos, sino, con diferente conciencia: desde una conciencia miope, pesada o densa (conciencia de claustro), hasta una conciencia holística, ligera o refinada (conciencia cósmica). En este sentido el vitalismo no intenta ayudar sino apoyar para que aprendan "a pescar por sí mismos", lo que quiere decir despertar la consciencia y no la economía solamente. Seguramente eso era lo que enseñaba Jesús y que ha sido mal entendido y deformado por los cristianos, como ahora los socialistas del buen vivir con el sumak Kawsay. Cuando cambia la perspectiva o conciencia de la vida, por ende, también cambian los medios, las tácticas, las estrategias y los fines. Y esa es la diferencia con la izquierda, que tiene otra dimensión civilizatoria y desde ahí no hay interrelaciones sino disociaciones con los movimientos sociales alterativos.

Esto implica necesariamente el replanteamiento de los paradigmas civilizatorios establecidos, para ir a los paradigmas anti-civilizatorios, esto es, anti-antropocentristas. Para ello, debemos comenzar por lo más mínimo, con ciertos cambios urgentes ante el cambio climático, especialmente en la primera etapa del salto quántico al sistema cultural de conciencias o vitalismo. Para Hugo Bosso, articulista en temas de ecología política y medio ambiente, este mínimo: […] remite a un cambio de hábitos, valores e imaginarios. Es decir, iríamos a un modelo político-económico que articule criterios sociales y ecológicos, que "reencante" el mundo en peligro, desencantado por los criterios "racionales" y productivistas del capitalismo colonial. Que no quede cautivo de la fiebre desarrollista de aumentar el PBI a toda costa, ni de la enfermedad que produce la "riqueza": que la sensatez de incorporar las variables del costo ambiental del "desarrollo y progreso" de la economía haga medir las reales consecuencias de los costos globales y a largo plazo.

En resumen, nosotros consideramos que para que haya un real cambio social armónico que nos conduzca a una larga estabilidad dinámica, lo que necesitamos no es más riqueza económica sino riqueza vital. Solo con una conciencia integrativa y sagrada que emula a las leyes naturales, será posible un mundo en armonía y equilibrio. Ninguna revolución o acción social, por más original y nueva, logrará un gran cambio social, si ésta sigue tejida con los mismos hilos del programa de la lucha de contrarios, y con todos los presupuestos y planteamientos civilizatorios. Lo demás son buenas y bellas intenciones, como han sido todos los intentos independentistas, emancipatorios, reformistas, revolucionaristas, liberacionistas, guerrilleristas, progresistas, en los diferentes órdenes (clasista, social, sexual, ecológico, artístico, étnico, de género, etc.), que se han dado en el mundo entero y sin ningún resultado beneficioso hasta ahora.

Siendo esa la verdad histórica de lo que hemos vivido en estos más de dos mil años y particularmente los 500 años de Amerindia, sin que haya un efectivo cambio armonizador. Sin con ello desconocer y desvalorizar la honestidad y la firmeza de las creencias e ideales de muchos izquierdistas, muchos de los cuales dieron sus vidas, siendo eso es plausible y merece nuestro respeto. En este sentido, les tenemos a los izquierdistas, ecologistas, indigenistas, más como amigos complementarios que como detractores nuestros. Aspirando que los actuales "revolucionarios" hayan aprendido de todo ello sino las muertes de tantos "camaradas" habrán servido para muy poco.

El desarrollo ilimitado y la estabilidad dinámica

Bolivia, en América del Sur, está considerado el país más atrasado económicamente y el que más lento ha entrado en la civilización, la modernidad y el desarrollo. Pues, qué maravilla que Bolivia sea hoy el país más subdesarrollado (o en desvitalización), eso le ha permitido guardar un poco más su cultura, sus conocimientos, sus sabidurías, sus tradiciones, sus tecnologías, sus ciencias, sus modos de vida; al contrario de los países en vías de desarrollo (o en vías de desvitalización) que ya están casi totalmente adoctrinados y domesticados en la civilización. De esta manera este pueblo todavía semi-vital pueden hoy compartir al mundo un sistema y una forma de vida diferente, una sociedad alter-nativa y alter-civilizatoria: el Sumak kawsay – Vitalismo Complementario ("otro mundo es posible"). Y si fuera hoy ultra-subdesarrollada, es decir, vital en plenitud, guardaría aún más sus epistemologías milenarias y hoy sería más fácil el establecer la "rupturidad" entre el sistema social de culturas vitales y los sistemas civilizatorios: capitalistas y socialistas. Como de alguna manera se puede observar en ciertas "cosmunidades" que tienen poca afectación de la civilización. Esto quiere decir que a más desarrollo más homogenización, a más globalización más dependencia, a más desarticulación más explotación.

En la base de los países vitales –reflexiona Masanobu Fukuoka– el agrarismo permanece inalterable. Sabemos que si imitaran a los países desarrollados con el crecimiento económico de autoridad centralizada y concentración unipolar, la economía de los individuos sería sacrificada y la gente rebajada mientras el país prospera [...] Esos pueblos saben con certeza de qué viven y qué les da la vida, para quién la gente trabaja y cuáles deberían ser sus metas. Ven los rascacielos de las naciones desarrolladas como tumbas de la raza humana y han percibido que los aviones que vuelan por el aire son muy inferiores a un solo tábano zumbando libremente por el cielo azul.

No es casual que en la tierra de los antiguos pueblos sabios, los tiawanakus, matriz originaria primordial del pueblo panandino se haya despertado oficialmente el sumak kawsay/suma qamaña, aunque todavía mutilado y escaldado. En todo caso, normal y natural después de 500 años de colonialismo y civilizamiento. No se puede esperar que de las penumbras brille totalmente la claridad. Necesitará tiempo para renacer altiva y auténtica. Afortunadamente Bolivia no fue totalmente civilizada y modernizada, sino, hubiera desaparecido el milenario Convivir Sagrado Complementario y hoy no estaríamos hablando de la posibilidad de reconstruir una sociedad en equilibrio y armonía. Nadie escribiría sobre el sumak kawsay, ni estaría hoy formando parte de las Constituciones de Ecuador y de Bolivia, ni Evo estaría como presidente de Bolivia, ni nadie estaría soñando que es posible otro mundo, que sí hay otra realidad, que la utopía existe.

La humanidad debe agradecer que todavía existan pueblos dignos, los del cuarto mundo o pueblos vitales para que puedan orientar al primer mundo o mundo subvitalizado a un reencuentro con la Utopía, esa que admiraron los otros europeos que escribieron maravillas de lo que encontraron en Amerindia y que quisieron emular para sus pueblos. Pero ahora es posible que todo eso se haga realidad para todo el mundo, como lo planificaron hace 500 años los sabios y líderes de Amerindia, cuando dijeron en sus mitos: regresaremos en cinco siglos para reconstruir nuestra vida y generar un nuevo mundo y una nueva humanidad. Y lo han cumplido, aquí están nuevamente. Somos nosotros nuestros propios abuelos que hemos regresado para construir el nuevo mundo. Ahí está el ejemplo y el referente que nos legaron, ahora nos toca a nosotros el enarbolarlo dentro de las nuevas condiciones y situaciones en que vivimos actualmente. Esa nuestra "visión" y "misión". A la humanidad le hubiera tomado mucho tiempo redescubrir este camino, pero gracias a los pueblos ancestrales que sobreviven en algunos rincones de Amerindia y de otras regiones del mundo, es posible retomar y seguir tejiendo el milenario sistema comunitario existente en todos los pueblos de la madre tierra y así activar los vitalismos en sus versiones particulares de cada región del planeta. Ellos son nuestros más claros maestros y guías sobre lo que pregonan algunos sabios acerca de una próxima "nueva era".

Pero paradójicamente, los más feroces enemigos del sumak kawsay vienen desde las mismas comunidades, en aquellos individuos que han perdido la cosmunidad y han caído en el cuento del desarrollo y del progreso, convirtiéndose en "capataces" del crecimiento civilizatorio contra sus propios hermanos cosmunitarios. Muchos de ellos están politizados y evangelizados, dedicándose a promover y organizar instituciones "reivindicativas indígenas" al servicio de las teorías del desarrollo capitalista sostenible o socialista sustentable; y por otro lado, promulgando los dogmas evangélicos (Federación Evangélica de Indios, Iglesias Metodistas). Incluso, el mismo presidente Evo Morales, de origen Aymara, también quiere modernizar y desarrollar

Bolivia, en clara contradicción con los principios del Suma qamaña al no darse cuenta que ello implicaría ahondar aún más la dependencia y conducirle al país al materialismo y al economicismo que han causado tanto daño a la humanidad y a la naturaleza.

Ese el peligro, de aquellos que repiten las tesis antropocéntricas del primer mundo y las acomodan para que parezcan indígenas pero en el fondo es neocolonialismo puro. Nuestros intelectuales izquierdistas, socialistas, ecologistas, indigenistas, que han sido formados en las universidades desarrollistas y en las academias catequizadoras del paradigma civilizatorio, son los que se encargan de insertarlas en las comunidades y así continuando con el anatopismo instaurado hace 500 años. Todos ellos, educados en el primer mundo, se han olvidado de que sus abuelos manejaron una gran ciencia y una gran tecnología en simbiosis con los modelos de la naturaleza.

Esto no quiere decir que se está en contra de los hospitales, sino del tipo de medicina que se práctica en ellos: la exclusividad de la medicina química y la utilización subsidiaria de las medicinas holísticas y nula de las medicinas ancestrales. Incluso, el asunto es mucho más de fondo, ya que no se trata de hacer más hospitales, sino de practicar una medicina preventiva a través de un estilo de vida sano, armónico y equilibrado (vitalidad), y que por consiguiente no sean necesarios los hospitales. No hay que confundir el camino con el caminante, la enfermedad está en el sistema de vida del enfermo.

Los pueblos y comunidades vitales no necesitan de hospitales, solo los necesitan los países en desvitalización y los subvitalizados. Irónicamente, el Índice de Desarrollo Humano de las Naciones Unidas mide como desarrollo la cantidad de hospitales y servicios médicos con que cuenta un país. Mientras más tienen son más desarrollados, cuando lo que está reflejando es que son sociedades enfermas y necesitan más servicios médicos. No son pueblos sanos, sino enfermos que han desarrollado un sinnúmero de enfermedades. Un pueblo sano es aquél que no necesita de muchos medicamentos, ni de hospitales, en vista de que tienen muy pocos enfermos. Los pueblos más sanos son los que están más alejados del mundo estruendoso de la civilización y los más enfermos son los que han tenido un pequeño contacto con la civilización y están en etapa de desestructuración, por lo que son presa fácil de las enfermedades "blancas" o "de civilización". Esa es la "rupturidad" de visiones, que marca dos tipos de pueblos: enfermos o sanos, no solo en salud personal sino a nivel de la economía, la educación, la felicidad, etc.

La enfermedad está principalmente en el tipo de sistema o modo de vida, y no necesariamente en las bacterias, como se nos quiere hacer creer desde los postulados ortodoxos de la medicina científica. La enfermedad y el enfermo tampoco están en el nivel de economía o de política sino, en el tipo de conciencia que genera un determinado estilo de vida. Arthur Jorés, el innovador de la medicina psicosomática, al hacer un balance del número de enfermedades existentes en un catálogo de Patología General contó alrededor de dos mil enfermedades, de las cuales sólo 500 son comunes al hombre y a los animales. En este grupo están las de origen parasitario, malnutrición, viral, bacterial, congénito y tumoral. Las restantes 1.500 son "exclusivamente humanas" y constituyen el precio que debemos pagar por nuestro modo alienado de vivir. Jorés las ha denominado "enfermedades de civilización".

Así mismo, el problema no está en la falta de escuelas modernas y computarizadas sino, en lo que se enseña en las escuelas, esto es, en la estructura educativa, en los planes de estudio, en los métodos de investigación, en los textos de enseñanza, en los sistemas evaluativos, etc. Por lo que en la mayoría de los casos resulta más perjudicial para los pueblos ancestrales ir a la escuela colonizadora, catequizadora y adoctrinadora que ser analfabetos; al menos tendrían la posibilidad de despertarse sabios en la naturaleza y no imbéciles virtuales en las escuelas del desarrollo y el progreso colonizador, tal como están impulsando los socialistas del Buen Vivir. La mayoría de sabios de Amerindia que he conocido y que me han formado, son analfabetos oficialmente.

Los desarrollistas alfabetizan (léase: dogmatizan) a los indígenas y los terminan "convirtiendo" (como manda la Biblia) en "nuevos agentes económicos del progreso y el desarrollo", es decir, en nuevos verdugos y explotadores de sus hermanos todavía analfabetos en el desarrollismo eurocentrista. Este desarrollo significa que los "indios" ricos se aprovechan de los "indios" pobres convirtiéndoles en sus sirvientes. Muchas comunidades indias a través de los proyectos de desarrollo se han convertido en nuevos ricos que devienen en explotadores de otras comunidades y de la naturaleza. ¿Es que acaso estas comunidades –más educadas y desarrolladas– están más conscientes, más solidarias, más comprometidas, más defensoras de la Pachamama, más revolucionarias?

Entonces, qué hermoso que la Bolivia, el Perú y el Ecuador –ancestrales– y demás pueblos ultra subdesarrollados, salvajes, incivilizados, analfabetos, de otros lugares de Amerindia y del resto del madre tierra (cuarto mundo), nos puedan hoy proveer de axiologías y epistemologías para una vida respetuosa, rítmica, alineada con la conciencia natural e integral de la vida (vitalismo). Qué fortuna que hoy sean los menos industrializados y mecanizados, principalmente de la mente y del espíritu, los que puedan guiarnos y orientarnos a un modo de vida en equilibrio total en el continuum de la naturaleza. Pues, si ellos hubieran desaparecido en el desarrollo -como ha sucedido en los propios países desarrollados donde sus pueblos ya no tienen raíces ni tradiciones- hoy las nuevas generaciones no tendrían en quienes sostenerse.

Irónicamente, muchos científicos y gente común de los países en desvitalización (segundo mundo) y subvitalizados (primer mundo) andan buscando nuevos y diferentes referentes, encontrándolos en los pueblos primitivos-arcaicos-naturales, desde donde se inspiran para hacer cambios en sus vidas familiares como en la de sus países. Actualmente "Existe en occidente un creciente "cansancio cultural", un desgaste cada vez mayor de los valores propagados, una desilusión ante la "materialización" y "economización" de la cultura… Mientras muchos grupos del mundo industrializado ya se despiden frustrados de la modernidad, los pueblos del "Sur" luchan por llegar a esta misma modernidad (5). Esa la ironía, de nuestros desarrollistas y modernistas de Izquierda y de Derecha.

Si el modelo del desarrollo y de la civilización -en general-, se hubieran impuesto en el mundo entero, hoy no habría la posibilidad de ser entendidos en todo lo que aquí estamos transcribiendo desde la sabiduría milenaria. Gracias a los "naturales" y los "buenos salvajes" que sobreviven, hoy podemos tener otra propuesta diferente al desarrollo civilizatorio, una vía alter-nativa complementaria de tipo armónico natural y de equilibrio espiritual (vitalismo). ¡Viva el cuarto mundo! Con ellos hay la esperanza de reconstruir una vida consciente y sagrada, de recuperar la Cultura de la Vida. ¡Viva la revolución alter-nativa!

Valga aclarar -una vez más- que no estamos planteando volver al pasado, ni vivir en formas rústicas, ni en terminar con toda la tecnología, ni en rechazar ciertos logros de la ciencia moderna. No estamos hablando de formas solamente, sino de contenidos, principalmente. Estamos planteando convivir bajo el paraguas de las leyes naturales (vitalismo), sintetizadas milenarias por los pueblos ancestrales del mundo entero aplicándolas a estas realidades y formas actuales. Esto implica la simetría proporcional en todo, armonía y equilibrio entre la tecnología artificial y la tecnología natural, entre la ciencia empírica y la ciencia quántica... Hoy, hay un exceso en la vida humana cotidiana de mucha artificialidad, y por otro lado, hay un consumo exagerado de energía y de recursos, especialmente por parte de los países subvitalizados.

Esto conlleva a un replanteamiento de la relación tecnocrática, entre los seres humanos y con la naturaleza extra humana. Esto es, que la gente valore otro estilo de vida, en la que el tecnicismo y la artificialidad no sean considerados como lo más avanzado de la sociedad y del pensamiento humano, sino por el contrario, se prefiera lo natural, lo artesanal, lo ecológico, lo biológico, lo espiritual, lo cultural, lo manufacturero, lo campesino. Eso sería verdaderamente revolucionario. Irónicamente, algo de eso ya sucede en algunos grupos y sectores del primer mundo, que buscan vivir como los del tercer y cuarto mundo. Su meta ya no es más el primer mundo sino regresar al cuarto mundo, pues están cansados de tanta banalidad y artificialidad, y ahora quieren más naturalidad y simplicidad. De lo que se trata, es de vivir con los principios vitales y culturales del cuarto mundo, con las tecnologías sustentables y las ciencias quánticas del primer mundo, para rehacer el mundo dentro de otras categorías, valores y paradigmas.

El informe mundial de desastres del 2010 de la Federación Internacional de Sociedades de la Cruz Roja y de la Media Luna Roja (FICR) señalaban, que dentro de las causas que motivaron los últimos desastres en Haití, Chile, Japón (Fukushima), estaba el desarrollo urbano acelerado sin respetar las leyes de la naturaleza. Alertando que los 2.570 millones de habitantes urbanos que viven en países de bajos y medianos ingresos, son vulnerables a los niveles inaceptables de riesgo que acrecienta la rápida urbanización, la precariedad de la gestión urbana local, el crecimiento de la población, la deficiencia de los servicios de salud, y en muchos casos, la creciente oleada de violencia urbana, y están sumamente expuestos a las consecuencias del cambio climático. Todo esto, sumado al degaste de recursos, la deforestación de árboles para dar paso al crecimiento de las urbes, la exacerbada explotación maderera y el agua contaminada, no ayuda para evitar estos fenómenos ni para los efectos de respuesta del planeta frente al maltrato del hombre.

En el siglo xviii vivimos el despotismo del Ilustrismo, ahora con la "revolución informática" estamos viviendo el despotismo de la tecnología depredadora y de la ciencia enajenante, todos al servicio del despótico Dios Mercado y de la Fetiche Banca. Cada día más dependientes de la tecnología, más esclavos de las máquinas, más enfermos de materialidad, a todo lo cual se lo denomina con los eufemismos: libertad y calidad de vida. Mientras más alejados de la naturaleza y de las leyes de la naturaleza, más perdidos en la artificialidad del despotismo del desarrollo y del esclavismo de la libertad divina. Ya "No hay ningún compromiso, ningún "amor" del que hablaron los primeros filósofos, ninguna pasión (eros) por la verdad y la justicia, ningún afán de debatir y luchar por algo que no se aprecia estéticamente. No existe noción alguna de la diferencia valorativa de las culturas, el menosprecio racial, político y sexual, la explotación neocolonial, la pobreza de sus protagonistas y la injusticia reinante entre observador y observado (5).

Esto implica detener las políticas y valores del crecimiento económico, que necesitan de más consumidores para sostenerse y pervivir, y por lo tanto, de más energía y de más destrucción y desnutrición del planeta (desarrollo). La decisión está entre seguir fomentando el estilo de vida del mercado depredador (economía social de mercado o de estado extractivista), o fomentar otro estilo de vida (una economía "equitable" y mutualista). Un estilo que implique la desaceleración del crecimiento poblacional, del crecimiento tecnológico, del crecimiento urbanístico, del crecimiento industrial, del crecimiento nuclear, para entrar en un sistema de desenvolvimiento vitalista que implique equilibrio y estabilidad entre la ciudad y el campo, entre lo industrial y lo artesanal, entre lo artificial y lo natural, etc., en base al principio proporcional de 42-58 ó 38-62.

Ni los capitalistas ni los socialistas son una alternativa, pues ambos siguen fomentando el crecimiento económico individual y estatal, respectivamente. Tan solo ciertas izquierdas ambientalistas y algunos científicos son opuestos al crecimiento económico, pero no tienen una alternativa clara de cómo sería ese sistema diferente. Ojalá pronto descubran Amerindia y se den cuenta que el verdadero tesoro no era el oro que se llevaron hace 500 años, sino su sistema y conceptos de vida.

Hugo Busso da en la clave cuando habla de que la retórica del capitalismo y de la Izquierda coinciden en envenenar a las masas con prometer un crecimiento continuo. Parece que todo está basado en esto. Y, en realidad, ni el capitalismo ni el comunismo han tenido nunca en cuenta los factores ambientales y la felicidad real de las personas, más allá de lo patológico de enfrentar la vida en base al encorsetamiento ideológico. Hay falsos partidos verdes, sometidos a una decadente y flatulenta política de Izquierdas caduca (con todo lo que de ello se deriva, más unos paradigmas desfasados y obsoletos), que no pueden dar respuesta, debido a su paralizante ideología, a los nuevos retos que demanda la situación. Ni Izquierdas ni Derechas. Es necesario un nuevo paradigma. Lo que ha dado el Sistema hasta ahora es obsoleto y estéril. Una sociedad que viva la ecología de manera profunda no puede salir del mismo modelo que ha destruido el mundo. Tiene que ser desde fuera, con perspectivas muy diferentes, con visiones holísticas, con un modelo que no sea más de lo mismo, sino todo lo contrario.

Para que así suceda, será fundamental la posición de la Izquierda –de aquí en adelante– frente al Sumak kawsay. Para unos, el socialismo es "más allá del Sumak Kawsay", así por ejemplo para el marxista-leninista Edgar Isch y ex Ministro de Ambiente del Ecuador, quien anota en un artículo suyo: "Queremos resaltar que a pesar de los aspectos de justicia social involucrados en la concepción del 'buen vivir', y que son un avance para superar el neoliberalismo, ello no puede reducir la lucha por la implantación del socialismo y sus propias estrategias de desarrollo y distribución de la riqueza, así como de la restitución del metabolismo entre sociedad y naturaleza indispensable para mantener la producción y la vida misma. El eje de la economía socialista va más allá al plantearse la eliminación de las diferencias de clase social y de otro tipo, solo alcanzables mediante la socialización de la propiedad productiva y de la riqueza producida por el trabajo de la mayoría, pero que hoy es apropiada por pocos (2).

Sin embargo otras izquierdas lo ven diferente, como el canciller de Bolivia, David Choquehuanca, quien en una conferencia en la que participé como invitado representando a Ecuador, habló de que el MAS, ya no es el Movimiento Al Socialismo, sino Mas Allá del Socialismo. O como expresó en un artículo del periódico La Razón de Bolivia: "El Canciller ha marcado distancia con el socialismo y más aún con el capitalismo. El primero busca satisfacer solo las necesidades del hombre y para el capitalismo lo más importante es el dinero y la plusvalía. "Para los que pertenecemos a la Cultura de la Vida lo más importante no es la plata ni el oro, ni el hombre, porque él está en el último lugar. Lo más importante son los ríos, el aire, las montañas, las estrellas, las hormigas, las mariposas [...] El hombre está en último lugar, para nosotros, lo más importante es la vida (Choquehuanca)".

Lo cual nos da la esperanza de que el Sumak kawsay (vitalismo andino) se adscriba en su auténtica y originaria conciencia, la cual solo puede ser entendida en su total magnitud desde la conciencia andina milenaria (tawantin). Comprendiendo que es un estadio más profundo que el socialismo y evidentemente del capitalismo y del sistema civilizatorio en general. Todos quienes se acerquen desde otras perspectivas y quieran hacer sus acomodos, sus adaptaciones, sus mezclas, lo único que están haciendo es una manipulación y desorientación de su esencia profunda. Eso se llama anatopismo, neo-colonialismo, de los antiguos, modernos, y posmodernos civilizadores del "alma".

La debacle del capitalismo

Evidentemente con las teorías capitalistas –especialmente las neoliberales o de libre mercado– hay una distancia aún mayor que con el socialismo. Aunque resulta difícil observar las distancias, especialmente cuando queremos establecer las diferencias entre los países capitalistas de Estado republicano y de Estado socialista (China, Cuba).

"¿Cómo explicarse, por caso, la veneración de la que dan muestra los políticos europeos ante el dios Mercado? ¿O la semejante idolatría de aquellos que rinden culto al dios Estado? ¡El dios Mercado da signos de "intranquilidad", y los políticos, los sacerdotes del dios Estado se esmeran por demostrar cuál de ellos es el que más se rinde ante el ídolo Mercado! El dios

Mercado tiene sus catedrales, las bolsas, sus jerarquías sacerdotales, el FMI, el Banco Mundial, la Reserva Federal, el Banco Central Europeo. Sus sacerdotes se encargan de antropomorfizar al dios: éste dictamina, amenaza con hundir a las sociedades en la catástrofe si no se rinden a su voracidad. Pide sacrificios: es un dios que ya no se contenta con la primogénita del rey, exige recortar el empleo, la educación, la salud, los salarios, las pensiones. ¡Que vaya el dinero a saciar a los bancos!" (Iván Carvajal en un artículo de El Comercio sobre idolatrías posmodernas).

Los defensores del mercantilismo neoliberal dicen que solo hay que corregir algunas deformaciones o exageraciones del "capitalismo salvaje", para que el libre mercado sea el modelo ideal para toda la humanidad. Estas limitaciones se refieren básicamente a la especulación y la monopolización, para lo cual intentan establecer nuevas leyes que eviten su repetición. Pero la esencia del sistema es tal que sobrepasa los límites que quieren establecer, pues el "dios dinero" (billetes de dólar: in God we trust) es capaz de todo, como hemos visto con la última debacle del sistema financiero mundial (2010) y su sostenimiento por los gobiernos de los países subvitalizados (o desarrollados). Como decía el mismo presidente Benjamín Franklin de los EEUU: "De aquél que opina que el dinero puede hacerlo todo, cabe sospechar con fundamento que será capaz de hacer cualquier cosa por dinero."

En todo caso, quedó demostrado claramente que la libre competencia y el libre mercado para las mayorías son solo una falacia y que solo funciona para una minoría de empresarios, que son los dueños de los mercados, de los medios de comunicación y educación, y de los gobiernos. Son ellos, quienes en última instancia deciden los destinos de la humanidad (Club Bielderberg). Veamos el siguiente caso: "Ante el problema de la deuda global de los EEUU y el desacuerdo entre republicanos y demócratas, el presidente de la cadena de cafeterías Starbucks, Howard Schultz, instó a los jefes empresariales estadounidenses a dejar de financiar las campañas electorales de los políticos del país hasta que encuentren una solución perenne y no partidista al problema de la deuda pública de ese país. "Esta es la razón por la que nos comprometemos a dejar de contribuir en las campañas electorales del Presidente y de todos los representantes del Congreso hasta que se alcance un acuerdo justo, bipartidista" (Tomado de El Comercio de Quito).

Son ellos los que han decidido salvarse a sí mismos y lanzaron a los gobiernos a defender a sus empresas, y han buscado quien haga la pantomima, que en este caso le tocó al actual presidente de EEUU, Barak Obama, declarando que "el pueblo jamás volverá a pagar por los errores de Wall Street. No habrá más rescates con dinero de los contribuyentes", y que en caso de quiebra, todas esas empresas pasarían a manos del Estado. Para ello dice que va a introducir una serie de nuevas medidas de protección para los consumidores, reduciendo el poder de los grandes bancos y atacando prácticas engañosas por parte de las empresas que ofrecen tarjetas de crédito sin ningún respaldo. Esas nuevas leyes pretenden detener el tipo de actitudes de riesgo en Wall Street y fortalecer la protección al consumidor frente a los productos financieros. Obama dijo que las cláusulas de la ley dejan en claro que ninguna empresa está protegida por ser considerada "demasiado grande para quebrar", como sucedió con AIG en la crisis.

Pero estas son simples palabras que se han dicho siempre. Esta es una práctica tan vieja como el propio capitalismo: "privaticemos las ganancias, socialicemos las pérdidas", o, "los beneficios hay que privatizarlos, los daños y errores hay que socializarlos". Estos lemas, no por desgastados, dejan de estar de actualidad. La mayor recesión económica desde 1929 ha puesto encima de la mesa de los gobiernos la petición de sectores enteros de la economía de miles de millones de dinero público para su subsistencia: bancos, aseguradoras, constructoras inmobiliarias, aerolíneas, automovilísticas. Todos se pusieron a la cola para reclamar. El "Papá Estado" ahí es bueno y se lo aplaude, en otros casos se le acusa de que es el culpable de los males del mercado. Ahí nadie parece discutir el deber de los gobiernos de salvar con el dinero de sus gobernados a las entidades financieras que fueron víctimas de sus propios excesos especulativos, en lugar de aplicar su misma regla fundamental de mercado: si lo haces mal, desapareces... Pero eso, solo funciona para las pequeñas empresas, para los pequeños comercios, para los pequeños países, etc.

La unanimidad política en torno al Estado salvador ha propiciado dos mecanismos perversos: el "demasiado grande para caer" (too big to fall) y el "riesgo moral" (moral hazard). En el primer caso, cuanto más grande sea una entidad más previsiblemente tendrá que ser rescatada, pues las consecuencias de su quiebra serían tan graves socialmente que ningún gobierno se atrevería a afrontarlas. El segundo principio implica que las empresas siguen estando dispuestas a tomar riesgos crecientes, en la seguridad de que si finalmente fallan, la Administración responderá por ellos, tal como ha ocurrido siempre. Sin embargo nadie está dispuesto a aceptar que el Estado penetre en el capital de las empresas intervenidas, sólo aceptan que inyecte fondos y gracias. Todos se sienten con derecho a cobrar del Estado, y la pura negligencia empresarial la debe pagar el Estado, es decir, el pueblo a través de la reducción: en el empleo, privatización de servicios, baja en los salarios, etc. Los que no causan las crisis son los que tienen que sostener a los que las generan. Josep Stiglitz, premio Nobel de Economía, llama a esto "estafa" y ha señalado que alentará nuevos desmanes en el futuro.

Esto que sucede a nivel local y empresarial, está sucediendo a nivel mundial. Si caen los EEUU se cae el mundo entero, es decir, el sistema capitalista de Estado Republicano y de Estado Socialista, por lo que ningún país del mundo quiere que EEUU se caiga, ni siquiera lo quieren los países socialistas, especialmente China, pues EEUU unidos es su principal deudor. Entonces, como todos quieren seguir manteniendo el status quo intentarán hacer lo necesario para que todo siga igual.

El "demasiado grande para caer" (too big to fall) y el riesgo "moral" (moral hazard) lo manejan hábilmente los Estados Unidos, por lo que provocarán otra crisis para salvarse cuando ya no puedan más sostenerla, y pasarán la deuda a los países en desvitalización. ¿Cómo? A través de guerras entre países o de una tercera guerra mundial, como lo han hecho siempre. A eso nos avecinamos. Es vox populi que el 11-S fue el autoatentado para ganar credibilidad ante su pueblo y justificar el ataque a Irak. Y así, sucesivamente están siempre listos para atacar a nuevos "terroristas" y "salvajes" de los "imperio del mal" en el mundo entero.

Por lo tanto, jamás se logrará que este sistema sea antiespeculativo y antimonopólico, pues siempre habrá una mano que salga por detrás para decir que sólo por esta vez no se aplique la libertad de mercado. Y peor será antiexplotador, mientras hayan pueblos a quienes explotar su trabajo y sus fuentes de vida, sino, por qué no explotan los "recursos naturales" y la mano de obra de los países denominados del primer mundo. Simplemente porque ya acabaron con sus "recursos naturales", y por otro lado, porque su mano de obra es cara, en razón de que sus trabajadores ya no se dejan explotar tanto. Por ejemplo, el principal ingreso del presupuesto del Estado de Bélgica es la producción de diamantes y joyas. ¿De dónde vienen los diamantes? De la antigua colonia belga en África, hoy llamada República Democrática del Congo, a quien siguen pagando precios miserables por el diamante en bruto. ¿Y por qué no producen la mayoría de los productos en los mismos países subvitalizados (desarrollados)? Simplemente porque la mano de obra es muy cara en estos países, y es más rentable fabricar en la China, país socialista que explota a su pueblo para satisfacer el mercado de consumo de los ricos del mundo. ¡Viva el Banco de Desarrollo de China!

El mundo occidental, casa adentro, ha conseguido una relativa disminución de la explotación, aunque no de la acumulación, del monopolio y de la especulación; pero como necesitan seguir sobreviviendo y enriqueciéndose, necesitan que sus grandes empresas sigan explotando casa afuera, sino, el sistema se cae. Es decir, todos esos países y transnacionales sobreviven gracias a los países dependientes y a sus fuentes de vida, ya que si sus obreros –con los salarios que ostentan– fueran los que producirían y si además tuvieran que pagar precios adecuados a los países emisores de los "recursos naturales", los productos tendrían precios tan altos que no habría mercado que pueda pagarlos y todo este sistema sería impracticable e insubsistente.

Gracias a esta explotación de los "recursos naturales" y de los "recursos humanos", es que hoy existe una abundancia de productos, pero que no todos pueden ser consumidos por los explotados. Vale anotar que hoy hay tanta riqueza en pocas manos que se podría dar de comer a todos los pobres del mundo. Lo que demuestra que sí es posible acabar con la pobreza económica pues hay recursos suficientes, sólo que si se acaba la pobreza se acaba el libre mercado pues no habría quien produzca a precios baratos. De ahí, que para este sistema es necesario que sigan habiendo pobres y gobiernos títeres al servicio de las políticas de desarrollo. Las políticas de "reducción de la pobreza" son políticas de crecimiento para asegurar la producción de bienes que necesita el mundo desarrollado o subvitalizado, quienes no producen casi nada natural, especialmente a nivel de alimentos y de vestuario.

"Los economistas actuales, en el Norte y en el Sur, son repetidores de catecismos; se contemplan el ombligo con una mirada atemporal y teológica, desde la recámara de una inmensa pirámide sacrificial. La economía de intercambio es el dogma religioso de las sociedades secularizadas de occidente y las políticas de alivio a la pobreza son el ritual y la liturgia que las operativiza en el Tercer Mundo" (1).

¿Quiénes sostienen y permiten la existencia de este sistema? Los gobiernos y los sectores títeres al servicio de las corporaciones, es decir, todos los que sostienen las políticas de desarrollo y progreso, aunque con diferente cuño, pero al final desarrollistas de Izquierda o de Derecha. Sería grave para los países desarrollados que los países vitales y en desvitalización se desarrollen, pues luego ¿quién podría fabricar los productos a precios de regalo? Por lo que el desarrollo es solo un bello "cuento rosa", pues si todos se desarrollaran el sistema no funcionaría. Wallerstein dice en su obra Análisis del Sistema-Mundo, que la pobreza del mundo persiste y el desarrollo convencional no existe, porque no es posible que todos los países se desarrollen juntos. Sostiene también que, aunque el sistema se ha mantenido por siglos y todavía no ha llegado a su punto de consolidación, ya está en decadencia.

Por otro lado, si fuera posible que todos se beneficien del desarrollo, no habría las fuentes de vida suficientes para abastecer a más de 6 billones de seres humanos de todo el planeta. Por lo que es un espejismo el que todos puedan desarrollarse. Pero imaginémonos por un momento que sí es posible. Pongamos el caso de que en la ciudad de Quito, la clase media sigue creciendo y como consecuencia haya más autos en circulación. Si hoy con 500.000 autos que existen es casi imposible circular, ¿cómo sería con 1 millón de autos para una población de dos millones? En la ciudad de Curitiba en Brasil, existen 1.300.000 carros para una población de 1.900.000 habitantes, lo que hace prácticamente imposible vivir allí. Y así podríamos hablar de otros ámbitos o quehaceres, por lo que todo es un eufemismo para que hayan más trabajadores que quieran desarrollarse, es decir, que quieran trabajar para desarrollar a las corporaciones.

El desarrollo es un espejismo, pues es impracticable e imposible que lo puedan vivir todos los seres humanos en toda la Tierra. Pero suponiendo que pudiera lograrse, ¿es que necesitamos un mundo con 5 billones de autos, televisores, celulares, etc.? ¿Hacia allá debemos continuar desarrollando, progresando? ¿Habrá planeta que lo aguante? Sólo anotemos claramente lo siguiente: la FAO ha señalado que para resolver la hambruna en todo el planeta que bordea alrededor de 12.000 millones de habitantes se necesitarían 36.000 millones de dólares. El "salvataje bancario" les costó a los países subvitalizados o desarrollados la terrible suma de 700.000 millones de dólares. ¿Es que a alguien le queda alguna duda?

El capitalismo no propende a la democratización de la economía, cual es el discurso de los economistas neoliberales sino a la concentración de la economía en pocas manos (capitalismo privado y capitalismo de Estado). El desarrollo no es mayor redistribución sino mayor concentración de la riqueza, a mayor desarrollo mayor concentración. Los últimos datos señalan que tan solo 1.011 personas son los dueños de casi todo el mundo. La revista Forbes indica que en el año 2010 habían 1.011 personas con más de 1 millón de dólares cada uno, y cuyo total asciende a 3,6 billones de dólares. Aunque anota que hubo un descenso por la crisis, pues en el 2007 su riqueza era de 4,4 billones de dólares. Para que tengamos una idea de las proporciones, señalaremos los datos siguientes. Estas 1.011 personas son más ricas que el PBI normal de Brasil (8va. economía del mundo) que bordeó en el 2009 en 1.995.979

millones de dólares. De ellos, los 10 más ricos del mundo poseen 342.200 millones de dólares. Esta cantidad es casi igual al PBI de Argentina con una población de más de 40 millones de habitantes, que obtuvo en el 2009 la cantidad de 308.741 millones de dólares. Carlos Slim, el hombre más rico del mundo, tiene una fortuna de 53.500 millones de dólares, mucho más que el presupuesto nacional del Perú del año 2010, establecido en 42.000 millones de dólares.

Carlos Slim, "el hombre ejemplo para todo el mundo", ganó solo en un año 18.300 millones de dólares; Bill Gates 13.000 millones; Warren Buffet 10.000 millones. Los dos primeros, con tan solo lo que ganan en un año podrían pagar la deuda externa de Venezuela o de Perú de 26.000 millones de dólares. Y cada uno de ellos, la deuda externa de Ecuador o de Bolivia. Los cinco hombres más ricos del mundo tuvieron un patrimonio de 211.200 millones de dólares en el 2009, casi igual al PBI nominal del 2009 de Bolivia, Perú y Ecuador juntos, de 220.589 millones de dólares.

Carlos Slim, el hombre más "importante" del mundo en el 2010, tenía semejante fortuna en un país pobre como México, cuando en los años 80 no era tan rico. México es uno de los países con mayor desigualdad en la distribución de la renta. La riqueza de Slim sólo llegó después de la crisis mexicana en que se produjo una fuga de capitales, acompañada de una política orientada a la privatización del sector público y a un escaso control de las prácticas monopólicas. Slim compró muchas empresas a muy buen precio. Por ejemplo, compró el 20% de la empresa privatizada Telmex, venta que fue calificada en México como la "venta del siglo". Su compañía América Móvil tuvo 201 millones de suscriptores celulares en el 2009 en "América Latina", y 3,8 millones en líneas fijas en Centro-américa y el Caribe, según su propia web.

Así mismo, dejemos bien en claro lo frívolo y banal de este sistema rapaz con el caso de algunos deportistas y artistas, quienes en estos últimos años vienen siendo utilizados en sus afanes lucrativos y expoliadores de toda la riqueza mundial, presentándolos también como "símbolos y referentes del triunfo y del éxito de los emprendedores". Según la misma revista Forbes, el golfista estadounidense Tiger Woods se mantuvo en el 2010 por octavo año consecutivo como líder absoluto entre los deportistas que más ganan en el mundo, ya que en tan solo un año había ingresado 110 millones de dólares. Forbes dice que Woods ha ganado casi 900 millones de dólares en premios, patrocinios y otros ingresos durante sus trece años como jugador profesional. Sólo lo conseguido por el golfista entre junio de 2008 y el mismo mes de 2009, es más del doble de lo ganado por sus más inmediatos seguidores. La misma revista dice que los veinte deportistas mejor pagados del mundo –con ingresos anuales superiores a los 30 millones de dólares– consiguieron en ese periodo 789 millones, uno por ciento menos que el año anterior. Solo estos veinte deportistas hubieran podido pagar la mitad de la deuda externa de Haití, el país más pobre del continente americano y entre los más pobres del mundo.

Ésta, otra de las estrategias para sostener al capitalismo a través de las instituciones benéficas y de socorro "para el desarrollo de las naciones pobres". Por ejemplo, Bill Gates ha convencido a 30 multimillonarios de dar el 50% de su patrimonio para instituciones de caridad y ayuda a los pobres del mundo. Él ha dado a su fundación 26 millones de dólares. Pero este "gran benefactor" que solo en el año 2010 ganó 13 millones de dólares recuperará su ayuda dadivosa y bienaventurada en apenas 2 años. Sin embargo los pobres han seguido siendo pobres, y cada vez seguirán habiendo más pobres, y los ricos serán más ricos y cada vez un grupo más reducido. Los pobres seguirán recogiendo las migajas de los caritativos de dios, con el apoyo y el beneplácito de las iglesias y de las damas de sociedad y de sus tés canastas. Los pobres adormecidos con los regalitos y los ricos lucrando de su altruismo. Así los "salvadores" de los pobres siguen salvando al sistema parasitario que los sostiene, y que mantiene el mismo estado de cosas, por los siglos de los siglos, amén.

Como acabamos de demostrar el problema no está en la falta de producción o de recursos o de bienes (es decir en la economía), pues hoy hay tantos recursos pero siguen habiendo pobres porque todos esos recursos están en pocas manos. Por ello, no se trata de crear más riqueza ni de repartir o redistribuir la riqueza con los pobres, sino de recrear una vida sabia y consciente. ¿Qué es lo sabio? Una vida en armonía y equilibrio entre todos los seres de la vida, a través de un sistema cultural y de una economía equitable-mutualista, como producto de una visión sinérgica de la vida y en base a un tratamiento complementario del Todo (vitalismo).

El vitalismo concibe la vida como un proceso de funcionamiento equilibrado entre todos los elementos que componen su existencia (homeostasis), por tanto si hablamos de economía ésta es "equitable" entre todos los seres de la vida y no solo entre los seres humanos. Esto quiere decir que lo básico de la vida humana es el acto en el cual tenemos la capacidad y la habilidad para guardar equilibrio entre todas las formas de producción, prestación, compensación, reposición, reciprocidad y distribución mutual, tanto en un orden personal, familiar, comunitario, y confederativo.

Para ello, la comprensión básica es que el productor de todo es la madre tierra y la madre cósmica (multiverso), que el ser humano es solo el cultivador de todo lo que existe y ha hecho la vida. El ser humano es un elemento más en el ciclo de la vida, por lo tanto no es el centro ni el fin de la vida, ni para acumular (capitalismo) ni para la igualdad entre los hombres (socialismo), sino para reactivar nuestra conciencia individual a una conciencia total, siendo capaces de convivir y de compartir en armonía complementaria entre todos y con el Todo (comunitarismo).

"El error básico es cuando el ser humano piensa que es él quien produce la comida, por eso utiliza productos químicos. Las cosas que se hacen para controlar el agua, presas, diques, son un error. Parar el flujo del río, ensucia el agua. El agua al fluir con las piedras es mucho mejor, el agua se purifica. El ser humano piensa que el problema se soluciona haciendo represas, pero no hace nada para solucionar la falta de agua, el agua la producen la cantidad de hojas que hay en el suelo. Este sitio está desierto no por falta de agua, sino por falta de vegetación" (M. Fukuoka).

Entonces, el asunto central de la vida: ¿será la economía-política o la organicidad de todo? ¿La vida al servicio de la economía-política, o la economía-política al servicio de la vida en su conjunto? El asunto básico es entre una conciencia económico-política (privada o estatista) y una conciencia cósmica sagrada. ¿Y el cambio? ¿El cambio vendrá desde la economía y la política, o desde una conciencia total, relacional, compleja, espiritual? Seguimos principalizando la producción agresiva o la mantención de la vida? Ese el gran reto y desafío: la capacidad de acumular bienes materiales, tecnologías y ciencias; o el talento de preservar y mantener el equilibrio y la armonía entre todas las manifestaciones y partes de la vida.

De acuerdo a cada posición, nos dividiremos en capitalistas y socialistas, por un lado, y los vitalistas (sumak kawsay, autonomistas, autogestionarios, comunarios, alternativos, etc.), por otro. Por tanto, el sumak kawsay no es una vía alternativa al desarrollo, ni una nueva forma de desarrollo, ni un movimiento al socialismo y al comunismo, ni un nuevo modelo social. El vitalismo es un camino alter-sistémico, alter-nativo y alter-civilizatorio, para vivir vital y conscientemenete practicando la complementariedad, la reciprocidad, la integralidad, la equidad, la mutualidad, la estabilidad dinámica. Vitalismo: alternativa al antropocentrismo capitalista/socialista

A MANERA DE EPÍLOGO

Existen diferentes tipos de diálogo. Uno de ellos, es un diálogo entre posiciones incluyentes, y otro, entre concepciones excluyentes. El diálogo incluyente es entre conciencias que tienen visiones similares y sus diferencias son formales. Y el diálogo entre excluyentes implica tanto diferencias de forma como de fondo.

Ejemplifiquemos con colores: si en una mesa de diálogo hay posiciones que representan al color blanco, y en igual cantidad y calidad posiciones que representan al color lila, ahí nos encontramos en un diálogo equitativo. Pero si en las posiciones blancas hay más cantidad e incluso en las lilas hay algunas con grandes manchas blancas, la balanza se inclinará por lo blanco. Ahora cambiemos los colores de blanco por civilización o por occidentales, y lo lila por vitalización o por indios. Tenemos en el ejemplo anterior de que no habría un diálogo equitativo, pues los representantes de la conciencia blanca son mayoría – económicamente y políticamente–. Ya sean de Derecha o de Izquierda, son los que han estado disputándose el poder en estos años. Las posiciones vitalistas durante estos 500 años de la modernidad no han disputado el poder. Hoy emergen con postulados totalmente opuestos –en el contenido y en la forma– a los postulados civilizatorios de Izquierda o de Derecha, y se convierten en la esperanza y la posibilidad de un cambio total y profundo.

Por lo tanto, para que haya un profundo y fecundo diálogo, es necesario que se delimiten claramente las dos posiciones para, ahora sí, proceder a buscar acuerdos, consensos, puntos en común, pero principalmente para establecer la posibilidad de una convivencia entre diferentes. Y no la dominación de uno de ellos sobre el otro, a pretexto de democracia o de libertad competitiva, como ha sido la experiencia vivida. En la mesa de diálogo que aspiramos mantener ya no queremos ir a cuestiones formales sino de esencia, de raíz, de matriz fundacional, entre uno y otro sistema. Cada uno va a hablar desde lo aprendido en la colonialidad civilizatoria –mucho o poco–, o desde una mentalidad descolonizada y descivilizada.

Con este libro esperamos haber marcado más claramente el juego e inaugurado uno nuevo. Hasta ahora cada cual ha tomado consciente o inconscientemente su posición con las reglas de juego anteriormente delimitadas, pero ahora puede redefinirse desde dónde se ubica para empezar otro diálogo o polílogo, diferente al monólogo norte-sur, derecha-izquierda, occidente-oriente, blancos-de color, etc. Ahora lanzamos al mundo la propuesta de un polílogo diferente: entre civilizadores y vitalistas, con sus variantes: modernas y ancestrales, reduccionistas e integrales, desarrollistas-evolucionistas y estables-armónicos, del ser-tener y del estar-no hacer. En definitiva, entre las variantes ilustradas-avanzadas-científicas y las salvajes-incivilizadas-incultas (esto es: sabias-espirituales-conscientes). No como una nueva forma de reduccionismo sino principalmente como una manera de empezar el polílogo.

Para quienes nos inscribimos en la Cultura de la Vida, el vitalismo que nos legaron nuestros abuelos y abuelas es una guía clara para toda la humanidad. Siendo su difusión, la tarea que nos dejaran nuestros antepasados para motivar el despertar de la Filosofía (Saber Amar) de la Vida en todo el mundo, en las versiones particulares de cada región: Convivir en Armonía, Amor a la Sabiduría, Filosofía del Estar, Sabiduría del No-Hacer, Convivir Sagrado, Cosmocimiento de la Vida, Vivir Complementario; o las modernas, como la Ecología Profunda y la misma Ciencia Quántica. Pero lo más importante será reconstruir las cosmunidades en el diario caminar, pues el proceso de re-cambio es largo, y ahí se irá gestando la nueva humanidad. No debemos desesperarnos por ser ya gobierno o lanzarnos a la "toma del poder", sino avanzar paso a paso por abrir el poder, para hacer realidad el sueño de que otro mundo es posible.

Valga asimismo precisar que nuestra posición no pretende asumir una actitud extremista pero tampoco sincrética o mezclada, y menos de yuxtaposición. Nuestra posición pretende mantener una actitud de distancia firme pero relajada, para que se delimite y se establezcan claramente las Rupturas y no nos hagamos nuevos enredos con nuevas trampas, como ha sucedido en estos 500 años de "cultura mestiza" o "latinoamericana" (conceptos con los que también discrepamos profundamente). Para de esta manera haya un indudable salto de conciencia y no solo "cambios de camiseta" independentista y revolucionarista, como las que hemos vivido en estos 500 años de civilizamiento. Caso contrario, seguiremos reproduciendo infinitamente la frase: "último día del despotismo y primero de lo mismo", como dijera el pueblo ecuatoriano luego de la supuesta Independencia de España.

Esta nos parece una posición coherente con las enseñanzas de los abuelos, es decir, con la sabiduría milenaria, pero somos muy conscientes de que no lo hemos comprendido todo, especialmente sobre la etapa de salto y la de reconstrucción. Ya la Pacha, el tiempo y el espacio, son los maestros que nos enseñarán más precisamente qué es el sumak kawsay – vitalismo, y podamos enraizarlo en el alma y en nuestra vida diaria. En todo caso, este libro es solo un pretexto o un instrumento para profundizar en el diálogo o polílogo, pero no solo intelectual (político) sino principalmente del corazón y del espíritu (conciencial), para que efectivamente renazcan los seres sabios y amorosos, los maestros y maestras de la vida fecunda.

Los naturales o vitalistas de todo el mundo, ahora tenemos la tarea de retomar para el mundo la visión sagrada de la vida que procesaran los pueblos ancestrales por miles de años, en compaginación con lo más profundo de la ciencia moderna (especialmente la quántica), para la reconstrucción de la humanidad en un nuevo estado de la conciencia. Es el tiempo de un nuevo renacimiento, de un nuevo despertar, y éste empieza por reconocer, aceptar, y valorar el pasado, es decir, el futuro pues, de acuerdo al movimiento cíclico en espiral en que nos desenvolvemos, cada cierto tiempo pisamos nuevamente nuestro pasado. Lo que nos guía es la experiencia acumulada y no el futuro desconocido, utópico, idealista. Nosotros somos nuestros propios abuelos que hemos regresado nuevamente. Si no sabes a dónde vas, regresa para ver de dónde vienes.

Los abuelos andinos lo llamaron *mastay*, que es el reencuentro entre todos los hijos de la tierra. Dijeron que de las cuatro direcciones se reunificarán todos quienes encarnan el mensaje de reconciliación, consenso, consentimiento, biocracia, armonía, equilibrio, respeto, responsabilidad, para recrear una nueva humanidad en un nuevo estado del espíritu. Todos quienes lo guardan en su corazón ya lo están floreciendo en cada lugar en su vivencia cotidiana.

Con este libro no hemos querido convencerlos ni educarlos, solo hemos querido recordarles lo que ya saben en su interior. Quizás aclarar ciertas dudas y ordenar ciertos elementos sueltos para reunificarlos y enarbolarlos nuevamente en una forma más clara y definida. Y ese tiempo del reencuentro ha llegado, éste es el momento en que están dadas las condiciones para reconocernos nuevamente, para renacer las cosmunidades vitales y retomar el camino del corazón. Hemos regresado, aquí estamos nuevamente.

MANIFIESTO

El Llamado de la Madre Tierra

Vivimos tiempos de saltos de conciencia. Estamos viviendo un período de transición entre un nivel y otro de la conciencia humana. Es época de un nuevo despertar de la conciencia planetaria, de reencuentro a otro nivel, entre la unicidad y la holisticidad, la racionalidad y la culturalidad, la materialidad y la espiritualidad, el mecanicismo y la vitalidad, después de más de cuatro mil años de separación y divorcio con el principio femenino de vida por un mundo patriarcal, vertical, uniformista. Proceso que se iniciara con el aparecimiento de las religiones monoteístas o unicistas (patriarca Abraham hace 5000 años), inventadas en el mundo semita y posteriormente consolidadas en la Grecia logocrática (hace 2.500 años) con el materialismo racionalista y la doctrina civilizatoria, los cuales confluirían en diferentes máximas catequizadoras y domesticadoras durante todo este proceso, hasta llegar hoy en día a sus máximos sofismas: la modernidad y la libertad. Las que actualmente son las dos más grandes formas de endiosamiento y de mitificación de hoy en día, a través del denominado desarrollo y el libre mercado (mercadolatría).

Antes de esta época de disociación con las leyes de la naturaleza, todos los pueblos de la Madre Tierra eran naturas y culturas arraigadas a tradiciones paritarias: solares y lunares de estructura matricial, horizontal y complementaria. Paulatinamente, con el empoderamiento del patriarcalismo se fueron transformando en civilizaciones, hecho que implicó el "acto superior del hombre" de alejarse de la naturaleza y de sus ciclos vitales (vitalismo), bajo el argumento de que éstos representaban el estado "salvaje y primitivo" de la vida (naturaleza y hombre), como lo dijera Sócrates hace unos 2.500 años. Las cosmunidades ancestrales que se regían por la marcación astronómica y las leyes cósmicas y naturales (vitalismo), paulatinamente fueron "morficándose" en diferentes ramas: desde la filosofía dialógica racionalista, la ciencia mecanicista, la relación cuantificable, el reduccionismo, la separación, la libertad, la democracia, hasta su cúspide máxima del colonialismo civilizatorio: la sociedad virtual miope y anoréxica, de nuestros días.

La sabiduría de los pueblos ancestrales, expresada en la sociedad y sistema de vida de la agricultura o cultura de la tierra (vitalismo), que guardaba armonía y equilibrio con el Todo Interrelacionado, se transformó en una ciencia depredadora y elitista a través de la cosificación e instrumentalización de la naturaleza. La espiritualidad ancestral, mal llamada superstición y paganismo, que surgió consustancial a la existencia misma del ser humano, terminó siendo opacada con el aparecimiento de las religiones institucionales, canónicas, y jerárquicas. Anteriormente a esta época contra-natura, no existían libros sagrados, iglesias, mandamientos, maestros ascendidos, profetas elegidos, ni nada que estableciera un sistema ortodoxo ni dogmático de relación con lo sagrado. Cada pueblo vivía en íntima relación con los ciclos vitales del cosmos y de la madre tierra (vitalidad), considerados expresión de la divinidad en sí misma. Este cosmos sagrado (campo interrelacionado), servía como guía y ejemplo para el convivir humano: la cosmunidad era una prolongación social de los diferentes niveles sistémicos de la vida en su totalidad (ecosistema).

En el mundo judeo-cristiano, sería Moisés el que declarara simbólicamente en el Monte Sinaí la idea de un dios castigador, omnipotente, omnisapiente, omnisciente, absoluto, trascendente, y de su habitación en un cielo ideal, separado de los seres humanos y de toda la existencia infinita. Lo haría después de que expulsara a un tal Adán y una Eva, los primeros seres humanos de un paraíso intangible, hecho a su medida. Dicho de otra forma, fue el acto de expulsión de Dios de la naturaleza, es decir, de la vida, para enviarlo a un mundo sobrenatural. Del homenaje, reconocimiento y coparticipación de dios en la vida natural y cotidiana de los seres humanos, se pasó al acto representativo de enviar a dios al más allá. Del hecho de honrar a dios en todo lo existente, se pasó al culto y adoración exclusiva del varón: primero de los patriarcas, luego de los monarcas… hasta llegar hoy en día a la divinización de los hombres más ricos, de los políticos, y las estrellas del deporte y del espectáculo actual, todos ellos varones. En definitiva, fue el acto de desprendimiento de la sacralización de la naturaleza y de toda la vida en su conjunto, por la idolatría del varón (androlatría).

En el mundo griego clásico, Platón, después de declarar esquizofrénicamente en estado inferior a la mujer, paralelamente lo hizo con la sexualidad y la naturaleza, pues todas ellas estaban en esta-do primitivo (leyenda histórica patriarcal del pecado original desde Abraham). Declarando de esta manera la separación y ruptura entre varón y naturaleza, entre varón y mujer, entre varón y sexualidad. Decretando así la inferioridad de la mujer-sexualidad-naturaleza y la superioridad del varón, entre todas las formas de vida.

De ahí hasta ahora, existe una larga lista de detractores de la mujer-sexualidad-naturaleza (Eva-serpiente): Descartes: el hombre es el "amo y señor" de la naturaleza; Bacón: torturar a la naturaleza hasta sacarle todos sus misterios, como lo hacía el Santo Oficio de la Inquisición con sus reos hasta conseguir develar el último de sus secretos. Tanto Lutero como Calvino pensaban que la mujer era inferior al hombre. En palabras de éste último: "Las mujeres por naturaleza (esto es, por la ley natural de Dios) nacen para obedecer, porque todos los hombres sabios siempre han rechazado el gobierno de las mujeres, como monstruosidad contranatura". Sin olvidarnos de la Biblia, que en el Génesis dice: "Sean fecundos y multiplíquense, y llenen la tierra y sométanla, dominen a los pescados y a los pájaros en el cielo, y a todo animal que se arrastre por la tierra".

El dogma religioso y el dogma político, productos del extravío de mentes desmembradas de la naturaleza, se reencontrarían y se unificarían paulatinamente en Asia Menor, lugar que se convertiría en el seno de lo que se conoce hasta el día de hoy como "civilización occidental". Surgida oficialmente en el mundo semita-greco-latino hace dos mil años, e impuesta paulatinamente al mundo, a sangre y fuego, en nombre de la cruz y de los reyes, hasta nuestros días.

Sistema totalmente antípoda al de las "cosmunidades" ancestrales o culturas de toda la Madre Tierra, plenas de arquetipos solares y lunares, respetuosas de la paridad, reciprocidad y complementariedad de los opuestos, de los principios de "comunidad" y diversidad humana y natural y, de la búsqueda del equilibrio en movimiento (Vitalismo). Principios que al ser alterados, ridiculizados y tergiversados, han servido de base a la constitución de peregrinas "ideas del hombre acerca del mundo", es decir, de vanas ideologías (políticas-cosmovisiones), las mismas que han legitimado las guerras de conquista y rapiña, empezando en el mismo occidente y luego en el mundo entero.

Serían los latinos los encargados de imponer las religiones y sus ideologías androcentristas con la espada y la Biblia por toda Europa, bajo la tutela del papa San Gregorio Magno. Éste, al momento de la evangelización de Inglaterra señalaba lo siguiente: "No conviene de ninguna manera destruir los templos que tienen sus ídolos, sino solo los ídolos que hay en esos templos. Cuando estas gentes vean que no destruimos unos templos que son tan suyos, depondrán de su corazón el error y conocerán y adorarán al verdadero Dios, acudiendo con toda naturalidad a los sitios a que están acostumbrados."

A su vez, serían los europeos, siguiendo el mismo ejemplo de lo que hicieron con ellos, los que la impondrían en América o en Amaruka, como llamaban los pueblos ancestrales a este continente.[7]

---

[7] Un líder aymara propuso la palabra de los Kuna de Panamá: Abya Yala [Tierra Fecunda] para hacer referencia a este continente en contraposición a América. Pero consideramos que es importante retomar la palabra Amaruka, principalmente por un sentido iniciático y espiritual, pues Amaru, es la serpiente emplumada hablada en todas las culturas, y que representa al alma conjunta de todo este continente. En ese sentido, proponemos que se le vuelva a llamar a

Y eso mismo harían los portugueses, holandeses, franceses e ingleses en África y Asia, en estos sangrientos 500 años de colonización civilizatoria rapaz hacia los "salvajes pueblos de los trópicos". En Asia también se fueron borrando las tradiciones ancestrales con los procesos de colonización económica y civilizamiento político, especialmente en la India, la China y el Japón. Hoy queda la tradición ancestral de la Cultura de la Vida (ó ayurveda en sánscrito) en algunas "cosmunidades" bien arraigadas, pero en la mayoría de ellas ya están en proceso de exterminación o desaparición, por el posmodernismo y el desarrollo.

De esta manera, se impuso desde el mundo semita-helenístico al "mundo occidental" o primer mundo llamado actualmente, y desde ahí al mundo globalizado y uniformizado actual el patriarcalismo, el monoteísmo, el racionalismo y la competitividad, que han ido progresando, desarrollando y perfeccionándose en estos 2.000 años. Anulando así en Europa a todas las corrientes espirituales primordiales, tal como existían anteriormente en las culturas agrícolas (tautología), por tanto "cultas y culticas" de toda la Gaia o Madre Tierra o Gran Matria. (Esta última palabra, en la Antigüedad Clásica fue utilizada para hacer referencia a la tierra del nacimiento y del sentimiento, y modernamente se la utiliza en contraposición a Patria y a su sobrecarga patriarcalista).

Después de más de dos mil años de la experiencia de la civilización y de su ciencia teleológica basada en lo empírico, es decir, en el materialismo mecanicista y dogmático, la humanidad tiene el desafío de retomar el sendero de las antiguas

este continente: Amaruka, la Tierra de la Sabiduría

culturas de sabiduría cósmica o relacional y seguir tejiendo el camino de aquellos pueblos que alcanzaron un importante nivel de Convivencia Armónica (vitalismo) con su entorno y consigo mismos. Y ahora es nuestro deber emular su nivel, aun cuando sería nuestra responsabilidad el dar un salto más profundo, para lograr que el equilibrio y la armonía social sean correspondientes y sincrónicos con el ecosistema natural, tal el reto de los pueblos sabios.

Ese el destino y misterio de la vida para los seres humanos, individual y colectivamente, el ser capaces de abrirse cada vez más a la inteligencia cósmica sagrada, para despertarse en una conciencia total-integrativa-sistémica-holística (vitalismo). Los abuelos de sabiduría de este tiempo dicen que estamos viviendo un "período crítico", donde la humanidad tiene la oportunidad de saltar o no, a otro estado del espíritu o de la conciencia. Los guías ancestrales siempre hablaron de que en este tiempo se produciría un despertar espiritual mundial de una nueva conciencia. Concepción totalmente distinta a las visiones catastrofistas y apocalípticas que nos quieren vender en la televisión y en los supermercados; más bien, todas aquellas "profecías" y simbolismos cíclicos de los pueblos primordiales se están cumpliendo ya en todos los rincones del planeta.

En este momento, todo luce caótico y desalineado, como todo brusco despertar, hasta que paulatinamente tome un cauce normal y un ritmo "natural". Pero existe el riesgo que, por un lado, el mundo materialista-reduccionista que mantiene el poder económico, político y religioso termine sobreponiéndose por un período más. Y por otro lado, que el movimiento conciencial, cultural, espiritual actual, que todavía está imbuido por el idealismo y el mesianismo romántico, infectado y afectado por partidos, sectas y nuevas religiones, termine otra vez atrapado en el "delirium mystique". La mayoría del movimiento "new age" y otros tipos de espiritualidad y cultura "light", que dicen recoger y seguir la espiritualidad y filosofía ancestral, son en el fondo nuevos dogmas religiosos y políticos con relumbrantes matices de comercio y de marketing posmoderno.

En este contexto, creemos que es importante establecer una clara ruptura entre la ciencia materialista-mecanicista-racionalista, con la sabiduría ancestral y la moderna ciencia quántica y relativista. Ciencias estas, que en última instancia ha venido a confirmar y validar los saberes de los pueblos de conciencia cósmica o vitalista. Y así mismo, distinguir entre religión y espiritualida. En ambos casos, debe haber un claro propósito de marcar una distancia relajada y paulatina, para retomar el camino sagrado dibujado por los pueblos de conciencia integral (culturas o pueblos vitalistas), camino totalmente opuesto al de las sociedades mecanicistas y materialistas (civilización y pueblos antropocentristas).

Debemos propugnar una nueva ciencia guiada y estructurada por principios naturales milenarios, es decir, una técnica y una tecnología que respeten y estén acordes con las leyes de la naturaleza. Las culturas ancestrales o pueblos de conciencia crearon una serie de "tecnologías", en especial agrícolas, arquitectónicas y astronómicas, procurando siempre convivirlas en compaginación con las leyes de la naturaleza y del cosmos (bio-cosmicidad). También propugnamos una espiritualidad activa y caminante, alejada de toda forma sectaria, burocrática y dogmática, que no siga a un personaje llamado líder espiritual o maestro ascendido (o todavía por ascender), pues Horus, Jesús, Buda, Mahoma, Rama, Krishna, Lao Tse, Confucio, Mitra, Zoroastro… no constituyen más que alegorías y metáforas de una originaria y común tradición solar. Y de la misma manera: Isis, Ishtar, Lilith, Ixchel, Afrodita, representantes de una anciana sabiduría lunar, que hoy han sido relegadas.

Entonces, luego del experimento y fracaso de dos mil años del sistema domesticador civilizatorio de base monárquico-monoteísta, sentimos que se debe continuar con las líneas solares y lunares, establecidas y vividas por un mínimo de 8.000 años de existencia en el mundo entero, desde el aparecimiento de la agricultura y de su sistema de convivencia integral: el vitalismo. Creemos que se debe propugnar una ciencia y espiritualidad, desde una conciencia guiada por las leyes de complementariedad de las cuatro fuentes de vida (tawantin), que constituyen en su conjunción armoniosa todo cuanto hay de diversidad y de similitud en esta vida.

Caminar –entonces- con los maestros y maestras sabias de la Gran Matria, quienes decían: preferimos seguir a la naturaleza porque el hombre tiende siempre a equivocarse. En este sentido, percibimos que se está generando una nueva humanidad, con caminantes de todos los colores y formas de expresión del planeta. Para ello, es importante que cada ser humano que ha nacido en un lugar geográfico de la Gaia, se reconozca y se asuma como hijo de cada tierra en particular, y no se siga sintiendo desarraigado ("mestizo") porque sus ancestros sean africanos, europeos, asiáticos o indo americanos. O que los "indígenas" o nativos de una región–que es lo que significa ese término–no se crean los únicos herederos de una tradición. Pues la tradición solar y lunar corresponde a todos los hijos de la Alma Mater Terra, aunque con formas singulares y locales. Y ella no pertenece a ningún pueblo en especial, superior, delegado, o "elegido" por dios para gobernar o dirigir este planeta.

El idioma kichwa solo podía haber surgido en los Andes, el chino en el lejano Este, el latín en el mediterráneo, el tsafiqui en tierras ecuatoriales. Si bien todos somos seres humanos y somos hermanos (incluidos los animales y las plantas), cada región tiene su singularidad que en otra parte no se puede encontrar. Así, cada pueblo ancestral en la posición geográfica que le ha tocado convivir, estableció una arquitectura, una alimentación, una cultura específica con su forma particular; pero su esencia siempre en relación con las marcaciones cósmicas: solares, lunares y constelares.

En esta perspectiva, sentimos y pensamos (co-razonamos) que debemos retomar estos principios de vida, para recrear "cosmunidades" activas que recuperen las tradiciones milenarias de los pueblos primordiales de cada región del planeta, para reafirmarlas, consolidarlas y proyectarlas en estos tiempos de reordenamiento. No importa si su color es rojo, amarillo, negro, o cualquiera del arco en el cielo; lo importante es que se interrelacione con la especificidad de la posición geográfica en la que vive, y se sienta en "cosmunión" (comunión cósmica) con la conciencia primordial. No creemos en fronteras ni en nacionalismos a ultranza, pero tampoco caemos en el juego de la uniformización (globalización) y el monoteísmo, para llegar a lucrar con un ser humano común y corriente, plano, desmemoriado y sin tradición ancestral (posmodernismo). Creemos que para que haya totalidad (no: globalización) debe haber singularidad, sino todo es una utopía, una ilusión. Es un híbrido (sincretismo) sin sentido y al final se descompone y se pudre como toda mala combinación, que es lo que está pasando con los movimientos religiosos, políticos, artísticos de estos tiempos.

Consideramos que el punto de partida, la flecha inicial o vector, es reconocerse en una filiación natural-cultural primordial, para luego asimilarse en filiaciones locales, regionales, y cósmicas. Simplemente caminar haciendo cosmunidad en lo cotidiano, para que desaparezcan toda forma de racismo, de etnocentrismo, de androcentrismo, de anatopismo, de liberalismo, de consumismo, de desarrollismo. Todos estos imaginarios de las modas globalizadoras arrogantes, que han llevado a la debacle de la humanidad, especialmente en estos últimos 500 años.

Apreciamos este regreso salvaje, primitivo e incivilizado de lo ancestral, de lo primordial, de la feminidad y de lo natural. El renacer de los naturales, permitirá construir una sociedad y un mundo donde se restablezcan la armonía y el equilibrio, como suprema forma de vida sabia y plena: Sumak kawsay (vitalismo andino). Llamamos a despertar en cada región al espíritu o energía del lugar, de cada espacio/tiempo, representado siglos atrás por las naciones ancestrales (especialmente las europeas) a las que pretendieron aniquilar y con ello borrar su tradición; para eso estamos nosotros nuevamente aquí, para seguir enarbolándolas. Somos nuestros propios abuelos que hemos regresado: proverbio andino.

No hay nada que inventar ni esperar: ni sociedades ni mundos futuros utópicos o ideales. Nuestros abuelos y abuelas concienciaron que el misterio del ser humano es re-aprender a convivir con las leyes de la armonía y del equilibrio dinámico de la naturaleza, y que la tarea de vida es adentrándose cada vez más en ellas. Proponemos retomar esa tarea olvidada por más de dos mil años y profundizar más en este camino iniciático hasta recuperar el nivel interiorizado por nuestros abuelos y dar un salto cuántico total. No queremos volver al pasado, sino retornar al presente, caminando con la guía y experiencia del pasado, para convivir intensamente, aquí y ahora, con y en esta humanidad.

Basta de "grandes hombres", de líderes, de mártires, de ideólogos, de teóricos, de políticos mesiánicos y salvadores, que de tiempo en tiempo crean un dogma y que después de fulgurar como centellas, se convierten en una "moda" que es reemplazada por otra de más relumbre. Las leyes de la naturaleza y del espíritu son inmutables e infinitas, no progresan ni evolucionan, están ahí girando ante nuestros ojos y oídos, anclándonos a la tierra y elevándonos al cielo. Para qué seguir dando más oportunidad a la esquizofrenia separatista del racionalismo, cuando la verdad holística está escondida en el aire que respiramos y sigue apareciendo en todas las épocas y sitios en que ha residido el ser humano.

Es una ingenuidad pensar que los que nos han llevado a la crisis ecológica y social que estamos viviendo, van a resolver lo que ellos mismos han provocado. Como decía Einstein: "Ningún problema puede ser resuelto en el mismo nivel que fue creado". Jamás lo van a hacer, sería ir en contra de sus presupuestos fundacionales y la razón y "sin razón" de su existencia. Los creadores del modelo civilizatorio no pueden destruirse a sí mismos, sería un suicidio y eso jamás podría darse mientras su sistema les siga conviniendo y puedan seguir sacando ventaja del mismo. Cómo van a resolver los problemas que ellos mismos han contribuido a crear. Cómo van a cambiar la sociedad, los que ponderan las virtudes del "libre" juego del mercado epifánico (endiosamiento) y en contrapartida sustentan que hay que "controlar y dominar" a la naturaleza y a los trabajadores, que son en realidad las fuentes de su riqueza. La libertad es para el mercado, el control es para la naturaleza y los trabajadores.

La "única realidad", en todos los tiempos y lugares, es que todos tenemos hambre, sueño, frío, alegría, miedo, amor... y que solo las leyes sociales-cosmunitarias que se ejercen en simbiosis y en sincronía consciente con la existencia son nuestras mejores guías. Todas las demás teorías son inventos del ego humano, según las ansiedades, delirios y neurosis de cada inventor. Teorías que mientras más alejadas de los modelos y categorías de la naturaleza y del cosmos se hallen, más alejadas se encuentran de la realidad, y por el contrario, están más cerca de la miseria humana, del sufrimiento, del dolor del planeta y de sus caminantes. Y viceversa, quien se acerca más a la naturaleza, y se da cuenta que lo sagrado y lo natural ya están en su interior y no fuera de sí mismo, está más cerca de lo profundo, de lo sublime, de lo evidentemente espiritual (vitalismo).

Así lo han dicho todas las cosmunidades y seres sabios en todos los espacios y en todas las épocas de la humanidad. No hay nada nuevo bajo el padre sol, solo los autoproclamados iluminados, los catequizadores piramidalistas que andan difundiendo cada vez "nuevas verdades", que son solamente nuevos engaños de novísima ilusión por los taumaturgos de siempre. La verdad cósmica es la verdad de la vida, y los pueblos solares y lunares ya lo vivieron por muchos siglos, y ella existe en los genes y en la memoria espiritual-corporal de cada uno de nosotros. Solo tenemos que despertarla y reactivarla para convivirla en nuestros respectivos caminos.

Recordar lo que ya sabemos será la clave, porque llevamos en nosotros la inteligencia y el sentimiento de la naturaleza, del cosmos, del amor, del gran espíritu, que son diferentes expresiones de lo mismo, en diferentes estados y presentaciones (campo interrelacionado o expansión total de la conciencia). Todo es como es, y no como quisieran ciertos hombres que fuera la vida para su beneficio. La vida está hecha así y no necesitamos "transformar al mundo", solo re-aprender a convivir sagradamente y amar la vida que se nos ha dado, siguiendo las leyes y misterios de su cíclica e infinita manifestación.

"Miles y miles volveremos"   Tupak Amaru

"Volveré y seré millones"   Tupaq Katari

Citas y Libros recomendados

1   Suma Qamaña, de Javier Medina: Es hasta ahora el libro más profundo sobre esta temática. Lo encontramos cuando ya habíamos finalizado de escribir este libro y estábamos en etapa de corrección. Nos sirvió de mucho para reforzar al-gunas anotaciones hechas y para corregir en ciertas partes lo que no comprendíamos aún. En todo caso, fue muy lin-do encontrar un libro con el cual había una gran sintonía. Este libro debería ser el "libro de cabecera" de quienes se interesen sinceramente por el Sumak Kawsay.

2   Vivir Bien/Buen Vivir, de Fernando Huanacuni: Es otro libro muy interesante y vale la pena leerlo. Éste y el de Medina son los dos únicos libros que conozco que existen actualmente sobre este tema. Ambos autores son ori-ginarios de Bolivia y están publicados por editoriales de ese país.

3   Buen Vivir, de Alberto Acosta y otros: Es un libro de una editorial ecuatoriana y compendia varios artículos y autores diferentes. Discrepamos bastante con él, pero sugerimos también su lectura, especialmente para ver las rupturas con los socialistas y los ecologistas. Sin embargo, nos gustaría tener acercamientos y quizás caminar juntos en un futuro.

4   Socialismo del sumak kawsay o biosocialismo republicano, de René Ramírez Gallegos: Es un libro de pocas páginas (ensayo) de uno de los más importantes intelectuales del gobierno ecuatoriano de Rafael Correa.

Lo hemos encontrado al terminar de escribir éste y después de las correcciones correspondientes. Nuestro libro –sin haberlo leído anteriormente– parece una contestación al mismo.

5   Filosofía Andina e Interculturalidad, de Josef Estermann: Debería ser de lectura obligatoria para quienes se interesan en la filosofía y la sabiduría andina. No compartimos ciertas equiparaciones y nombres que utiliza (Pachasofía). Sin embargo es un aporte digno de elogio, especialmente por la sistematización de la "filosofía de occidente", permitiéndonos entender más claramente el paradigma civilizatorio. Lo valoramos sobremanera.

6   Si el Sur fuera el Norte, de Josef Estermann: Es un autor suizo muy importante para el debate y la asimilación de la Filosofía y Conciencia Andina. Ya quisiera que muchos de nuestros intelectuales pensarán como él. Debería estar en el escritorio de muchos presidentes "revolucionarios".

7   Qhapaq Ñan: Camino de Sabiduría Inca, de Javier Lajo: Es de los libros más profundos que conocemos sobre "sabiduría andina". De lectura obligatoria.

8   Ayni y Génesis de la Cultura Andina, de Carlos Milla Villena: Sobre "ciencia andina" este autor es el más prolijo y el de mayor intensidad. De lectura obligatoria.

9   La Racionalidad Andina: Es una compilación de varios autores. Recomendamos especialmente el ensayo de Emilio Mendizábal Losack, llamado "La Pasión Racionalista Andina".

10 América Profunda, del argentino Rodolfo Kusch. Recomendamos sus obras completas. Y todos los ensayos acerca de su obra.

11 Descubrimos en la tercera edición a Ramón Grosfoguel, sociólogo puertorriqueño, quien complementa y profundiza lo que señalamos en este libro. Nos parecen fundamentales sus apreciaciones. Hemos tomado párrafos de su entrevista "¿Cómo luchar decolonialmente?" realizada por el periódico Diagonal el 1/4/13.

12 Iniciación en el Corazón de los Andes, de Elisabeth Jenkins: Sobre "chamanismo andino" es de los más serios y claros para entrar en el misticismo y la espiritualidad andina.

13 También sobre "chamanismo andino" sugerimos todos los libros de Alberto Villoldo. Un cubano que sabe más que algunos intelectuales andinos.

14 El lenguaje de la Diosa, de Marija Gimbutas: Es muy importante para comprender a la Europa matricial, muy similar a la cultura andina, especialmente la celta.

15 La curación cuántica, de Deepak Chopra: Científico y espiritual. Son los sabios del nuevo tiempo.

16 Jamás Moriremos, de Deepak Chopra: Aunque hay cierto mercantilismo con sus obras, es importante conocer a través de él a los pueblos hindúes, que son muy similares a los pueblos andinos y en general a todos los pueblos solares y lunares de la Madre Tierra.

17 Por los senderos del yachak. Espiritualidad y sabiduría de la medicina andina, de Luis Herrera M. y Patricio Guerrero A.

18 Ponemos también a su consideración nuestros libros anteriores: Los Hijos de la Tierra, El Retorno del Hombre Rojo, y especialmente: Caminantes del Arcoíris, para comprender más la Conciencia o Cosmocimiento Andino.

Ensayos recomendados

19 Roberto H Espoto y Sergio Holas en "el ser y el estar" de "Rodolfo Kusch: hacia una condición postcolonial pensada desde categorías epistemológicas situadas."

20 Alberto Montoro Ballesteros y su ensayo "Reflexiones sobre el problema de la guerra y de la paz internacional".

21 "La guerra de la Madre Tierra", de Raúl Prada Alcoreza.

22 "Reflexiones sobre el Sumak Kawsay", de Pablo Dávalos.

23 "Reflexiones sobre el paradigma Abya Yala", de Jorge García.

24 "El Buen Vivir o Sumak Kawsay", de Edgar Isch López.

Acerca del autor

La sociedad me ha dado diferentes membretes, prefiero darme yo mismo el mío. Me autodefino como un aprendiz de Wakakue (filósofo andino). El padre Martín de Murúa, en su libro Historia de los Incas (1560), anota lo siguiente: "Los incas tenían algunos doctores o adivinos filosóficos llamados Guacacue (*Wakakue*) que andaban desnudos en lugares aislados y lóbregos de la región e iban solos por los desiertos, sin descanso ni tranquilidad, y se dedicaban a la adivinación o a la filosofía."

Atawallpa M. Oviedo Freire nació en las faldas del volcán Chimborazo, en la nación Puruhá de la confederación de Kitu (Quito), actualmente denominado Ecuador. En su afán de buscar "justicia para los desprotegidos" estudió Derecho, obteniendo el título de Doctor en Jurisprudencia, pero inmediatamente se dio cuenta de que no existía justicia. En medio de ese desencanto y a una edad temprana la vida lo puso en contacto con un yachak (Maestro Andino), el cual le compartió el "camino del sabio". Desde ahí (1988) fue profundizando en ese camino y despertando una serie de sabidurías, particularmente de los WAKAKUE. Asimismo, un día también se activó el sanador que habitaba en él y comenzó a practicar terapias energéticas y psico-espirituales. Su experiencia fue transcrita en tres libros, todos ellos traducidos al

francés: Los Hijos de la Tierra, El Retorno del Hombre Rojo y
Caminantes del Arcoíris.